校企合作汽车专业系列丛书

互联网+创新型“十四五”精品教材

汽车装配与调试技术

（微课版）

主　编◎杨　斌　戚哲福　范卫国

副主编◎伍进涛　李文昌　曹淑明

丁　伟　罗炎生　张永安

哈尔滨工程大学出版社
Harbin Engineering University Press

内 容 简 介

本书基于工作任务的方法进行设计，按照工作任务的教学模式，将整本书分为八个教学项目情境，分别介绍了汽车检测的基础知识、离合器和变速器的装配与调试、底盘的装配与调试、动力总成的装配与调试、电气系统的装配与调试、尾线的装配与调试、整车装配检测与调整、智能网联汽车装配与调试。

本书既可作为职业院校汽车专业的通用教材，也可作为汽车相关领域专业技术人员的参考用书及培训用书。

图书在版编目（CIP）数据

汽车装配与调试技术 ： 微课版 / 杨斌，戚哲福，范卫国主编. -- 哈尔滨 ： 哈尔滨工程大学出版社，2025. 1. -- ISBN 978-7-5661-4674-8

Ⅰ. U463

中国国家版本馆 CIP 数据核字第 20256860LP 号

汽车装配与调试技术（微课版）

QICHE ZHUANGPEI YU TIAOSHI JISHU（WEIKE BAN）

选题策划 张林峰

责任编辑 田 婧

出版发行 哈尔滨工程大学出版社

社 址 哈尔滨市南岗区南通大街 145 号

邮政编码 150001

电 话 0451-82519989

经 销 新华书店

印 刷 唐山唐文印刷有限公司

开 本 889 mm×1 194 mm 1/16

印 张 14

字 数 403 千字

版 次 2025 年 1 月第 1 版

印 次 2025 年 1 月第 1 次印刷

书 号 ISBN 978-7-5661-4674-8

定 价 49.80 元

http://www.hrbeupress.com

E-mail:heupress@hrbeu.edu.cn

前　　言

党的二十大报告中指出，育人的根本在于立德，要全面贯彻党的教育方针，落实立德树人根本任务，培养德智体美劳全面发展的社会主义建设者和接班人。报告中的内容为我国新时代的教育事业指明了清晰且坚定的方向，也为我们提供了思想指引和行动指南。

随着我国经济持续高速发展、汽车的普及率迅速提高、产量逐年增加，汽车在国民经济和家庭生活中的作用越来越大。这就意味着越来越多的毕业生将要从事汽车的生产、装配、调试、检修等工作。本书就是为了使汽车装配人员能够较为深入地了解当今汽车各系统的原理及其结构、掌握实际装配的工艺流程与调试的相关操作技能而编写的。

当前，电子技术、数字技术、网络技术飞速发展，并在汽车领域得到了广泛的应用，这使汽车性能得到了很大的改进。为了满足广大学生急需了解汽车上采用的电子技术、数字技术、网络技术的要求，本书在编写过程中以汽车的装配和调试内容为主体，以促进学生就业为导向，以培养高技能应用型人才为目的，重视知识的前沿性和应用性。本书具有以下特点。

（1）落实立德树人根本任务，贯彻落实党的二十大精神，将素质教育元素有机融入教材，在培养学生专业能力的同时，关注学生身心健康，坚定学生的理想信念，加强职业道德与爱国主义教育，激发学生的家国情怀和使命担当。

（2）本书采用了大量的图片来配合零部件结构和装配的讲解，语言通俗，内容翔实，图文结合，形象生动，有助于提高学生学习的兴趣和理解力，实用性强。教材配备项目工单和课后练习，便于知识的学习和掌握。

（3）本书既强调培养学生解决实际问题的能力，锻炼学生的动手能力，又重视对基础知识的牢固掌握，加强了学生在学习过程中对汽车专业领域新工艺、新技术等内容的理解。

本书由杨斌、戚哲福、范卫国担任主编，由伍进涛（武汉技师学院）、李文昌（渭南职业技术学院）、曹淑明（潍坊市工程技师学院）、丁伟（巨野县高级技工学校）、罗炎生（赣州工业技工学校）、张永安（济南工程职业技术学院）担任副主编。本书的相关资料和售后服务可扫描封底微信二维码或登录www.bjzzwh.com 下载获得。

在编写过程中，编者引用了大量原厂手册及文献资料，在此向原作者们表示衷心的感谢！由于纯电动汽车领域的技术日新月异，同时编者的知识和能力也存在不足，书中难免存在疏漏之处，恳请读者及时反馈，以便后期修订。

编　者

目 录 CONTENTS

项目一

汽车检测的基础知识

项目导读

要进行汽车的装配与调试，必须熟知汽车主要的检测项目、检测仪器及相关的技术参数；另外在拆装与调试过程中，必须会使用常见的拆装工具并掌握主要机件的拆装要领和调整方法。

学习目标

知识目标

1. 了解汽车检测系统的基本结构及功用。
2. 熟悉各种检测仪器设备。
3. 掌握汽车检测中的常见诊断参数。
4. 认识常见拆装工具，并掌握其正确使用方法。

能力目标

1. 能够识别和操作汽车检测系统中的各个组成部分。
2. 能够在实际操作中正确使用拆装工具，确保安全和效率。
3. 能够根据检测诊断参数分析和判断汽车故障原因。

素质目标

1. 培养学生严谨细致的工作态度，确保检测和拆装工作的准确性和可靠性。
2. 增强学生的责任意识，确保在操作中遵守安全规范，避免事故发生。

思政目标

1. 引导学生在工作中遵循职业道德规范，确保检测和维修工作的公正性。

2. 引导学生关注汽车检测和维修过程中的环保问题，合理处理废旧零部件和废弃物，减少对环境的影响。

任务一　检测系统及检测仪器仪表

任务描述

某汽车制造商开发了一套智能汽车故障诊断系统，用于检测和诊断汽车运行过程中可能出现的各种问题。该系统集成了多种高级检测仪器仪表，通过车载传感器和计算机系统，实时收集并分析车辆的各种运行数据，确保车辆运行安全，及时发现并解决潜在故障。

任务分析

通过实时监测、快速诊断和即时反馈，系统帮助驾驶员有效应对潜在问题，减少事故和维修成本。未来，随着智能化和网联化的发展，该系统将进一步提高其性能和用户体验，成为现代汽车不可或缺的一部分。通过本任务，帮助读者了解检测系统的组成和使用。

任务重点

汽车故障检测系统

一、检测系统的组成

进行汽车检测要依据汽车检测诊断技术基础，掌握汽车各部位、各系统总成和零部件的诊断参数。根据诊断标准，按诊断周期正确运用诊断设备进行诊断。经过认真检测，确定汽车的应修和可不修的部位、系统、总成、零部件。

1. 检测系统基本组成框图

一个完整的检测（测试）系统通常由传感器、变换及测量装置、记录及显示装置和数据分析处理装置等组成。必要时，还需加装试验激励装置，如图 1-1 所示。

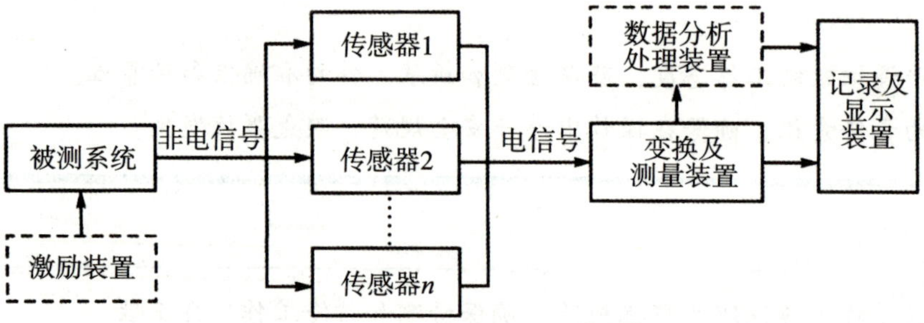

图 1-1　检测系统基本组成框图

图 1-1 中虚线部分为选择项，根据具体的检测项目来确定。

2. 检测系统各部分的作用

（1）激励装置

激励装置是人为地模拟某种条件，把被测系统中的某种信息激发出来，用以检测系统各部分。

（2）被测系统

被测系统即检测对象，如整车发动机通常需要检测一个或多个参数。

（3）传感器

传感器是一种获得信息的手段，在整个检测系统中占据首要地位。因为它处于检测系统的输入端，所以它的性能直接影响着整个检测系统的工作可靠性。

（4）变换及测量装置

变换及测量装置的作用是把传感器传来的电信号变换成具有一定功率的电压或电流信号，以便推动下一级的记录和显示装置。这类装置包括：电桥电路、调制电路、调解电路、阻抗匹配电路、放大电路、运算电路等。

（5）记录及显示装置

记录及显示装置的作用是把变换及测量装置传来的电压和电流信号不失真地记录下来并显示出来，供阅读和分析。这类装置包括：光线示波器、电子示波器、磁记录仪等。

（6）数据分析处理装置

数据分析处理装置用来对测试结果（曲线或数据）进行分析、运算处理，如对大量检测数据的数理统计分析、曲线的拟合、动态测试结果的频谱分析、幅值谱分析或能量谱分析等。

二、现代检测仪器仪表

1. 现代检测仪器仪表的结构组成

随着测试技术和电子计算机技术的高速发展，测试系统越来越集成化、智能化，现代检测仪器仪表主要是以计算机为中心的智能化设备。由于增加了计算机，可大大增强仪器性能，从而使仪器设备的结构和功能发生了根本性的变革。

现代检测仪器仪表具有检测系统的基本组成部分，由于有计算机的控制，因此许多检测过程都是自动完成的。其结构框图如图 1-2 所示。

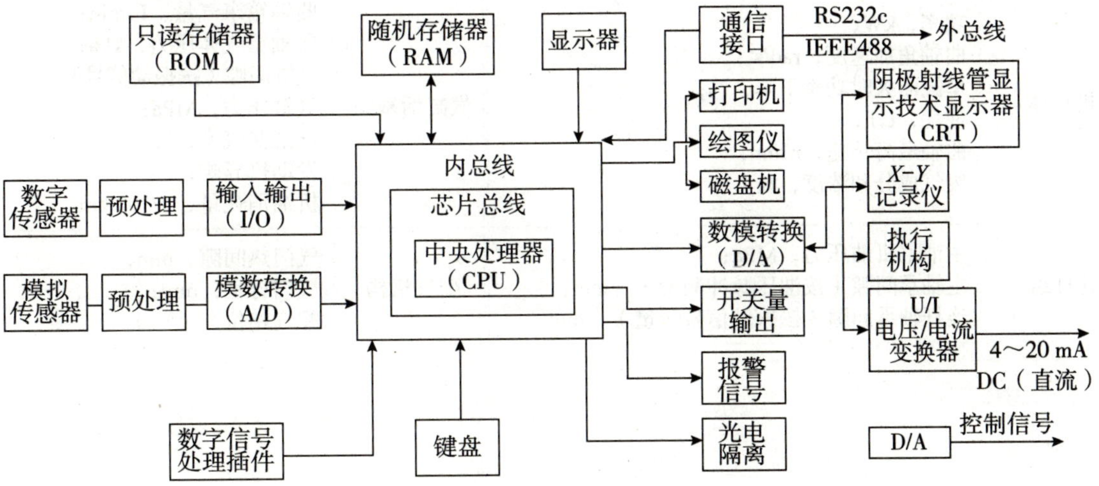

图 1-2　现代检测仪器仪表组成框图

2. 现代仪器仪表的特点

智能化仪器仪表不仅功能强大，测量精度和效率也很高，它具有以下特点。

（1）自动调零校准和自动精度校准。

（2）自动量程切换。

（3）功能自动选择。

（4）自动数据处理和误差修正。

（5）自动定时控制。

（6）故障自诊断。

随着检测技术和检测设备工艺的不断进步，汽车测试技术得到迅猛的发展，特别是汽车的各种检测设备开始采用现代化、集成化的智能设备。例如，底盘测功机、液压振动试验台、侧滑台、光电四轮定位仪、车轮平衡机等，均采用电子控制或计算机控制，简化了操作过程，大大提高了检测效率。

三、汽车检测诊断参数

汽车检测诊断参数是指能反映车辆技术检测诊断的定量化信息。根据车辆检测诊断参数可以即时判断车辆技术状况是否良好，进一步进行故障诊断。

汽车检测诊断参数可分为以下 3 种。

（1）工作过程参数：能表征检测对象总的工作状况，是显示检测对象主要功能和质量的参数，如发动机功率、车辆制动距离、油耗等。它所提供的信息较广泛，是进一步诊断的基础。

（2）伴随过程参数：提供的信息面较窄，但这种参数较为普遍，常用于复杂系统的深入诊断，如振动、噪声、发热量等。

（3）几何尺寸参数：是由零件之间最基本的关系决定的参数，它所提供的信息有限，但能直接表明检测对象的具体状态，如间隙、自由行程等。

汽车常用检测诊断参数如表 1-1 所示。

表 1-1　汽车常用诊断参数

诊断对象	诊断参数	诊断对象	诊断参数
发动机总体	功率，kW； 曲轴角加速度，rad/s^2； 单缸断火时功率下降，%； 油耗，L/h； 曲轴最高转速，r/mm； 废气成分和浓度，%	气缸活塞组	曲轴箱窜气量，L/min； 曲轴箱气体压力，kPa； 气缸间隙（按振动信号测量），mm； 气缸压力，MPa； 气缸漏气率，%； 发动机异响； 机油消耗量，L/100 km
曲柄连杆组	主油道机油压力，MPa； 主轴承间隙（按油压脉冲测量），mm； 连杆轴承间隙（按振动信号测量），mm	配气机构	气门热间隙，mm； 气门行程，mm； 配气相位，（°）

续表

诊断对象	诊断参数	诊断对象	诊断参数
柴油机供油系统	喷油提前角（按油管脉动压力测量），（°）； 单缸柱塞供油延续时间（按油管脉动压力测量），s； 各缸供油均匀度，%； 每一工作循环供油量，mL/ 工作循环； 高压油管中压力波增长时间，s； 按喷油脉冲相位测定喷油提前角不均匀度，%； 曲轴转角，（°）； 喷油嘴初始喷射压力，MPa； 曲轴最小和最大转速，r/min； 燃油细滤器出口压力，MPa	供油系统及滤清器	燃油泵清洗前的油压，MPa； 燃油泵清洗后的油压，MPa； 空气滤清器进口压力，MPa； 涡轮压气机的压力，MPa； 涡轮增压器润滑系油压，MPa
润滑系统	润滑系机油压力，MPa； 曲轴箱机油温度，℃； 机油含铁（或铜、铬、铝、硅等）量，%； 机油透光度，%； 机油介电常数	冷却系统	冷却液工作温度，℃； 散热器入口与出口温差，℃； 风扇皮带张力，N/mm； 曲轴与发电机轴转速差，%
点火系统	初级电路电压降，V； 电容器容量，μF； 断电器触点闭合角及重叠角，（°）； 点火电压，kV； 次级电路开路电压，kV； 点火提前角，（°）； 发电机电压，V；电流，A； 整流器输出电压，V	启动系统	制动状态下启动机电流，A；电压，V； 蓄电池在有负荷状态下的电压，V； 振动加速度，m/s^2
传动系统	车轮驱动力，N； 底盘输出功率，kW； 滑行距离，m； 传动系噪声，dB	制动系统	制动距离，m； 制动力，N； 制动减速度，m/s^2； 跑偏，左右轮制动力差值，N； 制动滞后时间，s； 制动释放时间，s
转向系统	主销内倾角，（°）； 主销后倾角，（°）； 车轮外倾角，（°）； 车轮前束，mm； 车轮侧滑量，mm/m 或 m/km	行驶系统	车轮静平衡，g； 车轮动平衡，g · cm； 车轮振动加速度，m/s^2
照明系统	前照灯照度，lx； 前照灯发光强度，cd； 光轴偏斜量，mm		

1. 动力性评价指标

汽车的动力性是指其在运行中的最高车速、最大加速能力和最大爬坡能力，是汽车最基本的使用性能。在不同的情况下，使用不同的评价指标来评价汽车的动力性，例如，汽车的比功率、动力因数、最高车速、加速性能、最大爬坡度、发动机输出功率、驱动比功率、驱动轮输出功率等方面。

（1）汽车的比功率

汽车的比功率可以综合评价车辆的动力性能，它的大小直接影响到车辆的燃料经济性，是车辆设计的重要参数，主要显示在设计车辆时评价其动力性及选择适当的发动机功率与其总质量的匹配关系。

（2）动力因数

动力因数是剩余牵引力（总牵引力减空气阻力）和汽车总重之比。动力因数可以准确地表征汽车的动力性水平，任何一种定型汽车都有确定的动力因数。动力因数是一种派生参数，因为动力因数是通过测得的驱动力计算得出的。

（3）最高车速

最高车速是指汽车在额定最大总质量状态下，在风速小于 3 m/s 的条件下，在干燥、清洁、平坦、无障碍的混凝土或沥青路面上，能够达到的最高且稳定的行驶速度。

（4）加速性能

汽车的加速性能是指汽车在行驶中迅速增加行驶速度的能力。加速时间是指车辆在额定最大总质量状态下，在风速小于或等于 3 m/s 的条件下，在干燥、清洁、平坦、无障碍的混凝土或沥青路面上，由某一预定车速加速至最高车速的 80% 所需的时间。

（5）最大爬坡度

最大爬坡度是指汽车按额定载荷装载，在良好的路面坡道上，以最低前进挡位能够爬上的最大坡度。

（6）发动机输出功率

发动机输出功率是汽车动力性的基础，是动力性的基本参数。目前，检测发动机功率均采用无外载测功仪。

（7）驱动比功率

驱动比功率是指汽车在给定车速下驱动轮输出的最大功率与汽车总质量之比，单位为 kW/t。

（8）驱动轮输出功率

用驱动轮输出功率做汽车动力性的评价指标，具有很强的信息性和很高的灵敏性。它可在室内的汽车底盘测功机上直接测取，检测误差很小，检测条件较易控制，操作简单，通用性强。选用在发动机额定转矩和额定功率时驱动轮输出功率作为动力性的评价指标，选用发动机全负荷与额定转矩和额定功率转速相应的直接挡车速所构成的工况作为检测工况。

因此，不用驱动轮输出功率的绝对值作为限值，而采用相对值，即检测值与对应的发动机额定转矩功率和额定功率的百分比作为限值，从而提高了标准的通用性和可操作性。

2. 底盘测功机检测整车动力性

采用底盘测功机检测整车的动力性，实际上就是按《汽车动力性台架试验方法和评价指标》（GB/T 18276—2017）的规定，检测汽车驱动轮输出功率（汽车发动机在额定转矩和额定功率时的驱动轮输出功率），并以此作为评价指标。

（1）驱动轮输出功率检测程序

① 按规定的相应车型的检测速度，在底盘测功机上设定检测速度 v_M 和 v_P。

② 将被检测车辆驱动轮置于底盘测功机滚筒上，启动汽车，逐步加速并换至直接挡，使车辆以直接挡的最低车速稳定运转。

③ 将加速踏板踩到底，测定 v_M 或 v_P 工况的驱动轮输出功率。

④ 测取读数。待车辆速度在设定的检测速度下稳定 15 s 后，方可记录仪表显示的输出功率，检测速度与设定检测速度的允差为 ±0.5 km/h。

⑤ 在读数期间，转矩变动幅度应不超过 ±4%。

⑥ 详细记录环境状态及检测数据。

（2）汽车的额定转矩和额定功率

汽车的额定转矩和额定功率选用汽车使用说明书提供的数据。

最大转矩和最大扭矩点功率的关系式为

$$P_M = (M_e n_m)/9\,550$$

式中　M_e——发动机的最大转矩，N · m；

n_m——发动机最大转矩转速，r/min。

（3）实测驱动轮输出功率修正

将实测驱动轮输出功率修正为标准环境状态下的校正驱动轮输出功率。

对于 η_{VM} 或 η_{VP} 低于允许值的车辆，允许复测一次。

（4）驱动轮输出功率的校正方法

① 功率校正系数 α

用于将实测功率修正为标准环境状态下的校正功率。表达式为

$$P_0 = \alpha \cdot P$$

式中　P_0——校正功率（标准环境状态下的功率），kW；

α——校正系数（汽油机 α_a，柴油机 α_d）；

P——实测功率，kW。

② 标准环境状态

◆大气压：$p_0 = 100$ kPa。

◆相对湿度：$\varphi_0 = 30\%$。

◆环境温度：$T_0 = 298$ K。

◆干空气气压：$p_{s0} = 99$ kPa。

干空气气压是基于总气压为 100 kPa、水蒸气分压为 1 kPa 计算得到的。

③ 汽油机功率校正系数 α_a

◆计算法

$$\alpha_a = (99/p_s)^{1.2} \times (T/298)^{0.6}$$

式中 T——试验时环境温度，K；

p_s——试验时干空气气压，kPa。

$$p_s = p - \varphi \times p_{sw}$$

式中 p——现场环境状态下的大气压，kPa；

φ——现场环境状态下的相对湿度，%；

p_{sw}——现场环境状态下的饱和蒸汽压，kPa；

$\varphi \times p_{sw}$——可查表 1-2 得出。

表 1-2 不同环境温度下的 $\varphi \times p_{sw}$ 值

t/℃	$\varphi \times p_{sw}$/kPa				
	$\varphi=1$	$\varphi=0.8$	$\varphi=0.6$	$\varphi=0.4$	$\varphi=0.2$
-10	0.3	0.2	0.2	0.1	0.1
-5	0.4	0.3	0.2	0.2	0.1
0	0.6	0.5	0.4	0.2	0.1
5	0.9	0.7	0.5	0.4	0.2
10	1.2	1.0	0.7	0.5	0.2
15	1.7	1.4	1.0	0.7	0.5
20	2.3	1.9	1.4	0.9	0.5
25	3.2	2.5	1.9	1.3	0.6
27	3.6	2.9	2.1	1.4	0.7
30	4.2	3.4	2.5	1.7	0.9
32	4.8	3.8	2.9	1.9	1.0
34	5.3	4.3	3.2	2.1	1.1
36	6.0	4.8	3.6	2.6	1.2
38	6.6	5.3	4.0	2.7	1.3
40	7.4	5.9	4.4	3.0	1.5
42	8.2	6.6	4.9	3.3	1.6
44	9.1	7.3	5.5	3.6	1.8
46	10.1	8.1	6.1	4.0	2.0
48	11.2	8.9	6.7	4.5	2.2
50	12.3	9.9	7.4	4.9	2.5

◆查图法

根据上述 T 及 p_s 的值，可按图 1-3 查得 α_a 的值。例如，根据图 1-3 中虚线所示，$p_s = 100$ kPa，$T = 293$ K 时，查询 $\alpha_a = 0.978$。

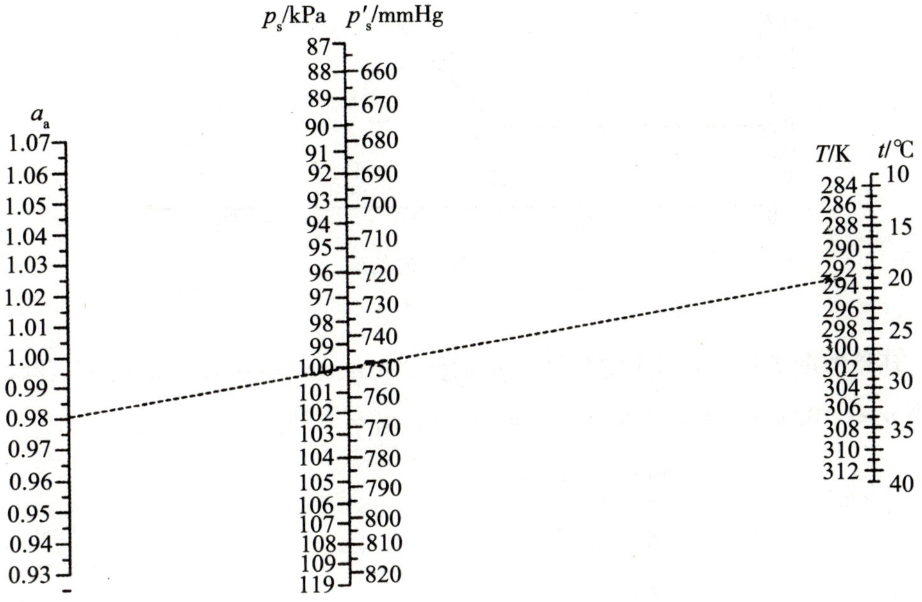

图 1-3　汽油机功率校正系数图

④ 柴油机校正系数 α_d

◆计算法

$$\alpha_d = (f_a)^{f_m}$$

式中　f_a——大气压因子；

f_m——发动机因子，发动机形式和调整的特性参数。

⑤ 大气压因子 f_a

对自然吸气和机械增压发动机

$$f_a = (99/p_s) \times (T/298)^{0.7}$$

⑥ 发动机因子 f_m

$$f_m = 0.036\,q_c - 1.14$$

式中　q_c——校正的比排量循环供油量。

$$q_c = q/r$$

式中　q——比排量循环供油量，单位为毫克每循环每升（总气缸容积），mg/（L·循环）；

r——增压比，压缩机出口和压缩机进口的压力比（对于自然吸气式发动机，$r = 1$）。

当 q_c 值低于 40 mg/（L·循环）时，f_m 可取恒定值 0.3（$f_m = 0.3$）；

当 q_c 值高于 65 mg/（L·循环）时，f_m 可取恒定值 1.2（$f_m = 1.2$）。

f_m 与 q_c 的关系如图 1-4 所示。

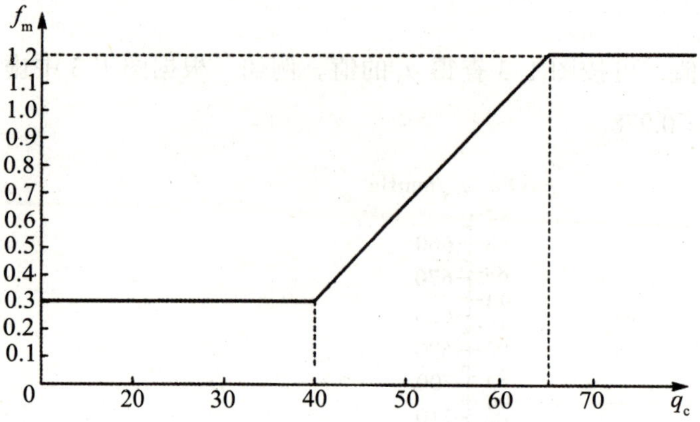

图 1-4　f_m 与 q_c 的关系

◆查图法

根据试验时环境温度 T 及试验时干空气气压 p_s 的值，可从图 1-5 中查得 α_d 的值。例如，根据图 1-5 中虚线所示，当 $p_s = 102$ kPa，$T = 296$ K，$f_m = 0.6$ 时，$\alpha_d = 0.98$。

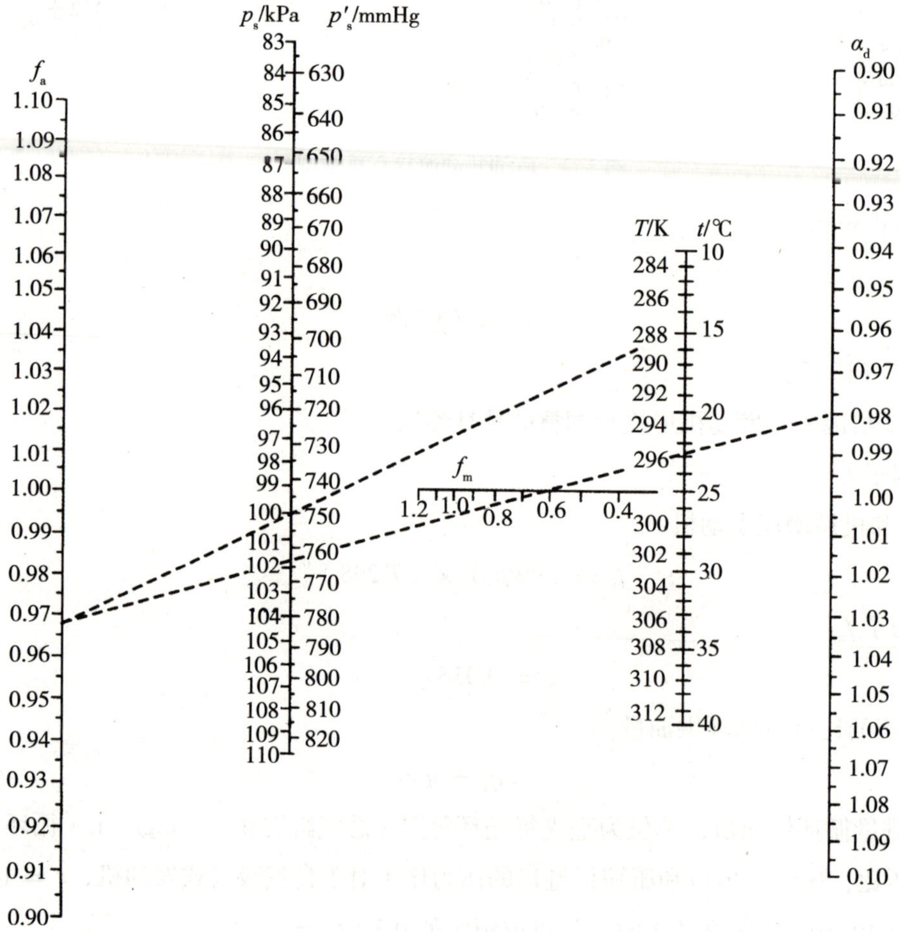

图 1-5　非增压及机械增压柴油机功率校正系数图

3. 汽车燃料消耗量的检测

按照《机动车安全技术检验项目和方法》（GB 38900—2020）的规定，汽车百公里燃料消耗量不得大于该车型原厂规定的相应等速百公里燃料消耗量。

（1）底盘测功机检测汽车百公里燃料消耗量

在底盘测功机上检测汽车百公里燃料消耗量，首先必须使参检车辆及底盘测功机的技术状况均符合国家标准的技术条件和要求。

① 加载量的确定和试验。在底盘测功机上进行油耗试验，关键是把汽车在道路上的行驶阻力（滚动阻力和空气阻力）在测功机上模拟出来。

下面介绍等速百公里油耗测试模拟加载量。

交通行业标准《道路运输车辆技术等级划分和评定要求》（JT/T 198—2016）规定，用底盘测功机检测汽车的等速百公里油耗的测试条件如下。

◆汽车为正常热状态。

◆变速器挂直接挡或最高挡。

◆加载至限定条件并使汽车稳定在检测车速。《汽车燃料消耗量试验方法　第 1 部分：乘用车燃料消耗量试验方法》（GB/T 12545.1—2008）规定限定条件下的试验车速：轿车（60 ± 2）km/h，铰链式客车（35 ± 2）km/h，其他车辆（50 ± 2）km/h。在台架试验汽车的等速百公里油耗时，合理确定测功机的加载量，模拟汽车在三级以上平直道路上以规定车速行驶时所受到的阻力极其重要。此时，汽车克服滚动阻力和空气阻力所消耗的驱动轮功率为

$$P_k = \left(G \cdot f + \frac{1}{21.15} C_D \cdot A \cdot v^2 \right) \cdot v/3\ 600$$

式中　P_k——驱动轮功率，kW；

G——汽车受到的总重力，G = mg（m 为汽车总质量），N；

f——滚动阻力系数；

C_D——空气阻力系数；

A——迎风面积；

v——试验车速，km/h。

C_D、f、A 可参考表 1-3 中的推荐值，求出试验车速下驱动轮功率。计算时应考虑到测功机传动机构的摩擦损失功率及驱动轮与滚筒间的摩擦损失功率。这两项损失功率应从上式计算值中减除后，才是在测功机功率吸收单元中模拟的加载量，即

$$P_{pau} = P_k - P_{pl} - P_c$$

式中　P_{pau}——模拟功率，kW；

P_{pl}——传动机构摩擦损失功率，kW；

P_c——轮胎与滚筒间摩擦损失功率，kW。

表 1-3　C_D、f、A 推荐值

车辆类型	C_D	f	A
轿车	0.35 ～ 0.55	f=0.007 6+0.000 056 v	A=1.05 $B \times H$（B 为轮距，H 为车高）
货车	0.40 ～ 0.60		
客车	0.58 ～ 0.80		

注：半挂汽车、列车由于连接处间隙造成局部风阻增加，因此其空气阻力一般比牵引车高 15%。

以此作为测功机的模拟加载量。试验时，把汽车驱动轮驶入底盘测功机滚筒装置，把油耗传感器接入汽车的燃油管路，设定好试验车速，启动发动机。把变速器挂直接挡，逐渐踩下加速踏板，使测功机指示的功率值等于计算值并保持其稳定，按下油耗测量按钮。当驱动轮在滚筒上驶过不少于 500 m 的距离时，即可从显示装置上读得汽车的等速百公里燃料消耗量。应重复试验 3 次，取其平均值作为结果。

参照有关规定，可在不同试验车速下进行车辆等速百公里燃料消耗试验，并做出等速百公里燃料消耗特性曲线。试验过程中，车辆使用常用挡位，车速从 20 km/h 开始，以车速 10 km/h 的整倍数均匀选取试验车速，直到最高车速的 90%。至少测定 5 种车速。

测出 500 m 的燃料消耗量，单位为 mL，以下是折算百公里燃料消耗量

$$Q = q/5$$

式中　Q——百公里燃料消耗量，L；

　　q——500 m 的燃料消耗量，mL。

当每个规定车速下的百公里燃料消耗量都测出后，便可在以车速为横轴、百公里燃料消耗量为纵轴的平面直角坐标中，绘出被测车辆的百公里燃料消耗特性曲线图。图 1-6 为某些车型的等速百公里燃料消耗特性曲线。

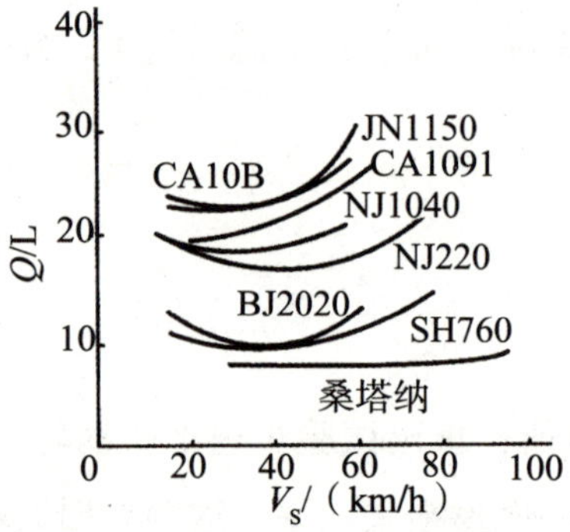

图 1-6　等速百公里燃料消耗特性

② 环境试验条件。

◆ 环境温度：0 ～ 40 ℃。

◆ 环境相对湿度：小于 85%。

◆ 大气压力：80 ～ 110 kPa。

③ 检测结果的重复性检验。

◆ 检验结果的重复性按第 95 百分位来判断。

◆ 标准差：第 95 百分位分布的标准差 R 与重复性检测次数 n 有关，如表 1-4 所示。

◆ 重复性检验：ΔQ_{max} 为每次检测时，测量 n 次结果中最大值与最小值之差，单位为 L。$\Delta Q_{max} < R$ 时，检测结果的重复性好，不必增加检测次数；$\Delta Q_{max} > R$ 时，检测结果的重复性差，必须增加检测

次数。

表 1-4 标准差 R 与重复性检测次数 n 的关系

n/ 次	2	3	4	5	6
R/L	$0.053\,Q_{mp}$	$0.063\,Q_{mp}$	$0.069\,Q_{mp}$	$0.073\,Q_{mp}$	$0.085\,Q_{mp}$

注：Q_{mp} 为每次检测时，测量 n 次所得百公里燃料消耗量平均值，L。

④ 检测数据的校正。

燃料消耗量的检测值均应校正到标准状态下的数值。

◆环境温度：20 ℃。

◆大气压力：100 kPa。

◆汽油密度：0.742 g/cm³。

◆柴油密度：0.830 g/cm³。

⑤ 校正公式。

$$Q_{mj} = Q_{mp}/C_1 \times C_2 \times C_3$$

式中 Q_{mj}——检测百公里燃料消耗量校正值，L；

Q_{mp}——检测百公里燃料消耗量算术平均值，L；

C_1——环境温度校正系数，$C_1 = 1+0.002\,5 \times (20-t)$；

C_2——大气压力校正系数，$C_2 = 1+0.002\,1 \times (p-100)$；

C_3——燃料密度校正系数，其中对汽油机有 $C_3 = 1+0.8 \times (0.742-G_g)$，对柴油机有 $C_3 = 1+0.8 \times (0.83-G_d)$。

上面 C_1、C_2、C_3 的算式中：t 为检测时的环境温度，℃；P 为检测时的大气压力，kPa；G_g 为检测时的汽油平均密度，g/cm³；G_d 为检测时的柴油平均密度，g/cm³。

（2）道路试验检测汽车百公里燃料消耗量

不能用底盘测功机检测汽车百公里燃料消耗量的，可按《轻型汽车燃料消耗量试验方法》（GB/T 19233—2020）中的有关规定，采用道路试验进行检测车速的等速试验，试验条件应符合该标准的规定。

① 检测试验项目及有关规程

◆直接挡全油门加速燃料消耗量试验。测试路段长度为 500 m，试验时汽车挂直接挡（无直接挡可用最高挡），以（30 ± 1）km/h 的初速度稳定通过 50 m 的预备路段。到达测试路段的起点开始，节气门全开，加速通过测试路段，记录通过该路段的加速时间、燃料消耗量及汽车到达测试路段终点时的速度。

试验各往返进行两次，测得同方向加速时间的相对误差不大于 5%，取测得 4 次加速时间试验结果的算术平均值为测定值，要符合该车技术条件的规定。

◆等速燃料消耗量的测试。选定测试路段长度为 500 m，汽车用常用挡位，等速行驶，通过 500 m 测试路段，测量通过该路段的时间及燃料消耗量。

试验车速从 20 km/h 开始，以每隔 10 km/h 的速度均匀选取车速，直至达到最高车速的 90%。至少测定 5 种不同车速，同一车速往返各进行两次。

以车速为横坐标、燃料消耗量为纵坐标，绘制等速燃料消耗量散点图，根据散点图绘制等速燃料消耗量特性曲线。

◆限定条件下燃料平均消耗量测试。测试路段应设在三级以上平原干线公路上，其长度不小于50 km，以下列车速行驶并尽可能保持匀速：轿车，车速为（60 ± 2）km/h；铰接式客车，车速为（35 ± 2）km/h；其他车辆，车速为（50 ± 2）km/h。

客车应每隔10 km停车1次，怠速运转1 min后重新起步，记录制动次数，各挡位使用次数、时间和行程。测定每50 km单程的燃料消耗量，往返各测试1次，以两次测量结果的算术平均值作为限定条件下的燃料平均消耗量的测定值。

◆多工况燃料消耗量测试。汽车运行工况可分为匀速、加速、减速和怠速等几种。实际运行时，往往是几种工况的组合，并以此决定车辆油耗。严格依据各自的试验循环要求进行燃料消耗量的测定。怠速工况时，离合器应接合，变速器置于空挡。从怠速运转工况转换为加速工况时，在换挡前5 s，分离离合器，把变速器挡位换为低速挡，换挡应迅速、平稳。减速工况中，应完全放松加速踏板，离合器仍然接合，当车速降至100 km/h时，分离离合器，必要时允许使用制动器。

在进行多工况试验时，加速、匀速和使用制动器减速时，每个工况除单独规定外，车速偏差为 ±2 km/h。在工况改变过程中，允许车速的偏差大于规定值；但在任何条件下，超过车速偏差时间不大于1 s，即时间偏差为 ±1 s。

② 试验结果的重复性检验和数据的校正

路试百公里燃料消耗量的检测值，应参照前述底盘测功机检测汽车百公里燃料消耗量的规定执行。

4. 汽车制动性检测

采用路试方法检测汽车的制动性能。

利用试验检测仪器在试验道路上进行检测称为路试检测。路试法检测制动性能的特点在于：能够直观、简便、真实地反映车辆实际行驶过程中动态的制动性能，如轴荷转移的影响；能综合反映车辆其他系统的结构性能对车辆制动性能的影响，如转向机构、悬架系统结构和形式对制动方向稳定性的影响；不需要大型设备与场地、厂房。

（1）路试制动性能检测项目是行车制动性能检测。

① 制动距离。

② 制动稳定性。

（2）用充分发出的平均减速度检测行车制动性能

① 平均减速度。车辆在规定的初速度下急踩制动时充分发出的平均减速度和制动稳定性应符合表1-5中的要求。对空载检测制动性能有质疑时，可对表中满载检验的制动性能要求进行检测。

表1-5 制动减速度和制动稳定性要求

车辆类型	制动初速度 /（km/h）	满载检验充分发出的平均减速度 /（m/s^2）	空载检验充分发出的平均减速度 /（m/s^2）	制动稳定性要求车辆任何部位不得超出的试车道宽度 /m
座位数≤9的载客汽车	50	≥5.9	≥6.2	2.5
其他总质量≤4.5 t的汽车	50	≥5.4	≥5.8	2.5*
其他汽车、列车及无轨电车	30	≥5.0	≥5.4	3.0

注：对总质量大于 3.5 t 且小于 4.5 t 的汽车，试车道宽度为 3 m。

② 制动协调时间。制动协调时间的定义和限值应与台试检验的要求相同。

（3）应急制动性能检测

车辆在空载和满载状态下，如表 1-6 所示的初速度进行应急制动性能检验。测得的从应急制动操纵始点至车辆停住时的制动距离（或平均减速度）应符合表 1-6 的要求。

表 1-6　应急制动性能要求

车辆类型	制动初速度 /（km/h）	制动距离 /m	充分发出的平均减速度 /（m/s）	允许操纵力 /N	
				手操纵	脚操纵
座位数≤ 9 的载客汽车	50	≤ 38	≥ 2.9	≤ 400	≤ 500
其他载客汽车	30	≤ 18	≥ 2.5	≤ 600	≤ 700
其他汽车	30	≤ 20	≥ 2.2	≤ 600	≤ 700

在进行应急制动试验前，应使被测车辆的行车制动系统的一处管路失效，然后按检测要求进行检测。

（4）驻车制动性能检测

驻车制动性能是指车辆在一定坡度上，利用驻车制动系统使车不下滑、溜坡的能力。

国家标准规定，检测用坡道表面附着系数应大于 0.7。在空载时总质量为整备质量的 1.2 倍以下的车辆，其驻车制动应保持在 15% 的坡道上，其他车辆驻车制动性能应保持在 20% 的坡道上。稳定不动的时间 5 min，而且正反两方向均应达到此要求。

测试时，行车制动系统不得起作用。为了满足驻车制动检测的要求，至少应有坡度为 15%、20% 的两个测试坡道。

所谓坡度是指坡道的高度与坡道的水平长度之比，也就是该坡道角的正切值。

检测时的操作力：用手操纵时，对于座位数小于或等于 9 的载客汽车应不大于 400 N，其他车辆应不大于 600 N；用脚操纵时，对于座位数小于或等于 9 的载客汽车应不大于 500 N，其他车辆应不大于 700 N。

5. 汽车滑行性能检测

（1）滑行性能国标要求

对滑行性能的检测，《机动车安全技术检验项目和方法》（GB 38900—2020）中的规定如表 1-7 所示。

表 1-7　车辆滑行距离要求

汽车整备质量 m/kg	双轴驱动车辆滑行距离 /m	单轴驱动车辆滑行距离 /m
$m < 1\,000$	≥ 104	≥ 130
$1\,000 \leqslant m < 4\,000$	≥ 120	≥ 160
$4\,000 < m < 5\,000$	≥ 144	≥ 180
$5\,000 \leqslant m < 8\,000$	≥ 184	≥ 230
$8\,000 \leqslant m < 11\,000$	≥ 200	≥ 250

$m \geqslant 11\,000$	≥214	≥270

（2）滑行性能检测

① 用底盘测功机检测滑行距离

◆汽车轮胎气压应符合规定值，传动系统润滑油油温不低于 50 ℃。

◆根据测试车辆的基准质量选定测功机的相应当量惯量。当测功机所配备的飞轮系统的惯量级数不能准确满足测试车辆的当量惯量需要时，可选配与测试车辆整备质量最接近的转动惯量级，但应对检测结果做必要的修正。

◆将被测车辆驱动轮置于测功机滚筒上。启动汽车，按引导系统提示加速至高于规定车速（30 km/h）后，置变速器于空挡。利用车辆系统储备的动能使其运转，直至车轮停止转动。

◆记录车辆从 30 km/h 开始的滑行距离。

② 路试检验滑行距离

◆应在平坦（纵向坡度不应超过 1%）、干燥、清洁的硬质路面上进行。风速不大于 3 m/s。

◆车辆空载，轮胎气压应符合规定值。

◆被测车辆行驶速度高于 30 km/h 后，置变速器于空挡位，开始滑行。当速度为 30 km/h 时，用速度计或第五轮仪测量滑行距离。

◆测试至少往返各滑行 1 次，往返区段尽量一致。

③ 滑行阻力测试

◆应在平坦、干燥和清洁的硬质路面上进行。

◆车辆空载，轮胎气压应符合规定值。

◆解除制动，置变速器于空挡位。

◆用拉力传感器拉（或用压力传感器推）被测车辆。当被测车辆从静止开始移动时，记下传感器的拉（压）力值。

按以上规定的方法测得的滑行阻力 P_s 应符合

$$P_s \leqslant 0.015\% mg$$

式中 P_s——滑行阻力，N；

m——汽车的整车质量，kg；

g——重力加速度，9.8 m/s^2。

德育之窗

我国社会经济的不断发展，给汽车制造企业带来机遇的同时也使其面临了巨大的挑战，尤其是在企业安全生产管理方面对其提出了更高的要求。汽车制造企业稳固持续发展的根本要求是进行安全生产，并且在实践中树立安全意识和践行安全生产观。

任务二　拆装工具介绍

任务描述

某汽车维修中心引进了全套先进的汽车检测与拆装工具，旨在提高维修技师的工作效率和维修质量。这些工具涵盖了从基础的机械部件拆装到复杂的电子系统检测，确保技师可以快速、精准地完成各类维修和检测任务。

任务分析

通过使用这些先进工具，维修中心不仅提高了工作效率和质量，还确保了维修过程的安全性和可靠性。未来，随着汽车技术的不断发展，这些工具将继续升级和优化，为汽车维修行业带来更多的便利和惊喜。通过本任务帮助读者熟悉拆装工具的使用。

任务重点

无论汽车的拆装，还是在汽车的检测与调试中，我们都会用到拆装工具，因此掌握拆装工具的使用尤为重要。

一、常用拆装工具的种类

1. 普通扳手

（1）开口扳手

开口扳手是最常见的一种扳手，又称呆扳手，如图 1-7 所示。其开口的中心平面和本体中心平面成 15° 角，这样既能适应人手的操作方向，又可降低对操作空间的要求。其规格是以两端开口的宽度 S（mm）来表示的，如 8 ～ 10、12 ～ 14 等。通常是成套装备，有 8 件一套、10 件一套等。一般用 45 号钢、50 号钢锻造，并经热处理。

（2）梅花扳手

梅花扳手其两端是环状的，环的内孔由两个正六边形互相同心错转 30° 而成，如图 1-8 所示。使用时，扳动 30° 后，即可换位再套，因而适用于狭窄场合下操作。与开口扳手相比，梅花扳手强度高，使用时不易滑脱；但套上、取下不方便。其规格是以闭口尺寸 S（mm）来表示的，如 8 ～ 10、12 ～ 14 等。通常是成套装备，有 8 件一套、10 件一套等。一般用 45 号钢或 40 号钢锻造，并经热处理。

图 1-7　开口扳手

图 1-8　梅花扳手

（3）套筒扳手

套筒扳手的材料、环孔形状与梅花扳手相同，适用于拆装位置狭窄或需要一定扭矩的螺栓或螺母。套筒扳手主要由套筒头、手柄、棘轮手柄、快速摇柄、接头和接杆等组成，各种手柄适用于各种不同的场合，以操作方便或提高效率为原则，如图 1-9 所示。常用套筒扳手的规格是 10 ～ 32 mm。在汽车维修中，还采用了许多专用套筒扳手，如火花塞套筒、轮毂套筒、轮胎螺母套筒等。

（4）活动扳手

活动扳手的开口尺寸能在一定的范围内任意调整，使用场合与开口扳手相同，但活动扳手操作起来不太灵活，如图 1-10 所示。其规格是以最大开口宽度（mm）来表示的，常用的有 150 mm、300 mm 等，通常是由碳素钢（T）或铬钢（Cr）制成的。

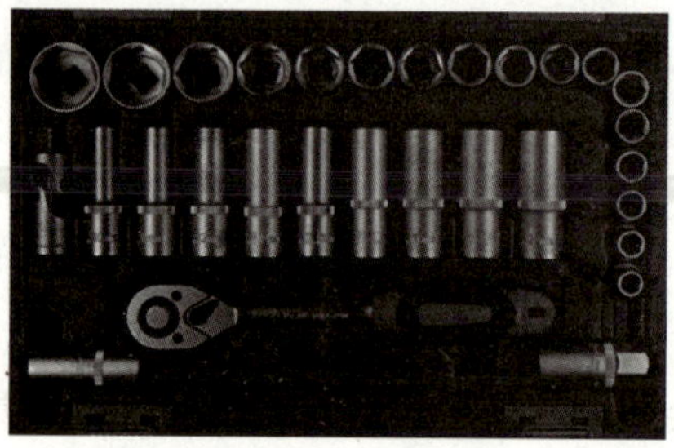

图 1-9　套筒扳手

图 1-10　活动扳手

（5）扭力扳手

扭力扳手是一种可读出所施扭矩大小的专用工具，如图 1-11 所示。其规格是以最大可测扭矩来划分的，常用的有 294 N · m、490 N · m 两种。扭力扳手除用来控制螺纹件旋紧力矩外，还可以用来测量旋转件的启动转矩，以检查配合、装配情况。如北京 492 Q 发动机的曲轴启动转矩应不大于 19.6 N · m。

（6）内六角扳手

内六角扳手是用来拆装内六角螺栓（螺塞）用的，如图 1-12 所示。规格以六角形对边尺寸 *S* 表示，有 3 ～ 27 mm 尺寸 13 种。汽车维修作业中，使用成套内六角扳手拆装 M4 ～ M30 的内六角螺栓。

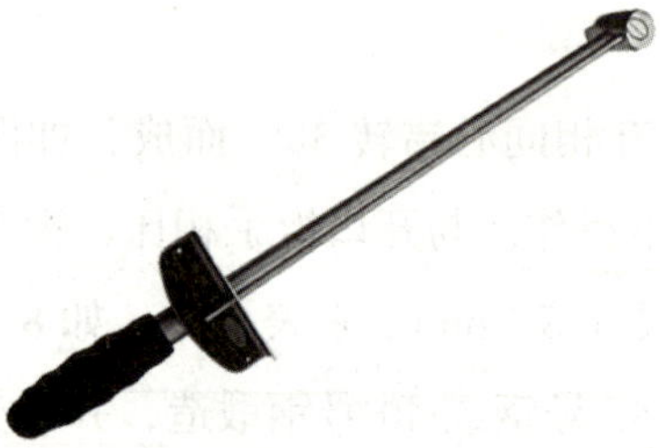

图 1-11　扭力扳手

图 1-12　内六角扳手

2. 螺丝刀

（1）“一字”螺丝刀

“一字”螺丝刀又称“一字”形螺钉旋具、平口改锥，用于旋紧或松开头部开“一字”槽的螺钉，如图 1-13 所示。一般工作部分用碳素工具钢制成，并经淬火处理。“一字”螺丝刀由木柄、刀体和刃口组成。其规格以刀体部分的长度表示，常用的有 100 mm、150 mm、200 mm 和 300 mm 等几种。使用时，应根据螺钉沟槽的宽度选用相应的规格。

（2）“十字”螺丝刀

“十字”螺丝刀又称“十字”槽螺钉旋具、“十字”改锥，用于旋紧或松开头部带“十字”沟槽的螺钉，如图 1-14 所示。材料和规格与“一字”螺丝刀相同。

图 1-13　“一字”螺丝刀

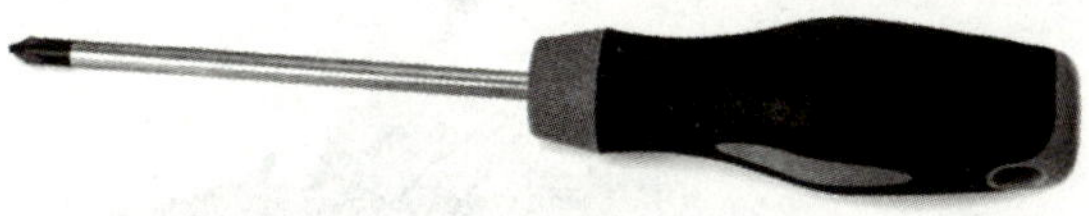

图 1-14　“十字”螺丝刀

3. 手锤和钳

（1）钳工锤

钳工锤又称圆头锤，如图 1-15 所示。其锤头一端平面略有弧形，是基本工作面；另一端是球面，用来敲击凹凸形状的工件。规格以锤头质量来表示，以 0.50 ～ 0.75 kg 的最为常用，锤头以 45 号、50 号钢锻造，两端工作面热处理后硬度一般为 HRC50 ～ 57。

（2）尖嘴钳

尖嘴钳因其头部细长，故能在较小的空间工作，如图 1-16 所示。带刃口的能剪切细小零件，使用时不能用力太大，否则钳口头部会变形或断裂。规格以钳长来表示，常用 160 mm 一种。

（3）鲤鱼钳

鲤鱼钳钳头的前部是平口细齿，适用于夹捏一般小零件；中部凹口粗长，用于夹持圆柱形零件，也可以代替扳手旋小螺栓、小螺母；钳口后部的刃口可剪切金属丝，如图 1-17 所示。由于一片钳体上有两个互相贯通的孔，又有一个特殊的销子，故操作时钳口的张开度可很方便地变化，以适应夹持不同大小的零件，是汽车维修作业中使用最多的手钳。规格以钳长来表示，一般有 165 mm、200 mm 两种，用 50 号钢制造。

图 1-15　钳工锤

图 1-16　尖嘴钳

图 1-17　鲤鱼钳

（4）钢丝钳

钢丝钳的用途和鲤鱼钳相似，但其支销相对于两片钳体是固定的，故使用时不如鲤鱼钳灵活；但剪断金属丝的效果比鲤鱼钳要好。规格有 150 mm、175 mm 和 200 mm3 种。

4. 活塞环拆装钳

活塞环拆装钳在活塞环拆与装时使用，防止不正当的操作而导致活塞环形式折断，如图 1-18 所示。

5. 拉力器

拉力器用来完成 3 种工作：把物体从轴上拉出，把物体从孔中拉出，把轴从物体中拉出，如图 1-19 所示。

图 1-18 活塞环拆装钳

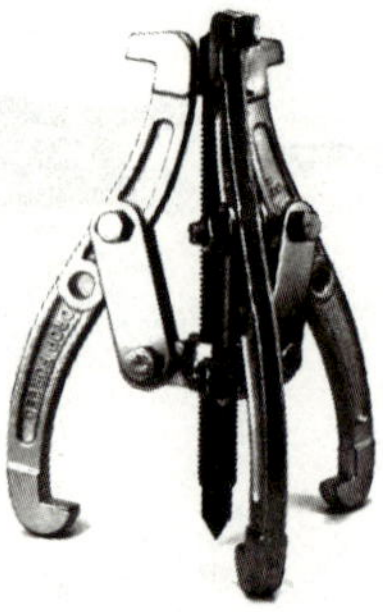

图 1-19 拉力器

6. 衬套、轴承、密封圈安装器

安装衬套、轴承和密封圈是一项很困难的工作。在安装过程中，这些部件必须正确定位，甚至安装这些部件的时候必须施加一定的压力。衬套安装器可以用来完成这项工作。

图 1-20（a）是一个衬套、轴承、密封圈驱动器套件。图 1-20 中的圆圈表示所用的一些衬套引导件的大小。注意给出了一些衬套引导件的侧视图来显示它们的形状。不同的引导件用于不同内径的衬套。这些引导件包括压盘和手柄。还有几个隔板和驱动器，可以在要安装的部件上施加均匀的力。图 1-20（b）给出了安装的 3 个步骤。压盘的直径范围为 0.5 ～ 4.5 m。

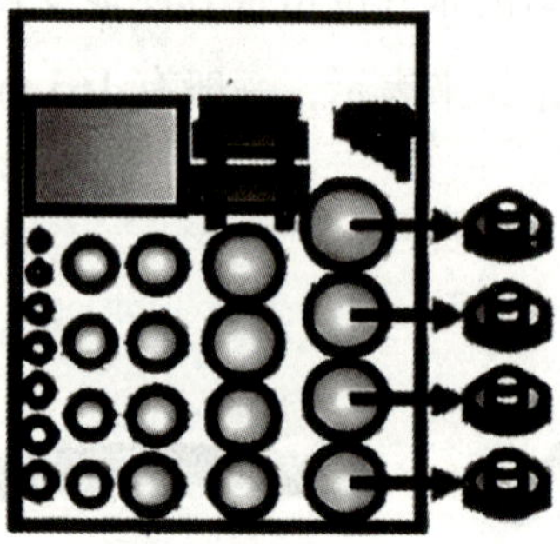

（a）

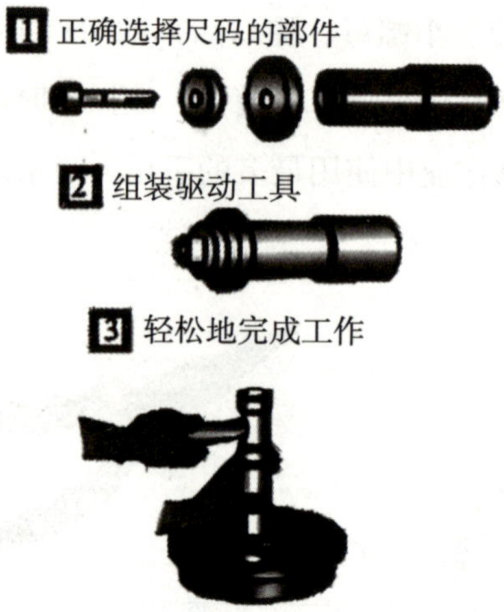

（b）

图 1-20 衬套、轴承、密封圈安装器 / 套件

二、正确选用和注意事项

1. 扳手类工具的使用方法

所选用的扳手的开口尺寸必须与螺栓或螺母的尺寸相符合，扳手开口过大易滑脱并损伤螺件的六角。在进口汽车维修中，应注意扳手尺寸公英制单位的选择。各类扳手工具的选用原则，一般优先选用套筒扳手，其次为梅花扳手，再次为开口扳手，最后选活动扳手。

为防止扳手损坏和滑脱，应使拉力作用在开口较厚的一边，这一点对受力较大的活动扳手尤其应该注意，以防开口出现“八”字形，损坏螺母和扳手。

普通扳手是按人手的力量来设计的，遇到较紧的螺纹件时，不能用手锤击打扳手。除套筒扳手外，其他扳手都不能套装加力杆，以防损坏扳手或螺纹连接件。

2. 螺丝刀的使用方法

螺丝刀型号规格的选择应以沟槽的宽度为原则，不可带电操作；使用时，除施加扭力外，还应施加适当的轴向力，以防滑脱损坏零件；不可用螺丝刀撬任何物品。

3. 手锤的使用方法

常用挥锤的方法有手腕挥、手臂挥和肘部挥 3 种。手腕挥锤只有手腕动，锤击力小，但准、快、省力；大臂挥是大臂和小臂一起运动，锤击力最大。使用手锤时，切记要仔细检查锤头和锤把是否楔塞牢固，握锤应握住锤把后部。

项目小结

本项目主要介绍了汽车检测的相关知识，首先介绍了检测系统、仪器仪表及相关参数，其次介绍了拆装工具及使用。通过本项目的学习，读者能够掌握汽车检测系统的组成及现代检测仪器仪表的使用方法，理解汽车检测诊断参数的意义，具备基本的检测和故障诊断能力。同时，读者能够认识和正确使用常用拆装工具，确保在实际操作中的安全和效率。在实际操作中，读者需要注重细节，严格按照规范进行检测和拆装，确保工作的准确性和可靠性。

项目工单

实践任务	1. 实践操作检测系统的安装与连接，了解各部分协调工作的具体流程
	2. 完成一项完整的汽车检测诊断报告，详细描述检测参数的获取与分析过程
	3. 识别常用拆装工具，进行汽车部件的模拟拆装练习，确保操作安全
注意事项	1. 在整个拆装过程中，确保遵循安全操作规程，以防止意外事故的发生
	2. 特别注意变速器油的处理和废弃物的安全处置，保护环境

项目负责人：______________________

参与成员：______________________

日期：__________

课后练习

一、思考题

1. 汽车的检测系统由哪几部分组成？
2. 汽车的动力性评价指标有哪些？
3. 如何用底盘测功机检测滑行距离？
4. 简述扳手类工具的正确使用方法和注意事项。

二、看图填空题

请根据如下所示图片填写工具名称。

（　）

（　）

（　）

（　）

（　）

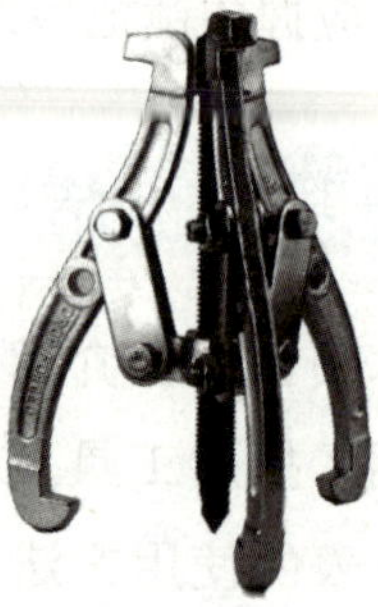

（　）

项目二

离合器和变速器的装配与调试

项目导读

在当今的汽车工程领域，离合器和变速器扮演着至关重要的角色，是确保汽车平稳行驶和性能达到最佳状态的关键组件。无论是手动驾驶还是自动驾驶模式，这两个系统的精确装配和细致调试都对驾驶体验和车辆的整体性能有着直接且深远的影响。离合器和变速器这两个部件的协同工作，不仅决定了车辆的加速性能、燃油经济性和乘坐舒适性，还直接影响到车辆的安全性和使用寿命。因此，确保离合器和变速器的正确装配和调试，是汽车制造和维修过程中不可或缺的重要环节。

学习目标

知识目标

1. 了解离合器的功用、构造和工作过程及其调整要领。
2. 掌握离合器的拆装顺序及其踏板自由行程的调整要领。
3. 熟悉三轴式变速器与二轴式变速器的分解与装合。
4. 掌握其操纵机构的拆装与调整。
5. 了解典型轿车自动变速器的组成，主要零部件的构造、原理。
6. 掌握典型车型自动变速器的拆装过程。

能力目标

1. 能够正确使用相关工具和设备，确保拆装过程的安全和准确。
2. 能够独立完成三轴式变速器及二轴式变速器的拆装和调整。
3. 能够独立完成 A140 E 自动变速器总成的分解和组装。

素质目标

1. 培养学生的团队合作精神，能够在小组任务中分工协作，共同完成拆装和调试任务。
2. 培养学生分析和解决问题的能力，能够在面对复杂故障时灵活运用所学知识和技能。

思政目标

1. 增强学生标准化作业意识，养成标准作业习惯。
2. 引导学生在学习和工作中追求卓越，不断提高自己的专业技能和综合素质。

任务一　离合器拆装与调整

任务描述

一位车主反映在最近驾驶中，发现离合器踏板的自由行程变得不明显，且在加速时动力传递不够顺畅，伴随着轻微的打滑现象。

任务分析

该车辆已经行驶了约 100 000 km，根据车辆的保养记录，离合器系统自购车后尚未进行过大规模维修。维修技师决定对离合器进行拆装检查，并根据需要更换相关磨损部件，同时进行离合器的正确调整。经过拆装与调整，车主反映离合器踏板的操作感觉明显改善，换挡过程变得更加顺畅，加速时离合器打滑现象消失。

任务重点

离合器位于发动机和变速器之间，它的功用是保证汽车平稳起步，便于汽车行驶过程中的换挡并防止汽车传动系统过载。离合器包括离合器总成和离合器操纵机构，离合器总成又可分为从动盘总成和离合器盖及压盘总成。

以北京 BJ2020 型车、桑塔纳轿车为例，介绍离合器拆装与调整。

离合器的工作原理

一、北京 BJ2020 离合器的拆装与调整

1. 离合器的拆卸与分解

（1）拆卸离合器的步骤

① 拆下传动轴与变速器的连接螺钉，放下传动轴，拆下离合器分离叉及其回位弹簧，拆下倒挡灯导线，拆下里程表传动软轴的连接螺钉，取下传动轴。

② 拆下驾驶室内变速器盖板和离合器分离轴承注油管。

③ 拆下变速器与飞轮壳的连接螺钉，取下变速器。

④ 检查离合器盖与飞轮上的记号（无记号应补上），然后在分离杠杆与离合器盖之间塞入木块。这样在固定螺钉拆下后，压盘弹簧仍将保持压缩，便于取下离合器。

⑤ 均匀旋下离合器盖固定螺钉，取下离合器盖和从动盘。

（2）离合器的分解步骤

离合器的分解如图 2-1 所示。

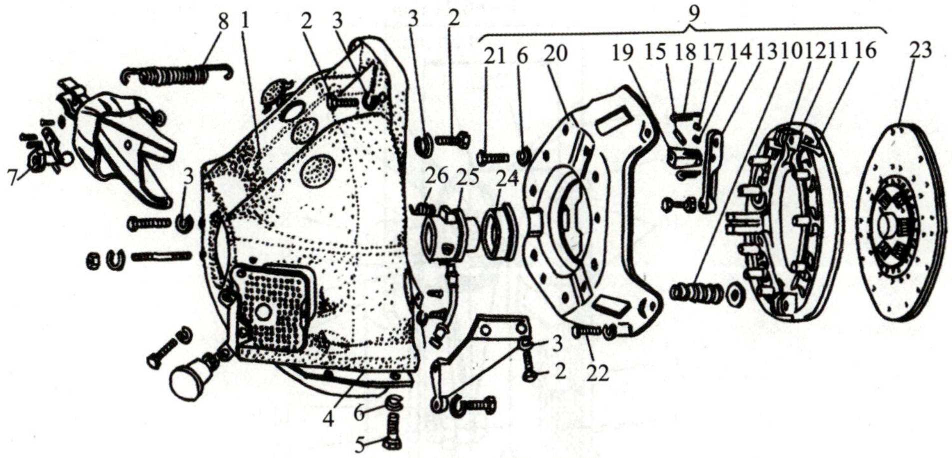

1—分离器壳；2，5，21，22—螺栓；3，6—垫圈；4—底盘总成；7—分离叉总成；8，26—回位弹簧；9—离合器压盘及壳总成；10—压盘弹簧；11—压盘；12—绝热垫圈；13—分离杆；14—滚柱；15—弹性销；16—滚针轴承销；17—滚针；18—开口销；19—分离杆支架；20—压盘壳；23—摩擦片；24—分离轴承；25—分离轴承套筒。

图 2-1　离合器的分解

① 在离合器盖和压盘上做记号，用压盘或压具将压盘弹簧压紧，然后再拆下分离杠杆支架螺钉。

② 取下离合器盖，压盘弹簧及隔热垫。

③ 拆下开口销，铳出分离杠杆与压盘的连接销，取出滚针轴承（注意滚针不要丢失）。

④ 铳出半圆销，取下分离杠杆支架及滚柱。

⑤ 清洗各零件，将各零件存放在一起，不要随意乱放，以免丢失。

2. 离合器的装配与调整

（1）离合器装配技术要求

装配技术要求如图 2-2 所示。

① 从动盘毂与变速器第一轴的配合为 +0.013 ～ +0.101 mm，使用限度不大于 +0.6 mm。

② 滚针圆柱销与分离杠杆的配合为 +0.005 ～ +0.110 mm，限度为 +0.15 mm。

③ 摩擦片的厚度为 3.5 mm。

（2）离合器的装配步骤

① 用润滑脂将滚针轴承贴于分离杠杆销孔内，装入压盘凸耳中，再装入横销，并锁紧开口销。

② 将滚柱加润滑脂放入分离杠杆孔内，然后使分离杠杆与支架结合，装入半圆销，锁紧开口销。

③ 将隔热圈、压紧弹簧放在压盘的弹簧套上，如弹簧稍有高低不一致，应间隔放置，并加垫圈调整高度，使其尽量一致。

④ 将离合器盖与压盘之间的记号对正，用压具压紧弹簧，旋紧支架螺钉使盖与压盘接合。

⑤ 装入从动盘，应使短毂朝前。如果装错了，会造成从动盘毂的键槽不能全部与第一键齿套合而加速磨损。

⑥ 按记号将离合器装在飞轮上。如果是新铆的摩擦片，应先测量一下从动盘的厚度。如果超过 9 mm，应在飞轮与离合器之间加垫片（超过 9 mm 多少，所加垫片的厚度就是多少），然后逐次均匀拧紧固定螺钉。

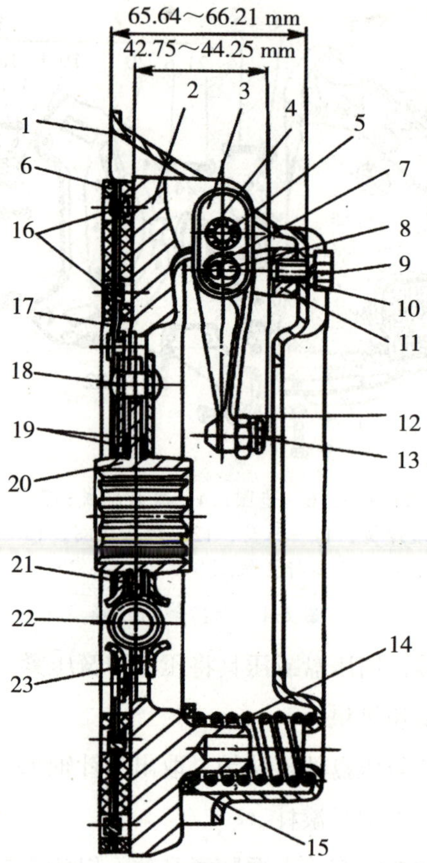

1—盖；2—压盘；3—分离杆；4—滚针；5—销子；6—从动盘；7—半圆销；8—滚柱；9—固定螺钉；10—垫圈；11—支梁；12—锁紧螺母；13—调整螺钉；14—压盘弹簧；15—绝热垫；16—铆钉；17—钢片；18—特殊铆钉；19—摩擦片垫片；20—从动盘毂；21—调整垫片；22—减震弹簧；23—减震盘。

图 2-2 离合器装配

（3）离合器分离杠杆的调整

① 分离杠杆的调整是通过旋转分离杠杆内端调整螺钉进行的，如图 2-3 所示，使螺钉的上平面至压盘工作面之间的距离为 42.75 ～ 44.25 mm，3 个分离杠杆的高度差不得超过 0.2 mm。

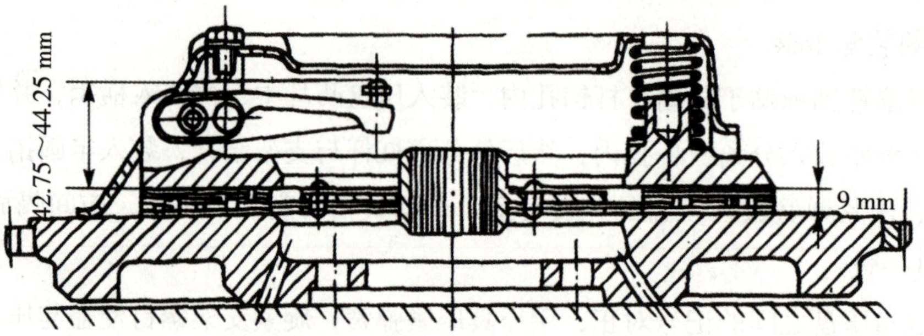

图 2-3 分离杠杆的调整

② 如果调整螺钉已旋出很多，而分离杠杆高度仍达不到要求，则可在离合器盖与飞轮之间加适当厚度的调整垫片；如果调整螺钉已旋到头，杠杆高度仍太高，则在分离杠杆支架与盖之间加适当的垫片。

③ 调整好后，将调整螺钉锁紧，并在螺孔边缘凿一缺口，使一部分金属嵌入调整螺钉槽内，防止调整螺钉松动。

3. 离合器的装车与调整

（1）离合器的装车

① 首先润滑变速器的第二轴前端轴承，并放入曲轴后端孔内。

② 将变速器抬起并插入从动盘毂与曲轴后端孔内。

③ 安装分离叉及离合器分泵总成，挂上离合器回位弹簧。

④ 安装离合器总泵及油管接口，将总泵内加满油液。

⑤ 装复其他液压传动操纵机构。

（2）离合器踏板自由行程的检查与调整

① 检查方法

离合器踏板自由行程为 32 ～ 40 mm。它是分离轴承与分离杠杆之间的间隙和总泵推杆与活塞之间的间隙在踏板上的总反映，如图 2-4 所示。

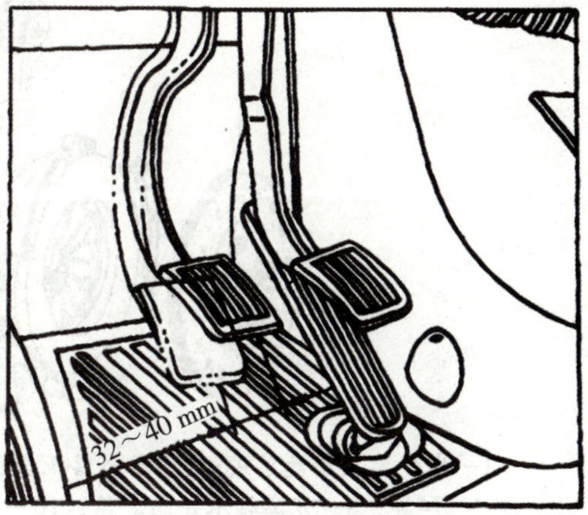

图 2-4　离合器自由行程的检查

② 调整方法

总泵推杆与活塞之间的间隙为 0.5 ～ 1.0 mm，不合适时应通过转动偏心螺栓进行调整，调整好后扭紧固定螺母。如图 2-5 所示，离合器分离轴承与分离杠杆之间的间隙为 2.5 mm，在踏板上的反应为 29 ～ 34 mm。不合适时，应通过改变分泵推杆的长度进行调整，调整好后应锁紧螺母。

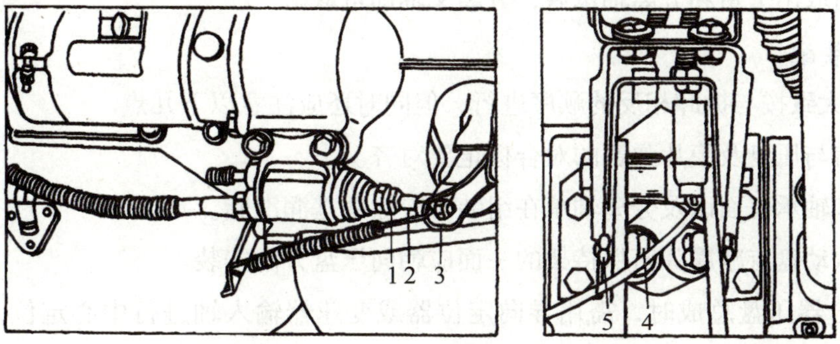

1，5—锁紧螺母；2—推杆；3—分离叉；4—偏心螺栓。

图 2-5　离合器的调整

二、桑塔纳离合器的拆装与调整

1. 离合器总成的拆卸与分解

（1）在离合器盖与飞轮上做装配记号。

（2）以对角拧松并拆下压盘与飞轮的固定螺栓，取下压盘总成、离合器从动盘。

（3）在离合器盖与压盘之间及膜片弹簧之间作对合标记，进行分离。

（4）拆下膜片弹簧装配螺栓，将压盘及膜片与离合器盖分离。

2. 分离叉轴的拆卸

分离叉轴的拆卸如图 2-6 所示。

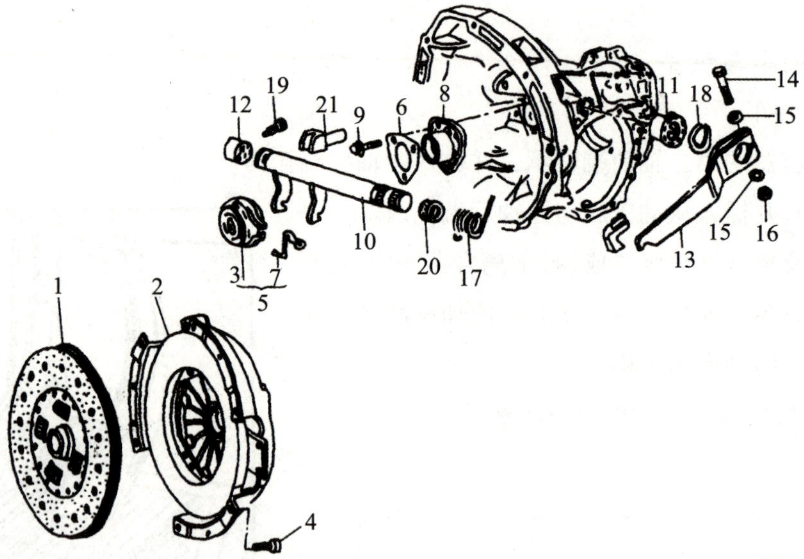

1—离合器从动盘总成；2—离合器压盘总成；3—分离轴承；4，9，14—螺栓；5—分离器；6，15—垫圈；7—弹簧；8—分离轴承导向套筒；10—分离叉轴；11—衬套座；12—分离叉轴衬套；13—离合器驱动臂；16—螺母；17—回位弹簧；18—卡簧；19—固定螺钉；20—橡胶防尘套；21—拉索。

图 2-6　分离叉轴的拆卸

（1）松开螺栓，拆下驱动臂、分离轴承。

（2）松开螺栓，取下分离轴承导向套和橡胶防尘套，回位弹簧。

（3）用尖嘴钳取出卡簧和分离轴承后，分离叉轴即可取出。

3. 离合器的装配

离合器的装配大致按与拆卸相反的顺序进行，但同时还应注意以下几点。

（1）离合器盖与压盘及膜片弹簧的对合标记要对齐。

（2）各支点和轴承表面以及分离轴承在组装时应涂锂基润滑脂。

（3）离合器从动盘有减震弹簧保持架的一面应朝向压盘方向安装。

（4）安装离合器压盘总成时，需用导向定位器或变速器输入轴进行中心定位，使从动盘与压盘同心，便于安装输入轴。

（5）压盘需与飞轮接触，才可紧固螺栓。紧固时应按对角线方向逐次拧紧，紧固力矩为 25 N · m。

（6）分离叉轴两端衬套必须同轴。

（7）离合器驱动臂的安装位置与固定拉索螺母架距离 a 为（200 ± 5）mm。

（8）应将离合器踏板的自由行程调到 15 mm。

（9）安装橡胶防尘套时，先将压簧推入分离轴承，再将挡圈预压至尺寸 A = 18 mm 锁死，分离轴承锁紧力矩为 15 N · m。

4. 离合器的检查与调整

（1）踏板总行程

离合器踏板的总行程为（150 ± 5）mm。如不符合要求，则可能是驱动臂变形或分离叉轴安装位置不当，可松开螺栓重新安装。

（2）踏板自由行程

离合器踏板的自由行程为 15 ～ 25 mm。如不符合要求，则可通过图 2-7 所示的调整螺母来调整。

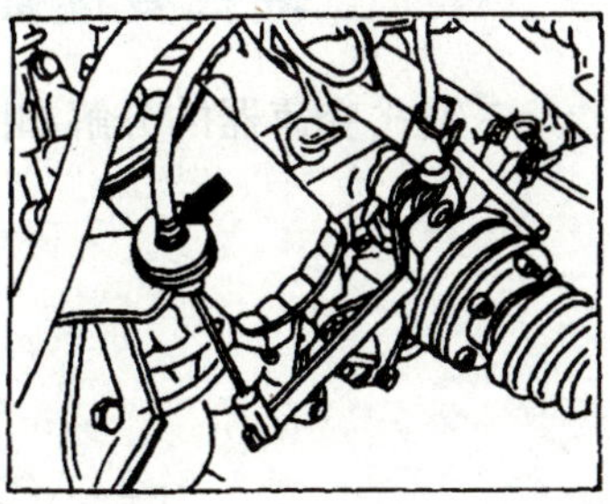

图 2-7　离合器踏板行程的调整

德育之窗

随着车辆技术的不断进步和汽车行驶速度的显著提升，对离合器行业的技术要求也在日益提高，这不仅是技术发展的必然趋势，也是国家创新驱动发展战略在汽车产业中的具体体现。离合器的模块化范围正在不断扩大，除双质量飞轮减振器、液压同心分离轴承、离合器总成外，离合器执行机构及控制、选换挡机构、混合动力解耦机构，甚至纯电动驱动总成都纳入到了离合器行业的模块供货范围。这一趋势不仅促进了离合器行业的转型升级，也体现了我国制造业向高质量、高效率发展的决心。

任务二　手动变速器拆装与调整

任务描述

某汽车维修中心接到一辆手动变速器的轿车，车主反映在换挡过程中感觉到变速杆松动，并有异响。

任务分析

在经过详细的拆装与调整后，车主测试了车辆，发现变速杆的操作变得更加顺畅，换挡时的异响问题也完全消失。技术人员确认变速器各项功能正常，运转无异常，车辆的整体行驶表现得到了显著提升。通过规范的操作和全面的检查，技师成功解决了变速器的故障问题，提升了车辆的换挡性能和安全性，为今后的维修工作提供了有效的经验参考。

任务重点

本任务以 CA1091 变速器拆装车、奥迪 100 型轿车二轴式变速器和三轴式变速器为例来介绍。

一、三轴式变速器的拆装与调整（以 CA1091 为例）

三轴式变速器的分解如图 2-8 所示。

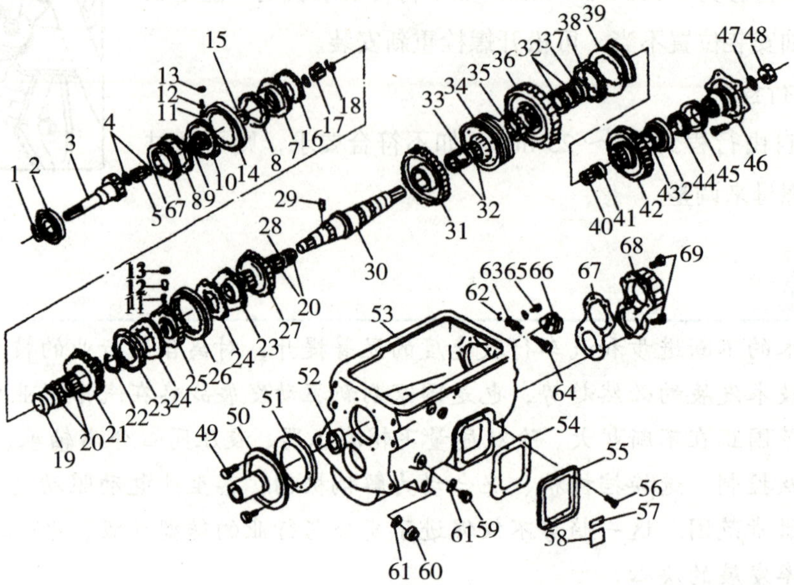

1—第一轴后轴承内圈卡环；2—滚柱轴承及卡环；3—第一轴；4—隔环；5，20，32，40—滚针轴承；6—滚针轴承卡环；7—第一轴齿轮接合齿圈；8—第五、六挡伺步器锁环；9，15，18，22—卡环；10，25—花键毂；11—同步器弹簧；12—定位块；13—推块；14—第五、六挡接合套；16—第二轴五挡齿轮；17—第五挡齿轮滚针轴承；19—四挡齿轮衬套；21—第二轴四挡齿轮；23—第三、四挡齿轮接合齿圈；24—第三、四挡同步器锁环；26—第三、四挡接合套；27—第二轴三挡齿轮；28，33—隔套；29—防转销；30—第二轴；31—第二轴二挡齿轮；34—第二挡同步器总成；35—第一挡接合齿圈；36—第二轴一挡齿轮；37—挡齿轮衬套；38—倒挡齿轮接合齿圈；39—倒挡齿轮接合套；41—倒挡齿轮衬套；42—第二轴倒挡齿轮；43—倒挡齿轮止推垫；44—后盖油封总成；45—挡尘罩总成；46—第二轴凸缘；47，62—O 形环；48—锁紧螺母；49—第一轴轴承盖螺栓；50—第一轴轴承盖；51—密封垫；52—第一轴油封总成；53—外壳；54，67—衬垫；55—取力孔盖板；56—取力孔盖板螺栓；57—速度表齿轮标牌；58—变速器标牌；59—加油螺塞；60—放油螺塞；61—垫圈；63—偏心套；64—速度表从动齿轮；65—偏心固定螺栓；66—蜗杆；68—后盖；69—后盖螺栓。

图 2-8　三轴式变速器分解图

1. 自车上拆下变速器总成

（1）首先拆下与传动轴相连的万向节。注意：拆卸前应在传动轴凸缘叉和变速器二轴凸缘上做好装配标记。

（2）拆下倒车警报开关导线、速度表传动软轴。

（3）拆下离合器分离拉杆锁紧件，使离合器踏板机构与离合器叉拉臂分离；拆下手制动器软轴接头等操纵机构连接件，拆下驾驶室内变速器盖板。

（4）拆下固定在变速器壳体上的离合器助力分泵。

（5）用变速器拆装车托住变速器总成，拆下飞轮壳与离合器壳之间的固定螺栓，拆下变速器与发动机后悬架及车架的固定螺栓。

（6）拆下变速器总成。应先将变速器第一轴沿轴向平稳退出后才可放下变速器总成。

2. 三轴式变速器的分解

（1）变速盖总成的拆卸

首先拆下放油螺塞，放尽齿轮油。再将变速杆置于空挡位置，拆下变速器盖固定螺栓，取下变速器盖总成。

（2）手制动器总成的拆卸

如图 2-9 至图 2-11 所示，旋下手制动鼓的固定螺栓，卸下制动鼓。拧下第二轴凸缘固定螺母（同时挂上两个挡位，防止第二轴转动），拔下第二轴凸缘（注意：勿损坏 O 形环圈与挡尘罩），旋下手制动底板固定螺栓，取下手制动器总成。

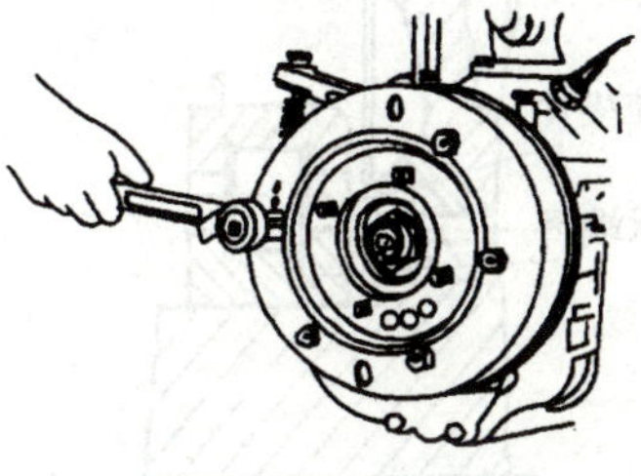
图 2-9　拆手制动钳

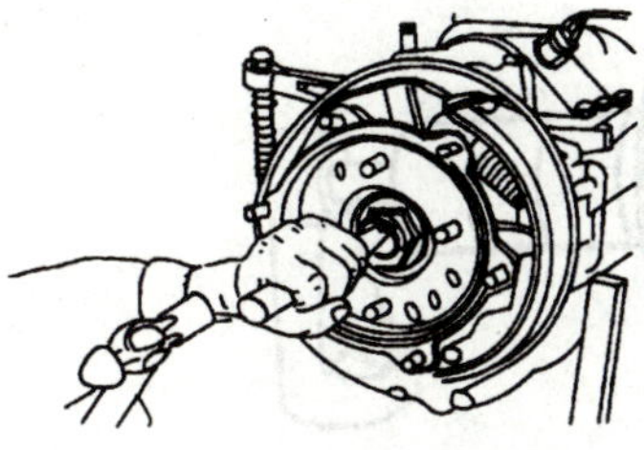
图 2-10　松开锁紧螺母的锁紧装置

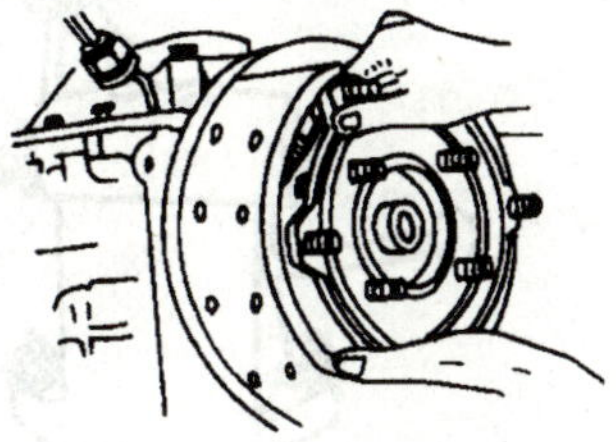
图 2-11　按下第二轴凸缘

（3）变速器后盖的拆卸

旋下后盖的固定螺栓，取下后油封（勿损伤橡胶油封），拆下偏心套固定螺栓，抽出带速度表从动齿轮的偏心套，拆下第二轴上的速度表主动齿轮。

（4）第一轴轴承盖及第一轴的拆卸

旋下轴承盖固定螺栓，取下轴承盖（用塑料布包住花键轴，防止损伤油封）。用专用工具拔出第一轴，取下轴承的内外卡环，压（拉）出轴承。

（5）第二轴总成的拆卸

首先拆下后端轴承卡环，用钢棒敲击第二轴前端，使其向后窜动一定距离。将拉器薄钩插入轴承卡环中，拉出后轴承。托住第二轴后端，由壳体内取出前端的同步器总成，再取出第二轴总成，即可按顺序分解轴上各部件。

（6）中间轴总成、倒挡惰轮轴的拆卸

拆下中间轴后端的轴承卡环，用铜棒由前向后敲击中间轴，用薄钩拉器拉出后轴承，从壳体中取出中间轴总成（要防止损伤前密封件）。利用拉、压工具即可按顺序分解轴上各件。再拆下惰轮轴锁止件，用专用工具拔出惰轮轴，由壳体内取出惰轮轴及止推垫。

（7）倒挡轴总成的拆卸

拆下轴端锁止件，用专用工具拔出倒挡轴，从壳体内取下倒挡齿轮。

（8）同步器总成的分解

压出滑动齿套，取出滑块、定位块和弹簧。对于同步锥环应做好装配标记，不可互换。

3. 变速器的装合与调整

（1）同步器总成的装配

依次装好弹簧、滑块和定位块，按装配标记装合同步锥环，如图 2-12 所示，用百分表检查锥面径向跳动量（其跳动量不得大于 0.1 mm），并进行必要的调整，再装上卡环。

（2）倒挡轴与惰轮轴的装合

按拆卸顺序相反的步骤进行装合，并锁止牢固可靠。惰轮轴向间隙应符合规定（标准为 0.15 ～

0.60 mm，使用极限为 0.60 mm）。若不符合要求，则可用止推垫进行调整。倒挡齿轮止推垫方向如图 2-13 所示。

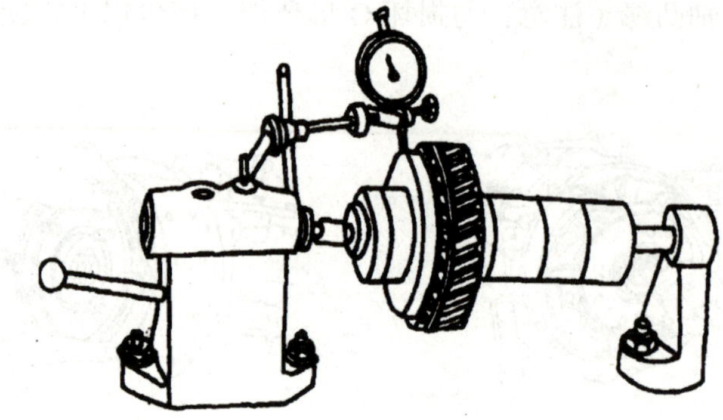

图 2-12　检查结合齿圈的跳动量

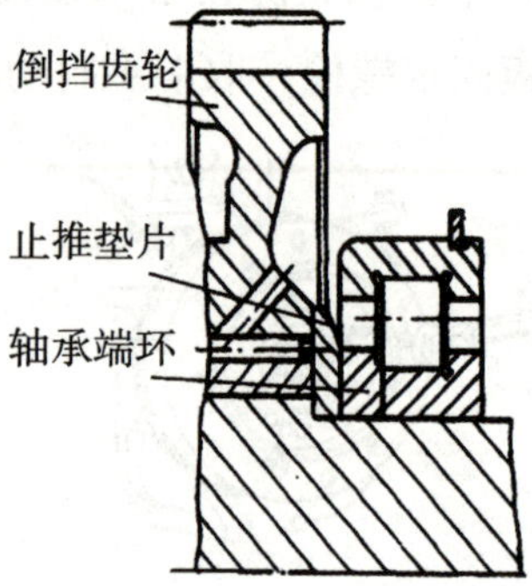

图 2-13　倒挡齿轮止推垫的方向

（3）中间轴总成的装合

按拆卸顺序装复各件，将其放入壳体内，将前后轴承安装到位。轴承卡环与槽的标准侧隙应为零，若松旷则应更换卡环予以调整。再将前轴承盖垂直压入（注意不可用锤子乱敲，防止变形）。安装完毕后，正反转动中间轴，应转动灵活、无异响，并检查倒挡齿轮与惰轮的啮合间隙（其标准为 0.08 ～ 0.16 mm，使用极限为 0.40 mm）。

（4）第二轴总成的装合

按顺序装合轴上各件，置入壳内再装上同步器，并使各个齿轮分别与中间轴上的齿轮相啮合。再装上后端轴承，均匀压入到位（不可对轴承外圈加压或施加冲击载荷）。

（5）第一轴总成的装合

将第一轴总成缓慢压入壳体并套好同步器，再压入轴承直至外卡环贴靠前端面，如图 2-14 所示。将轴承盖密封垫两侧涂以密封胶予以装复（勿堵住壳体上的油孔）。

将油封唇部涂以润滑油，再将轴承盖一边旋转一边推入（用塑料布包住花键部位，以免损伤油封刃口），按规定扭矩进行紧固（力矩为 38 ～ 50 N·m）。将速度表主动齿轮、变速器后盖依次装合，密封垫和固定螺栓端头应涂以密封胶，再按规定扭矩进行紧固（力矩为 28 ～ 50 N·m）。

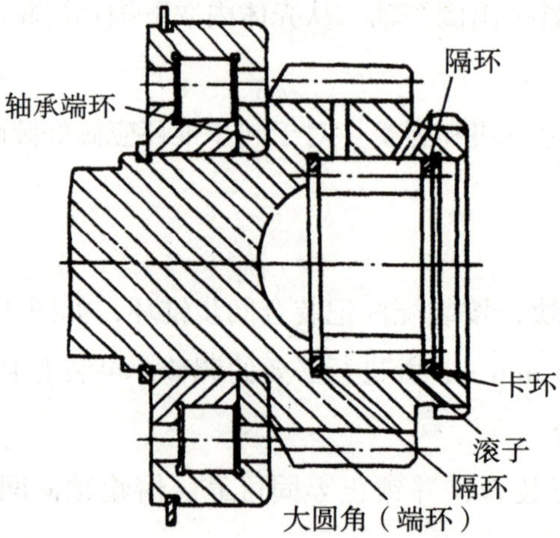

图 2-14　轴承的装配方向

装合后检查各齿轮副的啮合间隙：第二、三挡为 0.08 ～ 0.16 mm，第四、五挡及减速齿轮为 0.04 ～ 0.12 mm，各齿轮副啮合间隙允许极限为 0.40 mm。各齿轮径向间隙：第一挡、倒挡为 0.23 ～ 0.10 mm，第二挡为 0.012 ～ 0.061 mm，第三挡为 0.010 ～ 0.060 mm，第四挡为 0.020 ～ 0.119 mm，第五挡为 0.010 ～ 0.055 mm。允许极限为 0.50 mm。

（6）手制动器的装合：将手制动器装在变速器后盖上，扭紧固定螺栓（扭矩为 110 ～ 150 N · m）。装上凸缘套、O 形圈，拧紧轴头螺母并锁紧牢靠（力矩为 600 ～ 800 N · m），再将制动鼓固定螺母拧紧（其扭紧力矩为 65 ～ 87 N · m）。

4. 变速器总成的分解与装合

（1）变速器盖的分解

图 2-15 为变速器盖的分解图。

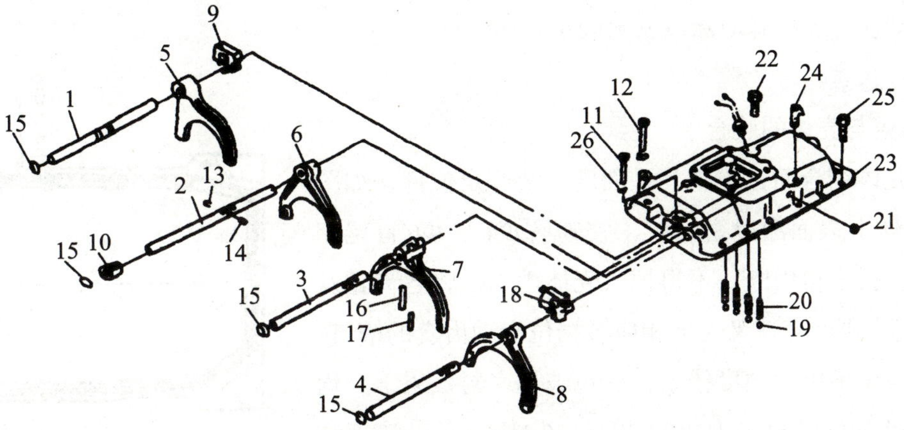

1—倒挡变速叉轴；2—第一、二挡变速叉轴；3—第三、四挡变速叉轴；4—第五、六挡变速叉轴；5—倒挡变速叉；6—第一、二挡变速叉；7—第三、四挡变速叉；8—第五、六挡变速成叉；9—倒挡变速导块总成；10—第一、二挡变速导块；11，12，22，25—上盖固定螺栓；13—互锁块；14—互锁销；15，21—塞片；16—渡口弹性销；17—弹性销；18—第五、六挡变速导块总成；19—自锁钢球；20—自锁弹簧；23—上盖；24—通气塞；26—弹簧垫圈。

图 2-15　变速器盖的分解图

拆卸时应先在各零件上打上装配标记。按顺序拆下倒挡信号开关、通气塞、变速器导块和变速叉固定销。翻转变速器盖，用相应直径的圆销将弹性销全部退出。将全部叉轴置于空挡位置，用铜棒敲打轴端并连同塞片一同顶出，取下自锁及互锁弹簧、钢球、锁块。拧下变速手柄和锁紧螺母，取下防尘套，拆下变速杆固定螺栓、拔下变速杆、退出球形帽、弹簧座、弹簧等件。卸下 O 形圈和球座。剪断叉形杆固定螺栓锁丝（注意锁丝穿绕方向），拆下螺栓及两个端盖、两个换挡轴。

（2）变速器盖的装合

装合时应按装配标记顺序进行（不可混淆），首先装合变速叉轴、变速叉及变速导块。将变速叉轴涂以齿轮油，对准标记将变速叉和导块装入轴孔。用专用工具将倒挡自锁弹簧及钢球压入自锁孔内，插入倒挡轴，套上导块总成和倒挡叉，并使轴叉处于空挡位置，将互锁块放入上盖互锁孔中。再按顺序装上其余各挡变速叉轴、变速叉及导块（注意：锁销、销块装前应涂以少量润滑脂）。随后进行变速叉及导块的固定，将弹性销打入叉孔中（两销开口相错 180°）。再用专用工具将塞片装入相应叉轴端孔中（装配时应涂少量的密封胶）。最后装合倒挡开关总成（力矩为 27 ～ 32 N · m），并检查其准确性，同时装上通气塞。装毕后，检验与调整变速叉行程，装配后各变速叉变速行程技术要求如表 2-1 所示。

表 2-1 装配后变速叉变速行程技术要求 单位：mm

名称	向前	向后	名称	向前	向后
第五、六挡变速叉	12.5	12.5	倒挡变速叉	12.0	—
第三、四挡变速叉	12.5	12.5	第一、二挡变速叉	12.0	12.0

（3）变速器顶盖的装合

将叉形拨杆和换挡轴插入顶盖，拧紧叉形拨杆固定螺栓（用锁丝锁紧）。放上球座（涂以润滑脂），将 O 形圈装入槽内。再将弹簧、弹簧座、球帽装在变速杆上，压下球帽，拧紧固定螺栓、套上防尘罩。拧上换挡轴两端端盖（装配时应涂以密封胶）。

5. 变速器的总装

（1）变速器盖与壳体的装合

擦净上盖与壳体结合面，检查其平面度，装好定位件，如图 2-16 所示。在壳体上表面涂以密封胶（胶迹呈 Φ4 ～ Φ6 首尾相连的条形，绕过螺孔不得中断，不得掉入壳体内）。将各齿轮及叉轴置于空挡位置，再将变速叉对准相应各挡位滑动齿套的槽口，轻轻放下变速器盖（不可大幅度错动，以免破坏密封效果）。均匀对称拧紧周围的紧固螺栓（力矩为 38 ～ 50 N · m），清理结合面间被挤出的密封胶。再按以上方法装合变速器顶盖。

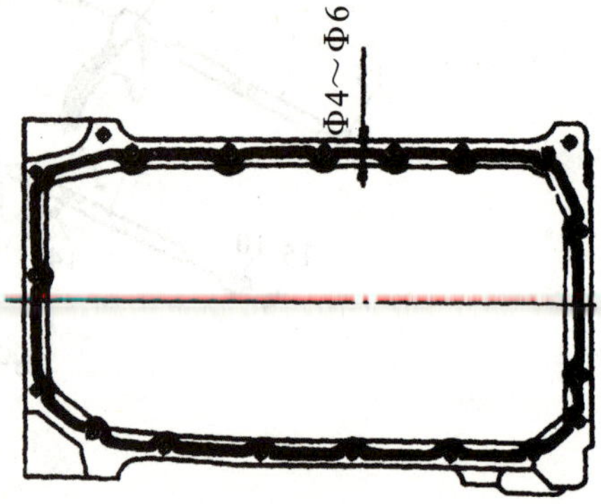

图 2-16 涂密封胶的方法

（2）装合手制动操纵杆及各零件

装配并组合手制动操纵杆及其各个相关零件，确保每一个部件都正确地安装到位。在装配过程中，要仔细检查每个零件的完好性，确保没有磨损或损坏的情况。

（3）装合离合器外壳、分离轴承、拉臂、拉杆等件

将离合器外壳用螺栓固定在变速器壳体上（力矩为 240 ～ 300 N · m），装上通风孔盖板。装上分离叉轴及轴承，装上分离轴承及回位弹簧，再装上分离叉轴拉臂及分离拉杆总成。

（4）变速器总成装车

在变速器第一轴花键及第一轴前端轴承处涂以耐热润滑脂，使托架逐渐升高至第一轴与离合器从动盘花键孔对准。向前推动将第一轴插入键孔，使离合器外壳止口与飞轮壳止口吻合，拧紧周围固定螺栓（力矩为 38 ～ 50 N·m）。对准标记装合传动轴，连接里程表软轴、倒挡开关线。装复驾驶室内变速器盖板、变速手柄。连接离合器分离拉杆与分离叉臂。旋紧放油塞，加注齿轮油。

二、二轴式变速器的拆装与调整

以奥迪 100 型轿车为例，二轴式变速器分解图如图 2-17 所示。

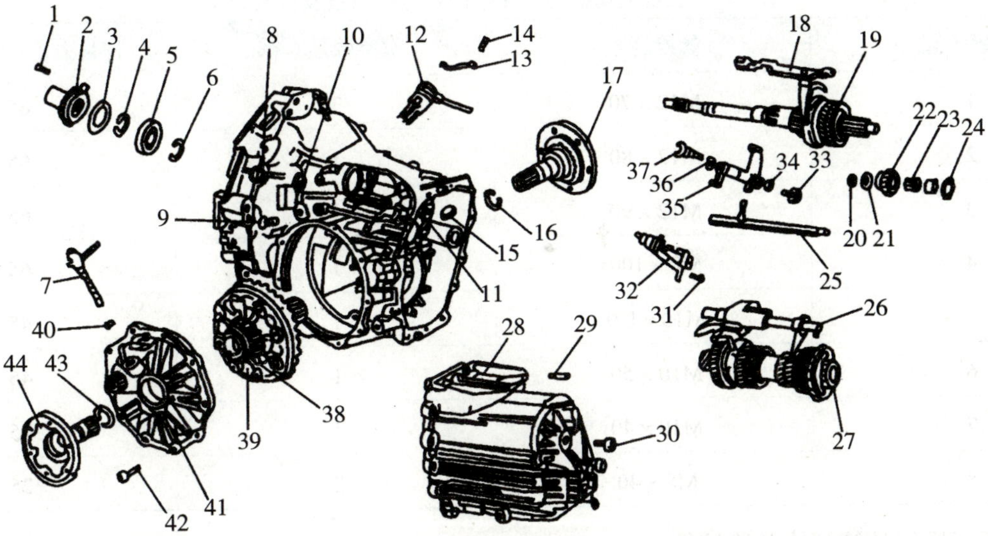

1，9，14，29，31，42—螺栓；2—导向套；3，21—垫圈；4，6，16，20，43—锁紧环；5—球轴承；7—速度表传感器；8—变速器前壳体；10—多功能传感器插头；11—变速叉轴盖；12—多功能传感器；13—锁片；15—第五挡和倒挡保险装置；17—右驱动法兰（右半轴）；18—第三、四挡换挡拉杆和变速叉；19—输入轴；22—倒挡齿轮；23—倒挡齿轮滚针轴承；24—止推垫片；25—选挡换挡轴（内换挡拉杆）；26—带第一、二、三挡及倒挡换挡拔叉的倒挡拉杆；27—小齿轮；28—变速器后壳体（变速器盖）；30—倒挡轴螺栓；32—换挡锁止装置；33，35，37—中继轴（选挡换挡横轴）固定螺栓；34，36—调整垫片；38—速度表驱动轮；39—差速器；40—油封；41—主减速器盖（变速器侧盖）；44—左驱动法兰（左半轴）。

图 2-17　二轴式变速器分解图

1. 由车上拆下变速器

（1）断开蓄电池接地线，拆下倒车灯导线及车速表软轴，压下分离杠杆，拆下离合器钢索接头。

（2）如图 2-18 和图 2-19 所示，拆下变速器与发动机的连接螺栓（用专用吊架吊起发动机）。各螺栓数量及拧紧力矩如表 2-2 和表 2-3 所示。

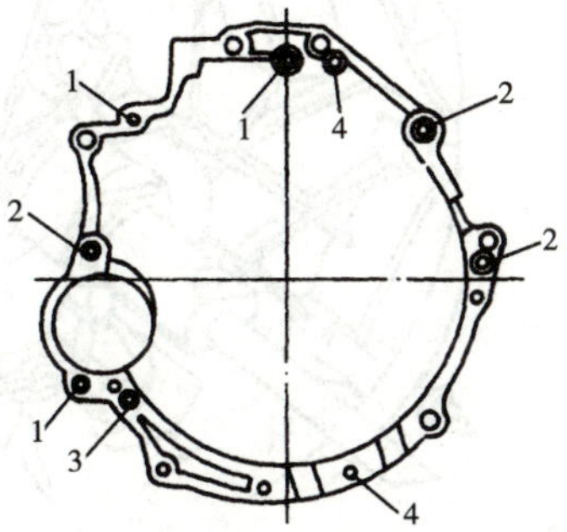

1～4—螺栓位置。

图 2-18　四缸发动机与变速器的各连接螺栓位置

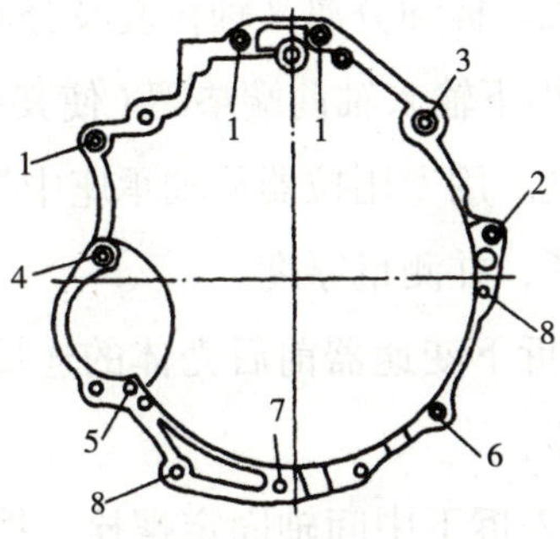

1～8—螺栓位置。

图 2-19　五缸发动机与变速器的各连接螺栓位置

表 2-2　四缸发动机与变速器的各螺栓数量及拧紧力矩

螺栓位置	螺栓型号	螺栓数量 / 个	拧紧力矩 /（N·m）
1	M12×70	3	65
2	M12×85	3	65
3	M12×100	1	65
4	M8×15	2	25

表 2-3　五缸发动机与变速器的各螺栓数量及拧紧力矩

螺栓位置	螺栓型号	螺栓数量 / 个	拧紧力矩 /（N·m）
1	M12 × 70	3	65
2	M12 × 80	1	65
3	M12 × 90	1	65
4	M8 × 100	1	65
5	M10 × 120	1	45
6	M10 × 50	1	45
7	M10 × 40	1	45
8	M8 × 40	2	25

（3）拆下排气歧管螺栓及连接件。

（4）拆下变速器上的换挡拉杆固定螺栓，使其与操纵机构分离。

（5）拆下右内侧等速万向节的隔热板，从左右驱动法兰上拆下固定螺栓及驱动轴，拆下右边的橡胶垫上的隔热板。

（6）用专用支架将变速器托住，并拆下变速器后支撑及前支架，拆下离合器的工作缸。

（7）拆下变速器和发动机底部连接螺栓，拆下启动机及离合器壳盖板。

（8）用撬棍撬动定位环，使之与发动机分离，下降至适当位置，取出变速器。

2. 变速器的解体

（1）将变速器安装在修理架上，放尽齿轮油。

（2）用图 2-20 所示方式，按顺序拆下离合器分离轴承、分离叉与导向块。拆卸分离叉轴衬套及分离轴承时应使用专用拉器。

（3）拆下输入轴前端垫圈（使其小径朝向导向套）及外锁环，并测量厚度。用专用拉器从轴承座中拉出球轴承（勿伤保持架）。拆下内锁环，并测量厚度。

（4）拆下变速器前后壳体的连接螺栓，取下变速器后壳体，拆下传感器。

（5）先拆下中间轴固定螺栓、挡位锁止机构固定螺栓，再分别拆下输入轴、小齿轮轴、中间轴、换挡轴、换挡拨叉轴。

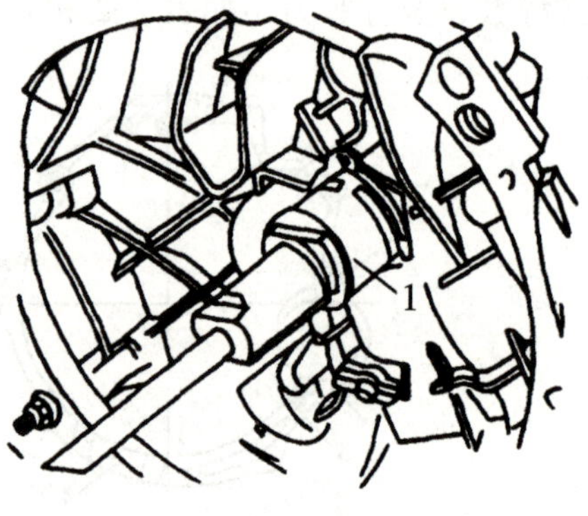

1—拔卸器。

图 2-20　从轴承座中拉出球轴承

3. 变速器的装合、调整及要点

按照变速器解体相反的顺序进行总成的装合。装合变速器时，应将输入轴、小齿轮轴、中继轴、换挡轴、换挡拨叉轴及拨叉组组装好之后，再一起装入变速器壳内，并保证换挡拨叉轴安装位置正确。

（1）变速器输入轴拆装要点及其调整

图 2-21 为变速器输入轴分解图。

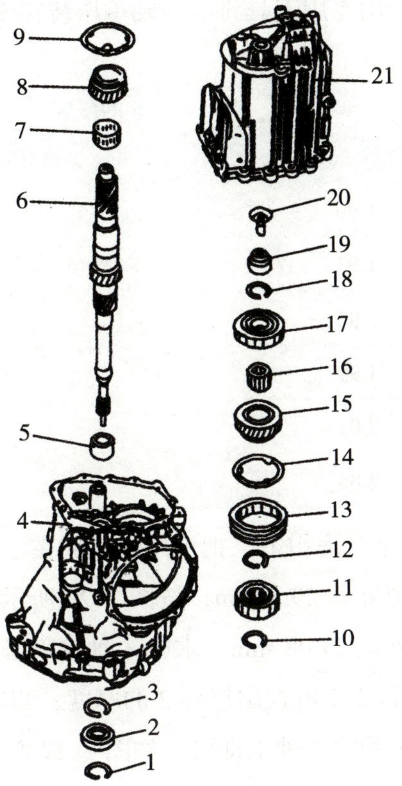

1，3，10，12，18—锁紧环；2—滚球轴承；4—外壳；5、19—输入轴滚针轴承；6—输入轴；7—第三挡齿轮滚针轴承；8—第三挡齿轮；9—第三挡同步器锁环；11—第三、四挡同步器花键毂；13—第三、四挡同步器接合套；14—第四挡同步器锁环；15—第四挡齿轮；16—第四挡滚针轴承；17—第五挡齿轮；20—塑料套；21—变速器盖。

图 2-21　变速器输入轴分解图

① 更换轴、轴承或同步器花键毂时，必须先测出轴上全部锁环的厚度（逐个做出标记），装配时必须是同等厚度的锁环，如图 2-22 所示。拆卸输入轴滚针轴承时，应使用专用工具，安装时压入深度外壳面 39.5 mm，如图 2-23 所示。安装第三、四挡齿轮前，应先将弹簧有钩的一端插入齿轮孔内。拆装第三、四挡同步器花键毂和第五挡齿轮时，应使用专用工具，花键毂内台肩较高的一面应朝向第三挡齿轮。

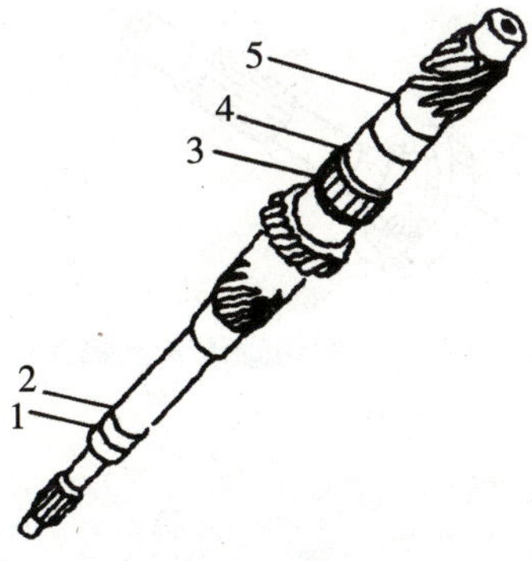

1 ～ 5—锁环

图 2-22　锁环的位置

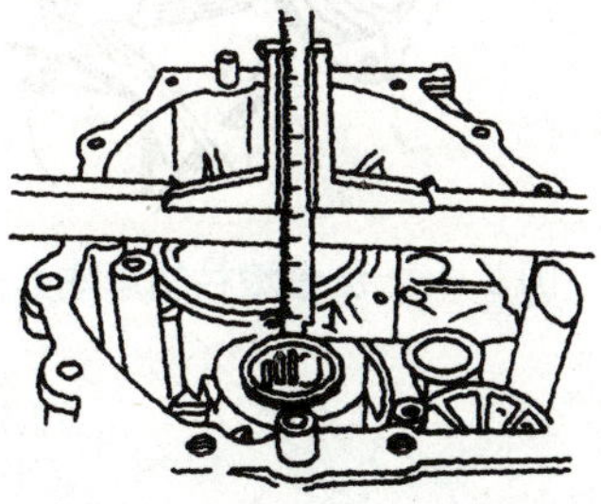

图 2-23　输入轴滚针轴承压入深度

② 同步器齿键磨损的检测方法。将同步器装入接合套内，用塞尺按 120° 方位测量，三次测量的平均值不得大于 0.50 mm。

③ 装配输入轴时，应装好锁环，用专用工具将滚珠轴承压装在变速器壳中，并压到带有螺纹的轴上。

④ 输入轴的调整如表 2-4 所示。

表 2-4　锁环 4 和 5 的厚度

锁环	厚度 /mm	锁环	厚度 /mm
4	1.90	5	1.90
	1.93		1.93
	1.96		1.96
	1.99		1.99
	2.02		2.02
	2.05		

如图 2-24 所示，将输入轴夹持于台虎钳上，把专用工具放在三挡齿轮上。按图 2-25 所示，用塞尺测量轴的下凹槽尺寸 a，假设测量值 a = 29.5 mm；按图 2-26 所示用深度量规测量变速器外壳端平面至滚柱轴承的距离 b，假设测量值 b = 27.08 mm。求输入轴底部锁环 2 的厚度：由测量值 $X = a-b$ = 29.5 mm−27.08 mm = 2.42 mm，由表 2-5 可查出锁环 2 的厚度、相应的锁环 1 的厚度，将选定的锁环 1 插入输入轴环形槽内，将滚珠轴承装到输入轴上即可，如图 2-27 所示。

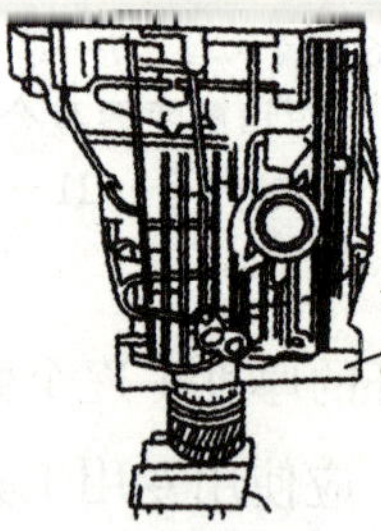

图 2-24　将输入轴夹在台虎钳上

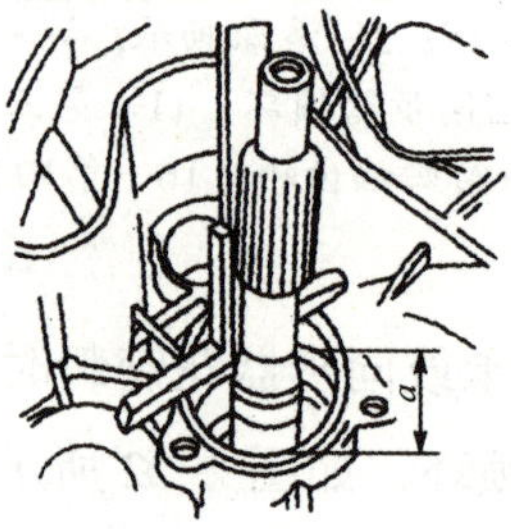

图 2-25　测量轴的上凹槽尺寸

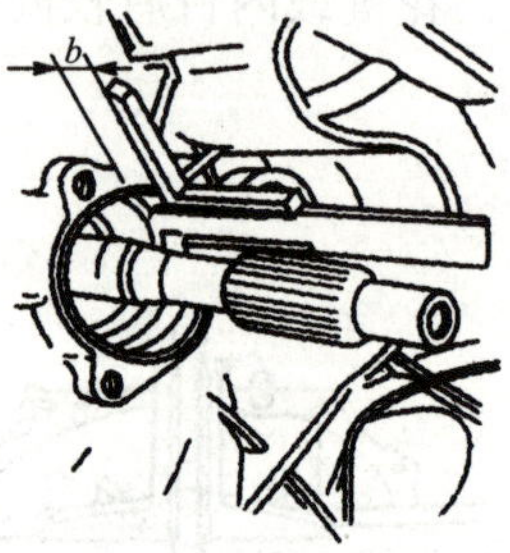

图 2-26　测量滚柱轴承座的尺寸

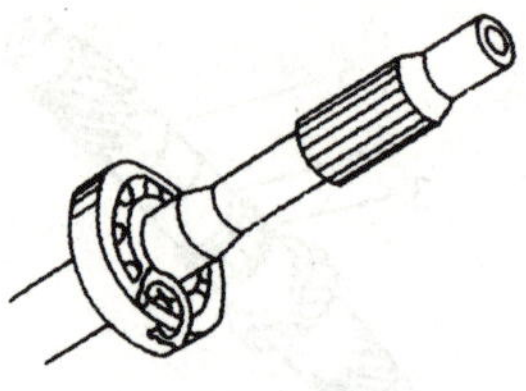

图 2-27　将锁环及滚珠轴承装到输入轴上

【提示】

输入轴各锁环厚：度锁环 1 和 2 按上述方法确定；锁环 3 为褐色，厚度为 2 mm；锁环 4 和 5 按表 2-4 中所示厚度选用（其厚度应以刚好插入环槽为宜）。

（2）变速器输出轴拆装要点

变速器输出轴分解图，如图 2-28 所示。

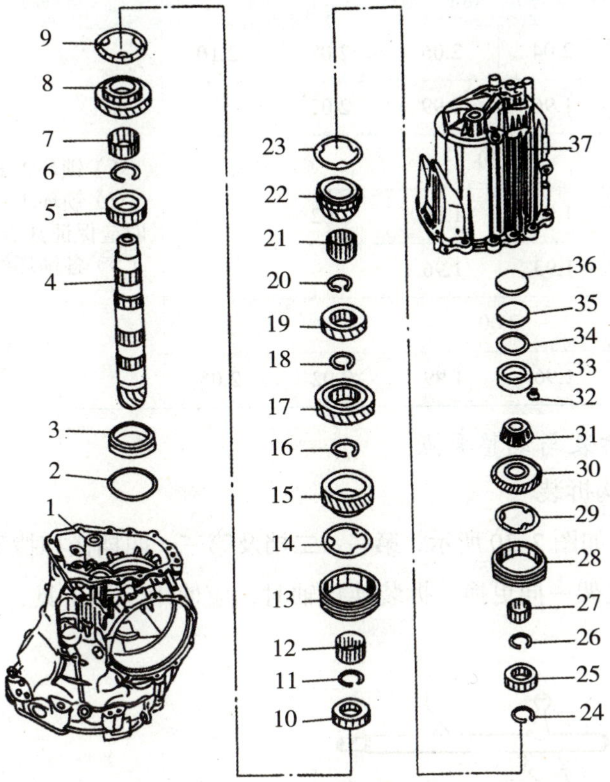

1—变速器外壳；2—调整垫片；3，33—圆锥滚柱轴承外圈；4—变速器输出轴；5—圆锥滚柱轴承内圈；6，11，16，18，20，24，26—锁紧环；7—第一挡齿轮滚针轴承；8—第一挡齿轮；9—第一挡同步器锁环；10—第一、二挡同步器花键毂；12—第二挡齿轮滚针轴承；13—第一、二挡同步器接合套；14—第二挡同步器锁环；15—第二挡齿轮；17—第三挡齿轮；19—第四挡齿轮；21—第五挡齿轮滚针轴承；22—第五挡齿轮；23—第五挡同步器锁环；25—第五挡、倒挡同步器花键毂；27—倒挡滚针轴承；28—第五挡、倒挡同步器接合套；29—倒挡同步器锁环；30—倒挡齿轮；31—圆锥滚柱轴承内圈；32—圆锥滚柱轴承外围锁环套；34—调整垫片 S4；35—止推盘；36—垫圈；37—变速器盖。

图 2-28　变速器输出轴分解图

① 需要更换圆锥滚柱轴承时，拆前应测定输出轴与输入轴的安装位置（装合时进行校对）。拆下输出轴前，应测出全部锁环的厚度（逐个作出标记），装配时必须是同等厚度的锁环。若更换轴上的零件，应重新测定每个锁环的厚度。轴上各锁环的位置如图 2-29 所示，输出轴上各锁环厚度如表 2-5 所示。

② 拆装轴上圆锥滚柱轴承内、外圈及第一和二挡同步器花键毂或第三和四挡齿轮时，均应使用专用工具。

③ 安装第一、二、五挡及倒挡齿轮时，应先插入弹簧。注意：第一和二挡同步器花键毂台肩较高的一面朝向第二挡齿轮，第三挡齿轮有凹槽的一面朝向第四挡齿轮，第四挡齿轮的台肩朝向第三挡齿轮，第五挡和倒挡同步器花键毂台肩较高的一面朝向第五挡齿轮。

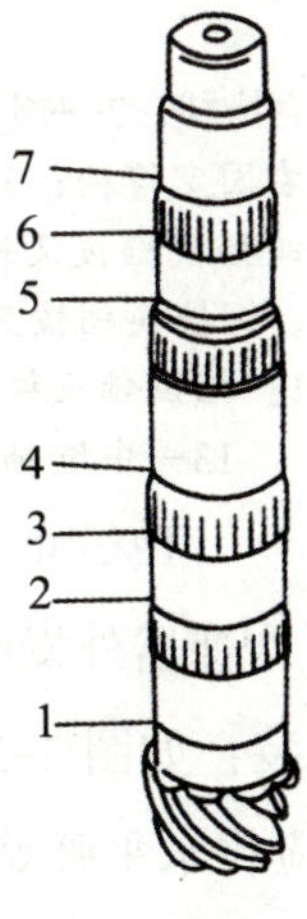

1 ～ 7—锁环。

图 2-29　轴上各锁环的位置

④ 输出轴必须装合后才可装入变速器壳体中。

表 2-5　输出轴上各锁环厚度

锁环	厚度 /mm						说明
1	2.00	2.02	2.04	2.06	2.08	2.10	（1）锁环 3，6 在安装时应保持总厚度不变； （2）锁环 1，2，4，7 的厚度可选择，安装时应保证其恰好插入环槽内； （3）各锁环位置如图 2-29 所示
2	1.90	1.93	1.96	1.99	2.02		
3	2.50						
4	1.90	1.93	1.96	1.99	2.02		
5	1.87	1.90	1.93	1.96			
6	2.00						
7	1.90	1.93	1.96	1.99	2.02	2.05	

4. 变速器操纵机构拆装与调整要点

（1）变速器内操纵机构拆装

变速器内操纵机构拆装如图 2-30 所示，第一、二挡及第三、四挡换挡拨叉均可单独更换，第五挡、倒挡拨叉与拨叉轴必须与支架一同更换。拆装换挡轴时，应使用专用工具，并按图 2-31 所示安装到位（$a=1$ mm）。

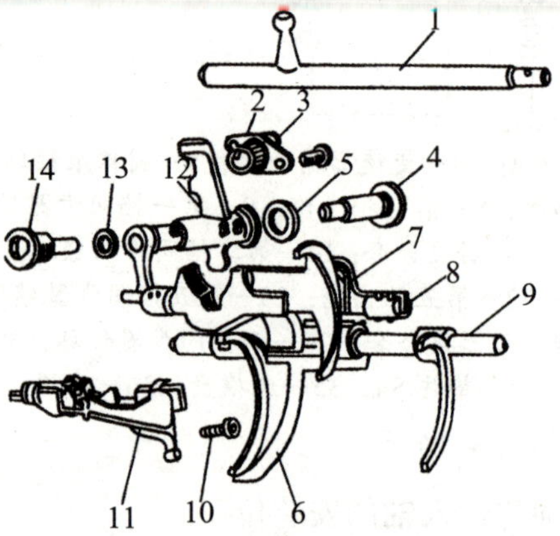

1—选挡换挡轴；2—倒挡锁止机构总成；3—固定倒挡锁止机构螺栓；
4—中继轴右固定螺栓；5—中继轴右垫片；6—第一、二挡换挡拨叉总成；
7—第三、四挡换挡拨叉轴及拨叉总成；8—第三、四挡换挡拨叉轴轴承；
9—第五挡、倒挡换挡拨叉轴及拨叉总成；10—凸挡位锁止机构固定螺栓；
11—挡位锁止机构总成；12—中继轴（选换挡横轴）；
13—中继轴左垫片；14—中继轴左固定螺栓。

图 2-30　变速器内操纵机构零件分解图

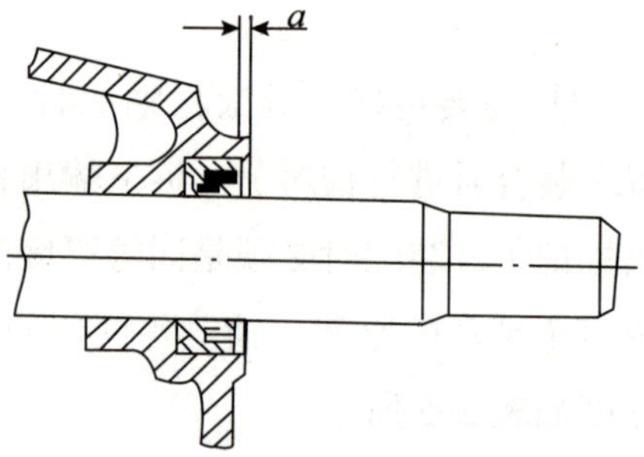

图 2-31　选挡换挡轴油封的安装位置

（2）变速器外操纵机构的拆装与调整

① 拆装：如图 2-32 所示，拆卸前应先拆下前后中心支架、前后横梁、隔热板及空调机后中心管。装配时，应将水平弹簧 7、弹簧压套 8 装入挡块内，并装在变速器操纵杆 9 上，而操纵杆 9 仅能在特定位置时才能插入球形铰架 14 内。

② 调整：如图 2-33 所示，使变速器处于空挡位置，拧松六角螺栓 A。将变速器杆垂直放置，如图 2-34 所示，使球形挡上的一对悬臂与球形铰架与变速杆对中装入变速杆后拧紧螺母 A（确保变速杆位置不变）。再试挂各个挡应顺利准确；否则，应拧松螺栓 A，轻轻转动球形铰架予以调整。

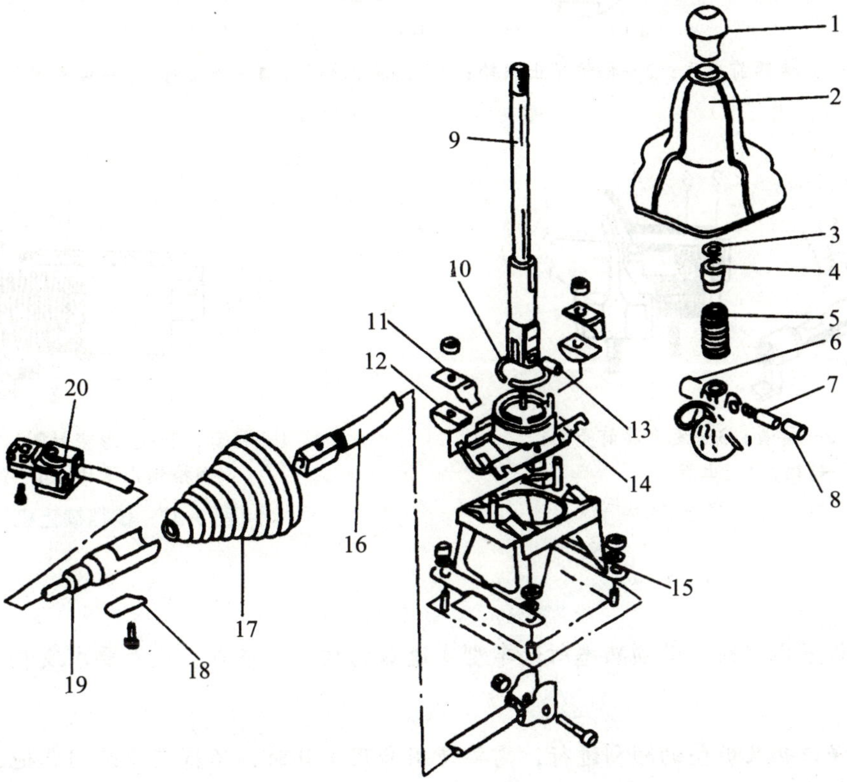

1—换挡手柄；2—防护套；3，10—锁紧环；4—密封套；5—压紧弹簧；6—挡块；7—水平弹簧；8—弹簧压套；9—变速器操纵杆；11—弹簧压片；12—键；13—衬套；14—球形铰架；15—支座总成；16—换挡后拉杆总成；17—防尘罩；18—夹紧片；19—换挡前拉杆总成；20—换挡铰链总成。

图 2-32　变速器外操纵机构零件分解图

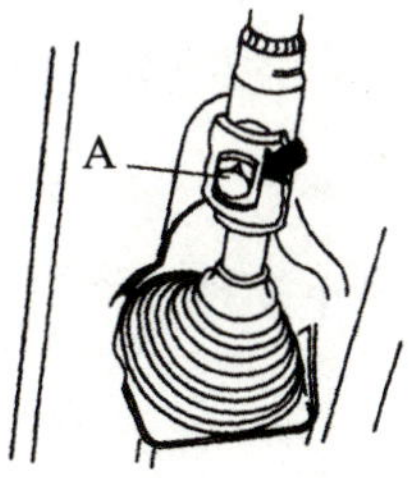

A—六角螺栓。

图 2-33　外操纵机构的调整

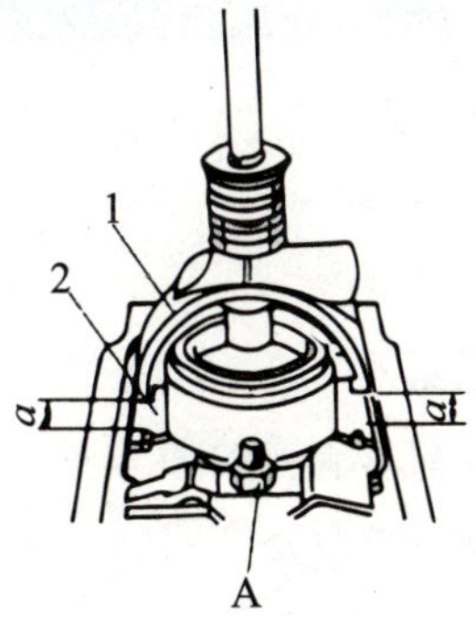

1—球形挡；2—球形铰架；A—螺栓。

图 2-34　球形挡的位置

③ 挡位锁止机构：前进挡锁止机构的拆装如图 2-35 所示，需要换件时应更换总成；倒挡锁止机构的拆装如图 2-36 和图 2-37 所示。

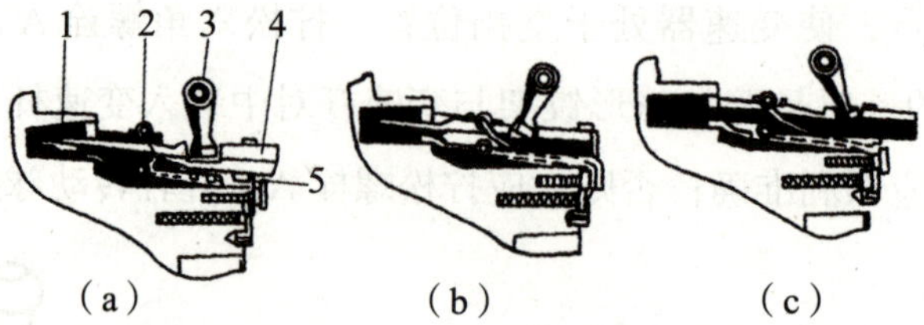

1—变速器前壳体；2—挡位锁止滚轮；3—选换挡横轴；4—锁止盘；5—拉紧弹簧。

图 2-35　挡位锁止机构

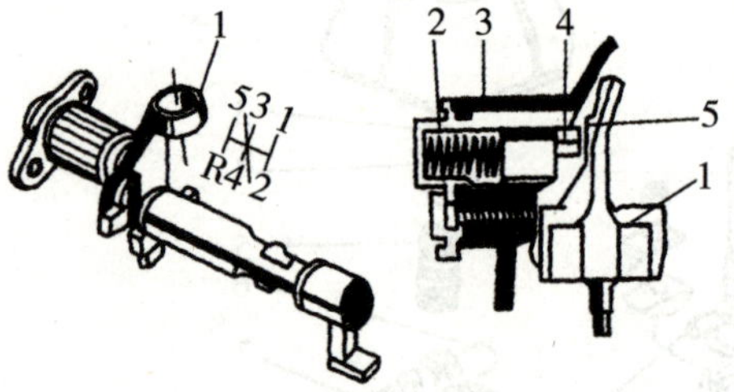

1—选挡换轴；2—弹簧；3—变速器前壳体；4—锁销；5—止点。

图 2-36　倒挡锁止机构

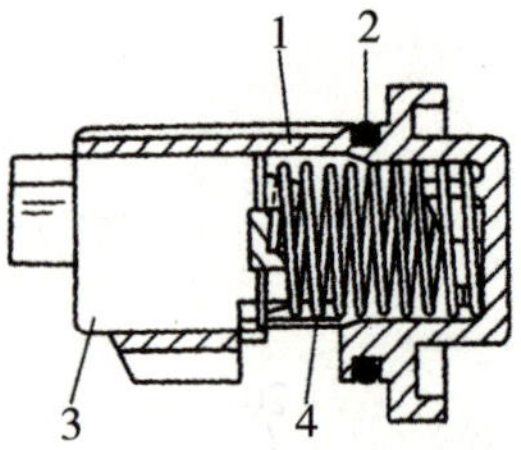

1—衬套；2—O 形密封圈；3—第五挡、倒挡锁止滑块；4—弹簧。

图 2-37　倒挡锁止机构的安装

【提示】

（1）进行拆装调整前，必须熟悉所选车型变速器的构造、特点、技术要求及相关数据，不得盲目操作。

（2）为了保证拆装调整的顺利进行，需要使用专用工具时，不得随意改用其他工具。

任务三　自动变速器的拆装

任务描述

某汽车维修中心接到一辆高端轿车的自动变速器故障报告。车主反馈在行驶过程中，发现换挡不顺畅，且仪表板上显示变速器故障指示灯。

任务分析

这辆高端轿车已经行驶了约 80 000 km，车主反馈在高速行驶时出现明显换挡延迟及跳挡现象。经过详细的拆装与检查，技师发现自动变速器内部存在多个电磁阀失效及少量部件磨损。通过更换故障电磁阀及磨损部件，重新校准了自动变速器的电控系统，车辆换挡顺畅，无异响或跳挡现象。车主反馈行车性能明显提升，变速器工作恢复正常。

任务重点

目前，大多数轿车上配用了自动变速器。与手动变速器相比，消除了离合器操作和频繁换挡，使驾驶操作简便省力，提高了行车的安全性，也提高了发动机和传动系的寿命，避免了因外界负荷突增而造成过载和发动机熄火现象，降低了排放污染。

以丰田佳美为例，分析自动变速器的拆装过程。

一、A140 E 自动变速器总成的分解

1. A140 E 自动变速器总成分解图

图 2-38 至图 2-41 为 A140 E 自动变速器总成分解图。

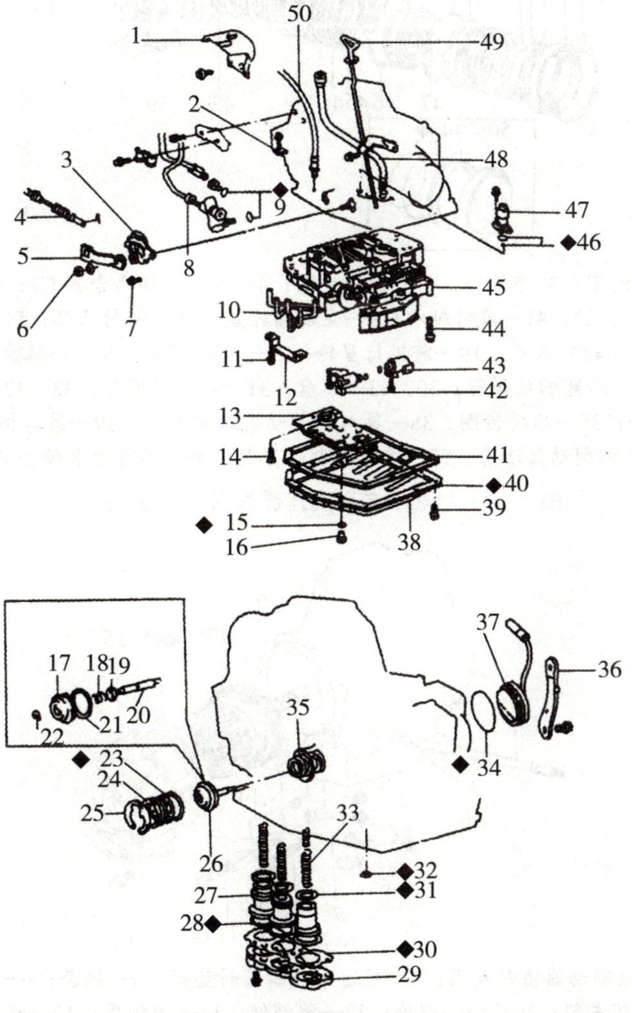

1—拉线支架；2—定位板；3—空挡启动开关；4—手控阀拉线；5—手控阀摇臂；6—螺母；7，11，14，39，44—螺栓；8—散热器油管；9，15，23，34，46—O 形密封圈；10—阀体油管；12—油管保护支架；13—滤网；16—放油螺塞；17—第二挡强制制动器 B1 活塞；18—制动带活塞内弹簧；19—垫圈；20—制动带活塞推杆；21—密封油环；22，25—卡环；24—活塞端盖；26—制动带活塞组件；27—蓄压器活塞；28，31—密封环；29—蓄压器盖；30，40—衬垫；32—第二挡制动器密封圈；33—蓄压器弹簧；35—制动带活塞外弹簧；36—保护支架；37—车速传感器；38—油底盘；41—磁铁；42—1 号电磁阀；43—2 号电磁阀；45—阀体；47—锁止电磁阀；48—油管；49—油尺；50—节气门拉线；◆—不可重复使用的零件。

图 2-38　A140 E 自动变速器总成分解图（1）

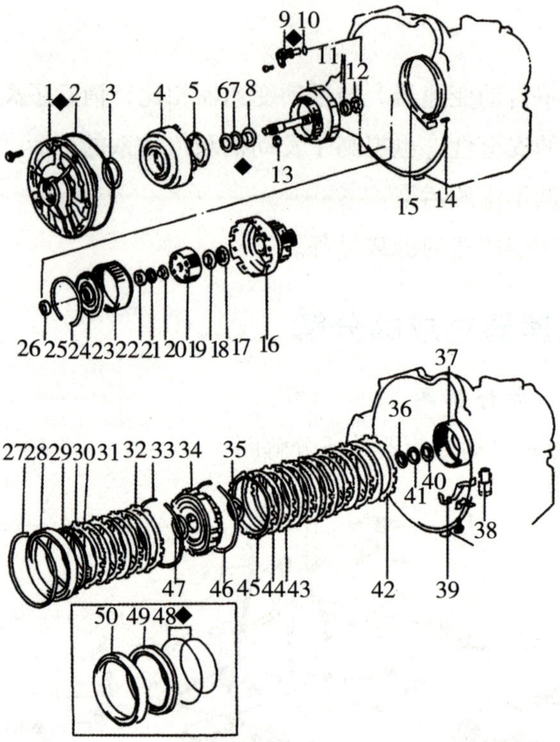

1—油泵；2，10，48—O 形密封圈；3，5，35，47—止推垫圈；4—高、倒挡离合器 C2；6，8，11，18，20，22，26，36，40—轴承座圈；7，12，17，21，41—滚针轴承；9—主动齿轮盖；13—密封油环；14—制动带销；15—第二挡强制制动器 B1；16—中心轮及中心轮输入毂；19—前排行星轮；23—前排齿圈；24—凸缘盘；25，27，33，46—卡环；28—第二挡制动器毂组件；29—活塞回位弹簧；30，43—压盘；31，44—摩擦片；32，42，45—凸缘盘；34—单向离合器 F2 和后排行星轮；37—后排齿圈；38—第二挡制动器毂定位销；39—第二挡制动器导向装置；49—第二挡制动器活塞；50—第二挡制动器毂；◆—不可重复使用的零件。

图 2-39　A140 E 自动变速器总成分解图（2）

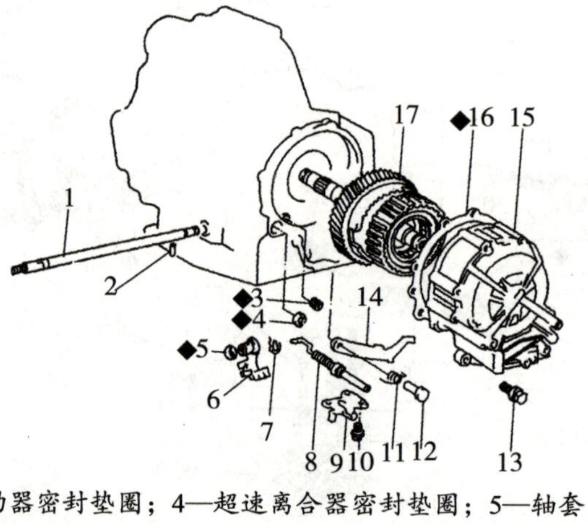

1—手动阀轴；2—销；3—超速制动器密封垫圈；4—超速离合器密封垫圈；5—轴套；6—手控阀拨板；7，11—弹簧；8—闭锁控制杆；9—闭锁支架；10，13—螺栓；12—闭锁销；14—闭锁爪；15—超速挡壳体；16—衬垫；17—超速挡行星轮和中间轴；◆—不可重复使用的零件。

图 2-40　A140 E 自动变速器总成分解图（3）

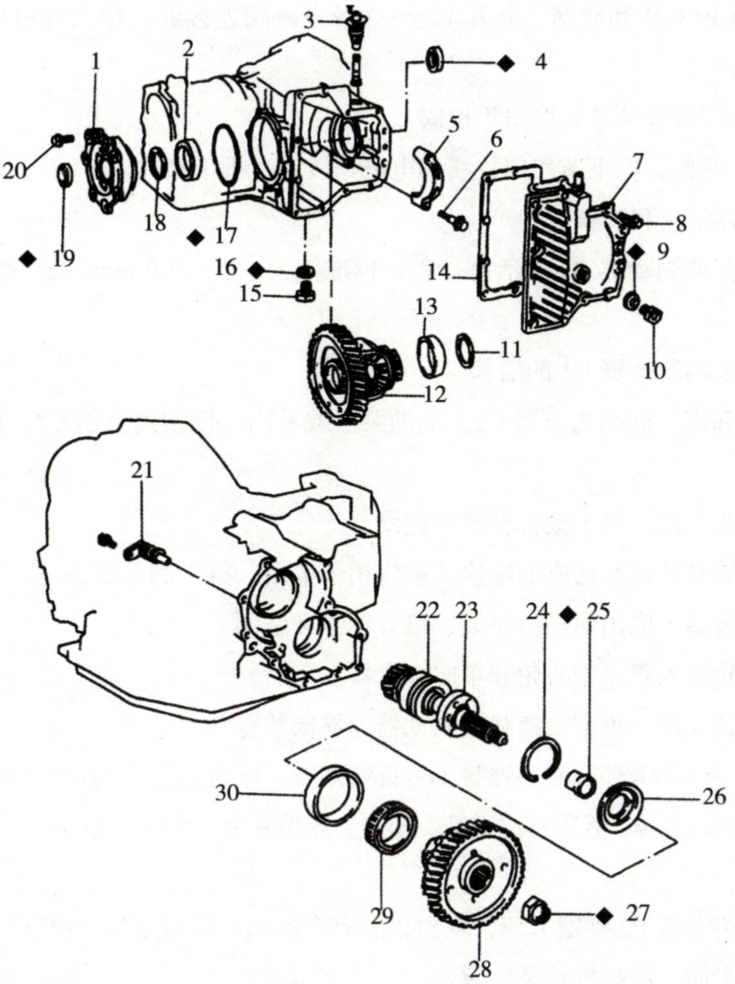

1—左侧轴承座；2，13—轴承外圈；3—车速表从动齿轮；4—右侧油封；5—轴承盖；6，8，20—螺栓；7—差速器盖；9，16—密封垫圈；10—加油螺塞；11，18—调整垫片；12—差速器总成；14—衬垫；15—放油螺塞；17—O 形密封圈；19—左侧油封；21—主动齿轮盖；22—主减速器主动齿轮；23，29—轴承；24—卡环；25—油封；26—垫片；27—螺母；28—主减速器从动齿轮；30—轴承外圈；◆—不可重复使用的零件。

图 2-41　A140 E 自动变速器总成分解图（4）

2. A140 E 自动变速器总成的分解过程

A140 E 自动变速器总成的分解过程如下。

（1）拆卸散热器进、回油管接头如图 2-38 所示。

（2）拆卸空挡启动开关：拆下手控阀摇臂，撬开锁止垫片，拆下锁紧螺母，拧下两个螺栓，取下空挡启动开关。

（3）拆卸锁止（SL）电磁阀：断开连接器，拆下两个螺栓和电磁阀。

（4）拆下节气门拉线支架和电磁阀线束固定螺栓。

（5）拆下 2 号车速传感器：断开连接器，拆下 2 个螺栓和保护支架，取下车速传感器。

（6）支起变速器，拆下 15 个油底盘螺栓，取下油底盘和衬垫。注意：不要翻转变速器，以免杂质污染阀体。

（7）检查盘中的微粒杂质，并进行分析。铁质（有磁性的）：轴承、齿轮和压盘等磨损。黄铜（非磁性的）：止推垫片磨损。

（8）拆下油管保护支架和滤网，断开 1 号、2 号电磁阀连接器，用大螺钉旋具撬起油管两端，拆下 4 个油管。

（9）拆下手控阀限位弹簧片，取出手控阀。

（10）旋松 12 个螺栓，拆下节气门拉线和电磁阀线束，拆下阀体。

（11）拆卸蓄压器活塞和弹簧。

（12）检测二挡强制制动器 B1 的活塞行程：标准值为 1.5 ～ 3.0 mm，若行程超限，则更换活塞推杆或制动带。

（13）拆下二挡强制制动器 B1 的活塞。

（14）拆卸油泵和高、倒挡离合器 C2。从油泵上取下高、倒挡离合器 C2，取出油泵后的座圈和离合器上的止推垫圈。

（15）拆下前进离合器，取下滚针轴承和座圈。

（16）用小螺钉旋具从油泵底座的螺栓孔中将销子推出，拆下制动带。

（17）拆下前排齿圈，取出前排行星架、滚针轴承和座圈。

（18）取出中心轮输入毂、中心轮和单向离合器。

（19）竖起变速器壳体，拆下二挡强制制动器的导向装置。

（20）拆下二挡制动器卡环和制动器毂（若拆卸困难，则可借助木槌轻轻敲打）。

（21）拆出二挡制动器 B2 活塞回位弹簧、压盘、摩擦片和凸缘盘。拆下二挡制动器 B2 制动器毂定位销。

（22）拆下单向离合器 F2 外圈卡环，取出单向离合器和后排行星架，取下两侧止推垫片。

（23）取出后排齿圈、滚针轴承及座圈。

（24）检查低、倒挡制动器，活塞的工作情况：从壳体油道吹入压缩空气，活塞应能正常工作，否则需进行拆检。

（25）拆下凸缘盘卡环，取出凸缘盘、压盘和摩擦片。

（26）如图 2-40 所示，翻转变速器壳，拆下后端的 11 个螺栓，用塑料锤敲击超速挡四周，拆下超速挡总成。

（27）取出超速挡制动器毂、超速挡行星齿轮和中间轴总成。

（28）拆下活塞回位弹簧，从壳体油道吹入压缩空气，吹出低、倒挡制动器活塞。注意：不要使活塞倾斜，若吹不出活塞则可用尖嘴钳夹出。

（29）取下超速离合器和超速制动器的密封垫圈。

（30）拆卸低、倒挡制动器活塞回位弹簧。

（31）拆下停车闭锁爪支架、控制杆，取出锁销、弹簧和闭锁爪。

（32）如图 2-41 所示，拆卸手控阀轴及油封。拆下差速器盖，分解差速器总成。

（33）拆左侧（LH）轴承座：拆下 6 个螺栓，用塑料锤轻轻敲击，拆下轴承座，从轴承座上取下 O 形密封圈。

（34）拆下右侧轴承盖：拆下 2 个轴承盖螺栓，取下轴承盖。

（35）取出差速器总成、轴承座圈和调整垫片。

（36）检测主动齿轮预紧力。标准值范围为 0.5 ～ 0.8 N · m，最小值范围为 0.1 ～ 0.2 N · m。

（37）拆下主动齿轮盖，拆卸中间传动齿轮，拆下挡油盘和隔套，拆下转速传感器转子，拆卸主动齿轮总成。

二、油泵的拆检

图 2-42 为 A140 E 自动变速器油泵分解图。

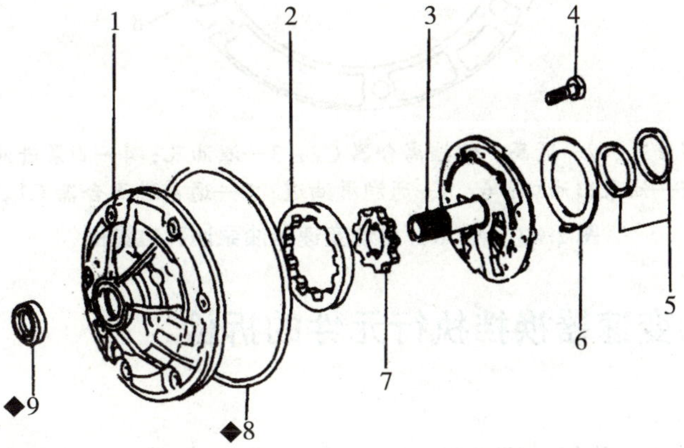

1—泵体；2—从动齿轮；3—固定轴；4—螺栓；5—密封油环；
6—止推垫圈；7—主动齿轮；8—O 形密封圈；9—油封；◆—不可重复使用的零件。

图 2-42　A140 E 自动变速器油泵分解图

1. 油泵的分解

（1）拆下 2 个密封油环，取下止推垫圈。

（2）旋下 7 个螺栓，拆开油泵，用螺钉旋具拆出前油封。

2. 油泵的检测

（1）检查从动齿轮与泵体之间的间隙：将从动齿轮一侧贴紧泵体，用塞尺测量另一侧间隙。标准值为 0.07 ～ 0.15 mm，最大值为 0.30 mm。若间隙超限，则应更换油泵。

（2）检查主、从动齿轮顶隙：测量主、从动齿轮齿顶与泵体月牙之间隙。标准值为 0.11 ～ 0.14 mm，极限值为 0.30 mm，超限则更换油泵。

（3）检查端隙：使用钢直尺和塞尺测量端隙。标准值为 0.02 ～ 0.05 mm，最大值为 0.10 mm。端隙过大，可更换齿轮。

（4）用内径百分表检测泵体轴套内径。最大值为 38.18 mm，超限则更换油泵。

（5）用内径百分表检测泵盖轴套内径。最大值为前 21.57 mm；后 27.07 mm。若内径超限，则应更换油泵。

3. 油泵的组装

清洗油泵组件，并用压缩空气疏通油道，油泵上的油孔位置如图 2-43 所示。按拆卸的逆顺序进行装配。应注意如下事项。

（1）将垫圈涂上凡士林，对准标记，安装好止推垫圈。

（2）在油泵上安装 2 个密封油环时，环口不要过度扩张，且油环应能活动自如。

（3）检查主、从动齿轮。转动主、从动齿轮，确保其转动平顺。注意不要损坏油封。

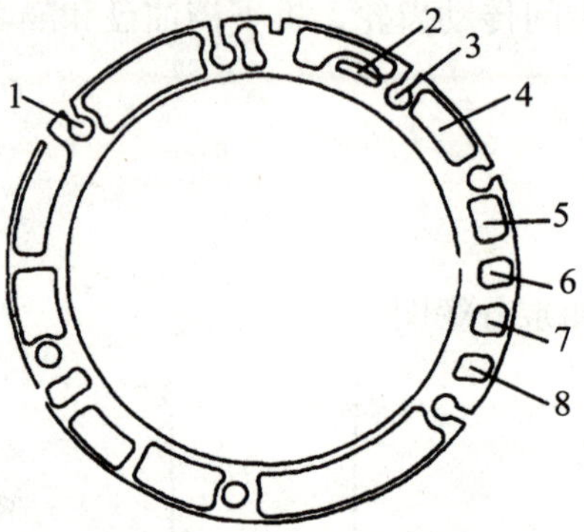

1—螺栓孔；2—通高、倒挡离合器 C2；3—泄油孔；4—油泵进油口；
5—油泵出油口；6、8—通润滑油道；7—通前进离合器 C1。

图 2-43　A140 E 自动变速器油泵油孔位置图

三、A140 E 自动变速器换挡执行元件的拆检

1. 离合器的拆装

以前进离合器 C1 为例进行分析，图 2-44 为 A140 E 自动变速器前进离合器分解图。

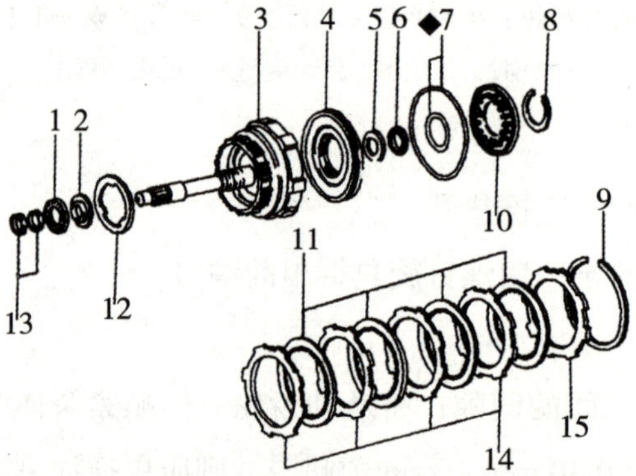

1，6—滚针轴承；2，5—轴承座圈；3—前进离合器毂；4—离合器活塞；7—O 形密封圈；8，9—卡环；
10—回位弹簧；11—摩擦片；12—止推垫圈；13—密封油环；14—压盘；15—凸缘盘；◆—不可重复使用的零件。

图 2-44　A140 E 自动变速器前进离合器分解图

（1）前进挡离合器的分解

① 检测前进离合器活塞行程：吹入压缩空气，用长杆百分表或专用工具进行检测。标准值为 1.41 ～ 1.82 mm，超限应检查各组件。

② 拆下卡环，取出凸缘盘、压盘和摩擦片。

③ 压缩活塞回位弹簧，用卡环钳拆下卡环，取出回位弹簧。

④ 用压缩空气吹出活塞，取下 2 个 O 形密封圈。

⑤ 若有必要，则可以从前进离合器轴上拆下 2 个密封油环。

（2）前进挡离合器的检查

① 检查活塞单向阀：应活动自如，密封良好。

② 检查压盘、摩擦片、凸缘盘有无裂纹、烧蚀等现象，必要时更换。

（3）前进挡离合器的组装

① 将两个油环装到离合器轴上。注意：环口不要过度扩张，且环应能转动自如。

② 安装活塞和活塞回位弹簧。装入压盘、摩擦片和凸缘盘，顺序为：P（压盘）—D（摩擦片）—P—D—P—D—P—D—凸缘盘（凸面朝下）。

（4）检查活塞行程：吹入压缩空气（392 ～ 785 kPa），用长杆百分表或专用工具进行检测。标准值为 1.41 ～ 1.82 mm。若行程不符合要求，则应更换凸缘盘。

2. 带式制动器的拆装

以二挡强制制动器 D1 为例进行分析，图 2-45 为二挡强制制动器分解图。

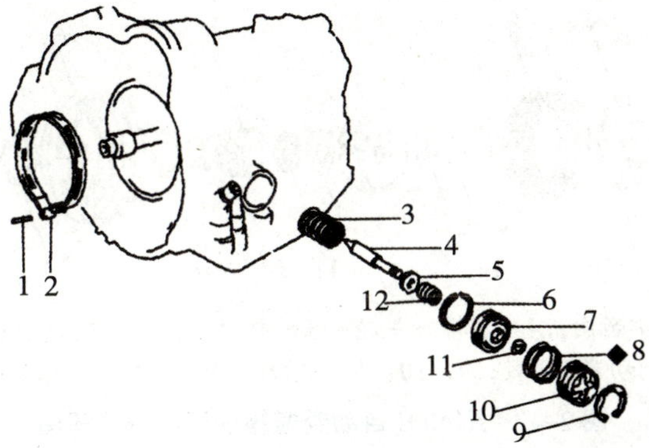

1—制动带销；2—二挡强制制动器；3—外弹簧；4—活塞推杆；5—垫圈；6—密封油环；7—活塞；8—O 形密封圈；9，11—E 形卡环；10—活塞盖；12—内弹簧；◆—不可重复使用的零件。

图 2-45　A140 E 自动变速器二挡强制制动器分解图

（1）二挡强制制动器的分解

从活塞上拆下密封油环。用尖嘴钳拆下 E 形卡环，取出弹簧垫圈和活塞推杆。

（2）二挡强制制动器的检查和组装

① 检查制动带：若制动带有剥落、褪色或打印的号码部分磨掉，则应更换。

② 选择活塞推杆：若活塞行程不符合要求（1.5 ～ 3.0 mm），则应更换活塞推杆。活塞推杆有两种规格，长度分别为 72.9 mm 和 71.4 mm。

③ 安装活塞推杆：将垫圈、弹簧装到活塞推杆上，安装 E 形卡环。

④ 在密封油环上涂自动变速器油，装上油环。注意：油环开口间隙不得超过 5 mm。

3. 片式制动器的拆装

以二挡制动器 B2 为例进行分析，图 2-46 为 A140 E 自动变速器二挡制动器分解图。

① 拆卸二挡制动器活塞：从油孔吹入压缩空气，吹出活塞，取下 2 个 O 形密封圈。

② 检查二挡制动器的压盘、摩擦片、凸缘盘有无破损、烧蚀等现象，必要时更换。

③ 安装二挡制动器活塞：将 2 个新的 O 形密封圈涂上自动变速器油，装到二挡制动器活塞上，压入活塞（注意不要损伤 O 形密封圈）。

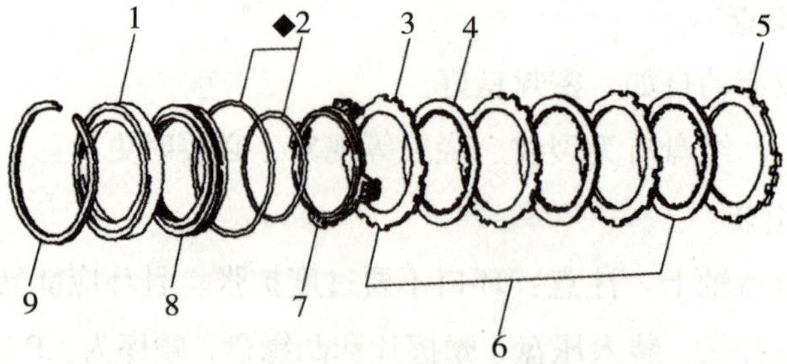

1—二挡制动器毂；2—O 形密封圈；3—压盘；4—摩擦片；5—凸缘盘；6—压盘和摩擦片组件；7—活塞回位弹簧；8—活塞；9—卡环；◆—不可重复使用的零件。

图 2-46　A140 E 自动变速器二挡制动器分解图

四、A140 E 自动变速器行星齿轮组件的检修

下面以前行星排为例进行分析，图 2-47 为 A140 E 自动变速器前行星排分解图。

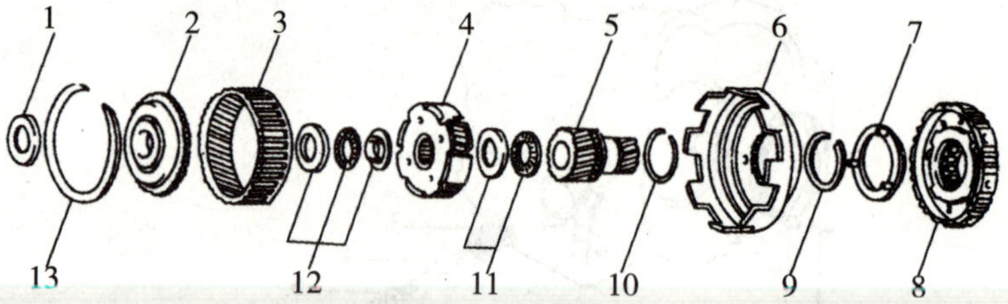

1—轴承座圈；2—凸缘盘；3—前排齿圈；4—前排行星轮；5—中心轮；6—中心轮输入毂；7—止推垫圈；8—单向离合器 F1 和二挡制动器 B2 毂；9，10，13—卡环；11，12—滚针轴承和轴承座圈。

图 2-47　A140 E 自动变速器前行星排分解图

1. 单向离合器 F1 和中心轮的拆检与组装

（1）检查单向离合器的工作情况：用左手握住中心轮，右手转动二挡制动器毂，应能顺时针转动而逆时针锁止。

（2）拆下二挡制动器毂和单向离合器 F1，取下止推垫圈。

（3）拆下卡环，取下中心轮。

（4）拆下中心轮轴上的卡环。

（5）按分解的逆顺序组装中心轮和单向离合器。

（6）检查单向离合器的工作情况：握住中心轮，转动单向离合器毂，应能顺时针方向转动而逆时针方向锁止。

2. 前行星排齿圈的拆检

（1）用内径百分表检测齿圈凸缘盘轴孔内径。标准值为 19.025 ～ 19.050 mm，超限则更换凸缘盘。

（2）用螺钉旋具拆下卡环，取出凸缘盘。

（3）组装前排齿圈和凸缘盘，装入卡环。

3. 前排行星齿轮的检查

用塞尺测量行星齿轮轴向间隙，标准值为 0.20 ～ 0.50 mm。

五、阀体总成的拆检

图 2-48 为 A140 E 自动变速器阀体总成分解图。应特别注意调压弹簧调整垫片的数量，因为调整垫片的厚度和数量直接影响调整压力。

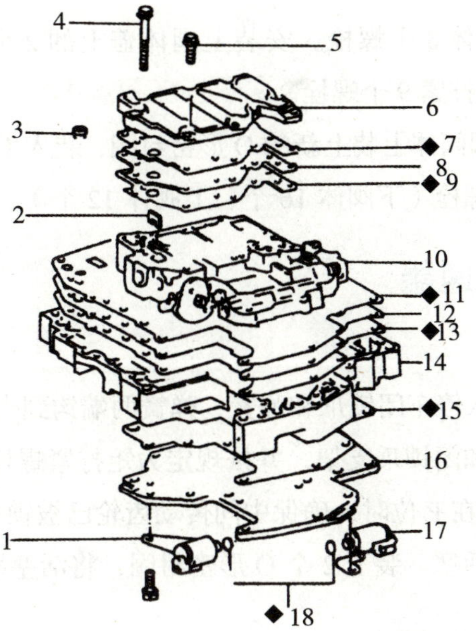

1—1 号电磁阀；2—套筒定位块；3—滤网；4，5—螺栓；6—上阀体盖；7，9，11，13，15—衬垫；8，12—隔板；10—上阀体；14—下阀体；16—下阀体盖；17—2 号电磁阀；18—O 形密封圈；◆—不可重复使用的零件。

图 2-48　A140 E 自动变速器阀体总成分解图

1. 阀体总成的拆卸

（1）拆卸电磁阀：拆下 1 号和 2 号电磁阀，从电磁阀上拆下 O 形密封圈。

（2）拆上阀体盖：拧下 9 个螺栓，取下上阀体盖，取下滤网、隔板和 2 个衬垫、挡块等，从上阀体上拆下 3 个螺栓。

（3）拆下阀体盖：拧下螺栓，取下下阀体盖和衬垫。从下阀体上拆下 3 个螺栓，将下阀体和隔板一起拿下。注意：单向阀不要掉出。取下隔板和衬垫。

（4）清洗、检查上下阀体，如有必要，可进一步分解。

2. 阀体总成的组装

（1）将隔板和 2 个新衬垫放在下阀体上。注意：2 个衬垫相似，但有区别故不能互换，如图 2-49 所示。

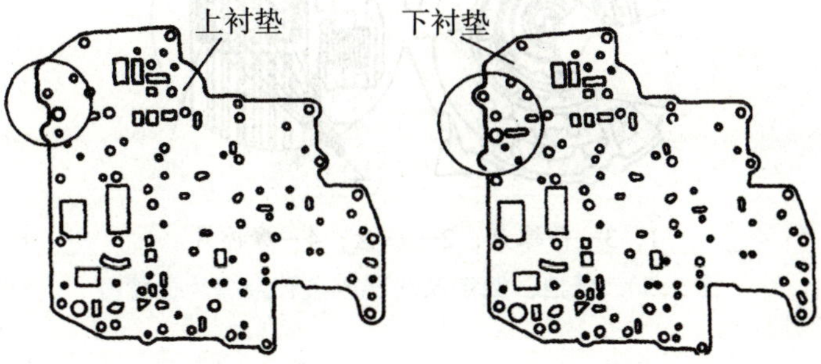

（a）　　（b）

图 2-49　上、下阀体衬垫

（2）将下阀体和隔板、衬垫放到上阀体上。注意：握住下阀体、隔板和衬垫，使其不要分开，对准阀体、隔板和衬垫上的螺栓孔。

（3）安装并用手拧紧下阀体上的 3 个螺栓以固定上阀体。安装下阀体盖：装上新衬垫，安装并用手拧紧下阀体 10 个螺栓。

（4）安装并用手拧紧上阀体 3 个螺栓。安装上阀体盖上的 2 个衬垫（相同）、隔板、滤网、定位块等。安装上阀体盖，并用手拧紧 9 个螺栓。

（5）安装电磁阀：在电磁阀阀体上装上新的 O 形密封圈，装入 1、2 号电磁阀，用手拧紧 3 个螺栓。

（6）拧紧上、下阀体连接螺栓（下阀体 16 个、上阀体 12 个），拧紧力矩为 5.4 N · m。

六、安装行星齿轮变速器

（1）安装手控阀摇臂轴。

（2）安装停车闭锁爪。放入停车闭锁爪和弹簧，弹簧两端钩到壳体和爪上，装入销子。

（3）安装停车闭锁控制杆和闭锁爪支架，并按规定力矩拧紧螺栓，拧紧力矩为 7.4 N · m。检查停车闭锁爪的工作情况当控制拨板在 P 位时，确保中间传动齿轮已被锁止。

（4）安装低、倒挡制动器活塞。装上 2 个 O 形密封圈，将活塞装入壳体（弹簧座侧朝上）。安装活塞回位弹簧和卡环。

（5）安装超速挡总成。

① 装入超速制动器、离合器垫圈和超速制动器毂，装上新的壳体衬垫。

② 检测超速挡壳体上平面到输出齿轮平面的距离，约为 24 mm。

③ 将超速挡总成装到变速器壳上，安装并拧紧螺栓，力矩为 25 N · m。

（6）检查中间轴轴向间隙。确保中间轴轴向间隙为 0.49 ～ 1.51 mm；若轴向间隙超限，应重新安装中间轴。

（7）如图 2-50 所示，安装低挡、倒挡制动器 B3。装内凸缘盘、压盘、摩擦片和外凸缘盘（平面朝向活塞），顺序为：凸缘盘—D—P—D—P—D—P—D—D—P—D—凸缘盘。

① 装入卡环，确保卡环端口不和缺口对齐。

② 检查低挡、倒挡制动器 B3 的工作情况：从油孔吹入压缩空气，确保活塞移动自如。

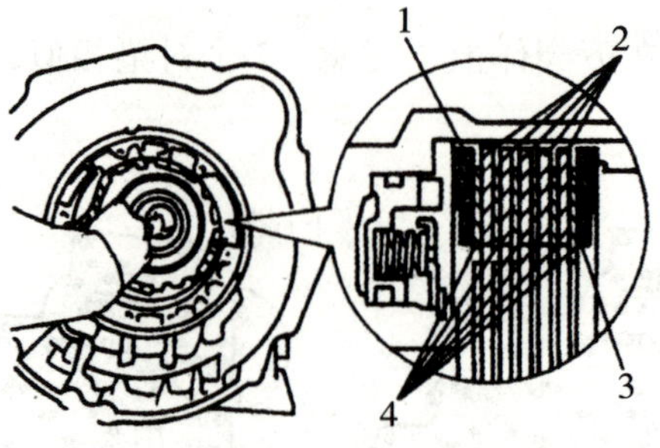

1，3—凸缘盘；2—压盘；4—摩擦片。

图 2-50　低挡、倒挡制动器压盘和摩擦片位置图

（8）后排齿圈装入壳体。在轴承和座圈上涂上凡士林装到齿圈上，将齿圈装入壳体，轴承和座圈的安装位置如图 2-51 所示。

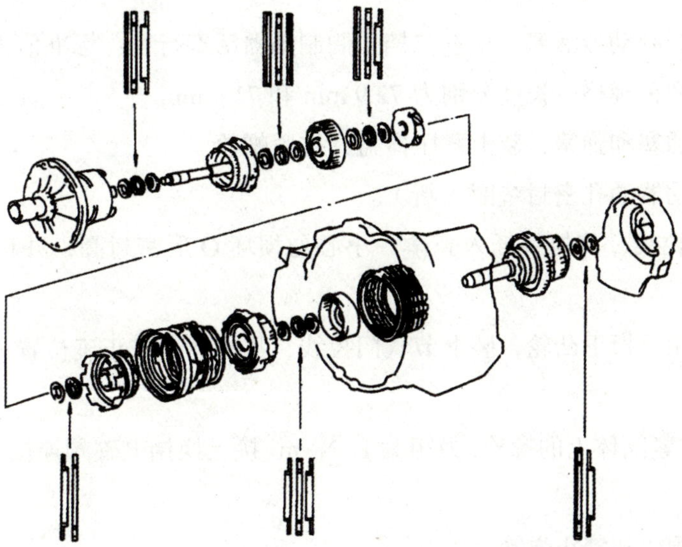

图 2-51　A140 E 自动变速器滚针轴承和座圈安装图

（9）安装后排行星齿轮。将止推垫圈涂上凡士林装到行星架上，对齐低挡、倒挡制动器摩擦片齿，装入行星齿轮。顺时针转动行星齿轮，装上单向离合器 F2（较亮的一侧朝上），并将止推垫圈装到行星架上。

（10）单向离合器 F2 的工作情况。转动行星架，应顺时针转动自如而逆时针转动锁止。装入卡环，卡环端口不和壳体缺口对正。

（11）安装二挡强制制动器导向装置。装入二挡制动器 B2 的凸缘盘（平面朝向油泵）、压盘和摩擦片，顺序为：凸缘盘—D—P—D—P—D—P。安装活塞回位弹簧和二挡制动器毂。用锤柄压缩活塞回位弹簧，将卡环装入槽中。装一挡制动器毂定位销，直至其与制动器毂接触。

（12）检查二挡制动器 B2 工作情况。从油孔吹入压缩空气，活塞应正常移动。

（13）安装单向离合器 F1 和二挡制动器毂。将二挡制动器 B2 的摩擦片齿对齐，装入制动器毂。

（14）检查二挡制动器毂平面与后排行星齿轮的距离，约为 5 mm。

（15）转动中心轮，将中心轮和中心轮毂装入单向离合器 F1。

（16）组装前排行星齿轮和齿圈。将轴承、座圈涂上凡士林，分别装到齿圈和行星架上，再将行星齿轮装到齿圈上。

（17）行星齿轮组件装到中心轮上。若行星齿轮和其他组件安装正确，则齿圈凸缘将与中间轴轴肩或下部平齐。

（18）将轴承座圈涂上凡士林装到齿圈上。

（19）安装二挡强制制动器。将制动带放入壳体，从油泵螺栓孔装上销子。

（20）安装前进挡离合器 C1 和高、倒挡离合器 C2。

（21）安装油泵。

（22）用百分表检测输入轴轴向间隙，标准间隙为 0.3 ～ 0.9 mm。若间隙超限，应重新选择油泵轴端部的轴承座圈。有两种不同厚度的座圈可供选择，厚度分别为 0.8 mm 和 1.4 mm。检查输入轴工作情况，应转动自如。

（23）安装二挡强制制动器活塞。检查二挡强制制动器活塞行程：标准值为 1.5 ～ 3.0 mm，超限则更换推杆。活塞推杆有两种规格，长度分别为 72.9 mm 和 71.4 mm。

（24）安装蓄压器活塞和弹簧，装上蓄压器盖并拧紧螺栓。

（25）安装二挡制动器油孔密封垫圈（新）。

（26）安装节气门拉线，将拉线插入壳体，小心勿损坏 O 形密封圈，并检查是否完全到位。安装电磁阀接线。

（27）安装阀体：用手扳下凸轮，装上节气门拉线，将阀体装在正确位置上。注意：不要将线缠在一起。

（28）用扭力扳手拧紧阀体上的螺栓，力矩为 10 N·m。接上换挡电磁阀连接线：1 号电磁阀为白短线，2 号电磁阀为黑长线。

（29）安装手控阀阀体和锁止弹簧片。

（30）安装油管。用塑料锤将油管敲入规定位置。小心不要折弯、损坏油管。安装油管保护支架和滤网。螺栓拧紧力矩为 10 N · m。

（31）装上磁铁，注意不要干扰油管。安装衬垫和油底盘，螺栓拧紧力矩为 4.9 N · m。

（32）安装 2 号车速传感器（装上新的 O 形密封圈）及保护支架。安装电磁阀线束和节气门拉线定位支架。

（33）安装锁止（SL）电磁阀。装上 O 形密封圈，把锁止电磁阀插入孔中，拧紧 2 个螺栓。

（34）安装空挡启动开关。将空挡启动开关装到手控阀摇臂轴上，装上密封垫圈和锁止垫片，拧紧螺母，力矩为 6.9 N · m，锁定锁片。

（35）调整空挡启动开关。将凹槽与空挡基准线对齐，如图 2-52 所示，拧紧 2 个螺栓，力矩为 5.4 N · m。

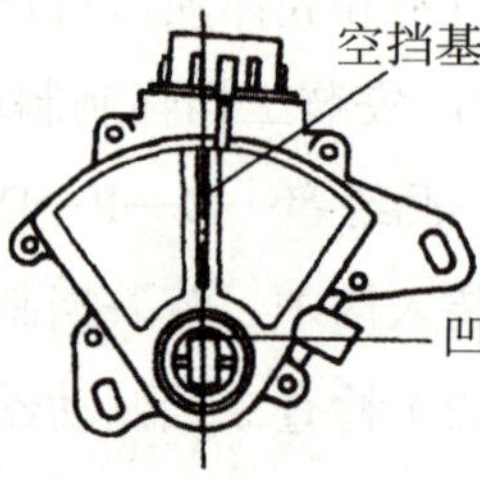

图 2-52　空挡启动开关安装位置

（36）安装散热器进、回油管接头等。

（37）安装手控阀摇臂。

项目小结

本项目主要介绍了离合器和变速器的装配与调试，首先介绍了离合器的拆装调整，其次介绍手动变速器的拆装调整，最后介绍了自动变速器的拆装调整。通过本项目的学习，读者能够掌握汽车离合器、手动变速器和自动变速器的拆装与调试方法，具备独立完成这些任务的能力。通过系统的学习和实践，读者将具备在汽车维修领域中独立工作的能力，为未来的职业发展打下坚实的基础。

项目工单

实践任务	1. 逐步拆卸车辆离合器组件，记录每个步骤
	2. 检查变速器内部部件是否磨损并清理变速器内部污垢，记录每一步操作
注意事项	1. 在整个拆装过程中，确保遵循安全操作规程
	2. 注意工具设备的使用与保养，保持工作区域的清洁与安全
	3. 严格按照操作规程执行各项任务，确保作业安全性与零部件的完整性

项目负责人：________________

参与成员：________________

日期：________________

课后练习

一、思考题

1. 简述桑塔纳离合器总成的拆卸与分解。
2. 简述离合器的检查与调整。
3. 简述三轴式手动变速器的拆卸。
4. 简述自动变速器油泵的装配。

二、看图填空题

填写自动变速器油泵各零件的名称至空白处。

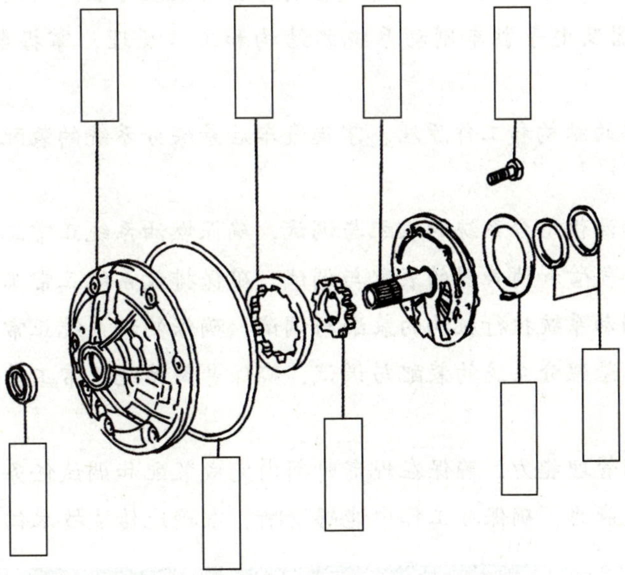

项目三

底盘的装配与调试

项目导读

汽车底盘是汽车的重要组成部分，负责支撑和连接各个关键部件，确保车辆的正常运行和安全性。本项目将围绕汽车底盘的装配与调试展开，包括燃油供给分系统、排气管消声器、制动系统执行机构和后悬架分系统的装配与调试。

学习目标

知识目标

1. 熟悉汽车燃油系统的功能和组成，掌握汽车燃油系统及其附件的装配方法。
2. 了解排气系统的功能和组成，掌握排气管消声器的装配方法。
3. 熟悉轮速传感器及电子驻车制动系统的结构和工作原理，掌握电子驻车制动系统的装配过程。
4. 了解悬架与车桥的结构和工作原理，掌握汽车后悬架分系统的装配过程。

能力目标

1. 能够独立完成燃油供给分系统的装配与调试，确保燃油系统正常工作。
2. 能够独立完成排气管和消声器的装配与调试，确保排放系统正常工作。
3. 能够独立完成制动系统执行机构的装配与调试，确保制动系统正常工作。
4. 能够独立完成后悬架分系统的装配与调试，确保悬架系统正常工作。

素质目标

1. 提高学生的时间管理能力，确保在规定时间内完成装配和调试任务。
2. 增强学生的表达能力，确保在工作中能够清晰、准确地传达技术信息。

思政目标

1. 鼓励学生关注汽车技术的发展趋势，培养学生创新意识和创新能力。
2. 强调学生在工作中应承担的责任，引导学生在面对困难时勇于担当，不推诿、不逃避。

任务一　燃油供给分系统装配

任务描述

某汽车维修中心接到一辆中型轿车，车主反映该车在加油时发动机抖动严重，且启动困难。经过初步故障诊断，技师发现燃油供给分系统存在问题，需要进行全面检查与重新装配。

任务分析

该车辆行驶了约 100 000 km，由于长时间未进行燃油系统的清洁与维护，导致燃油泵、滤清器和喷油器等部件出现堵塞和磨损。经过拆卸旧部件和装配新部件，车辆的燃油供给系统得到了全面更新。车主在测试后反馈，发动机启动顺畅，加速更加平稳，抖动现象显著改善，燃油效率也有明显提高。

任务重点

燃油系统是汽车动力系统中一个至关重要的组成部分，其主要功能是在发动机运行时将燃油有效地输送到气缸，确保燃油与空气混合，并在适当位置点燃，从而产生动力。燃油系统在汽车动力系统中扮演着关键角色，有效的燃油供应系统和合理的维护对于保障发动机的性能、燃油经济性及减少排放均至关重要。

一、燃油系统的功能和组成

燃油系统的组成

燃油系统包含燃油箱加油口盖总成、加油管总成、燃油箱总成、燃油泵及支架总成、燃油供给管路及连接件等，用以储存、输送及清洁燃油，其总体结构如图 3-1 所示。燃油供给管路包含供油连接管总成、燃油箱加油软管总成，用以连接油泵及发动机油轨，以实现燃油输送。连接件包含管卡及固定支架，以实现将燃油供油管路固定于车体上。燃油管路与燃油蒸汽管路并排布置，共用连接件。

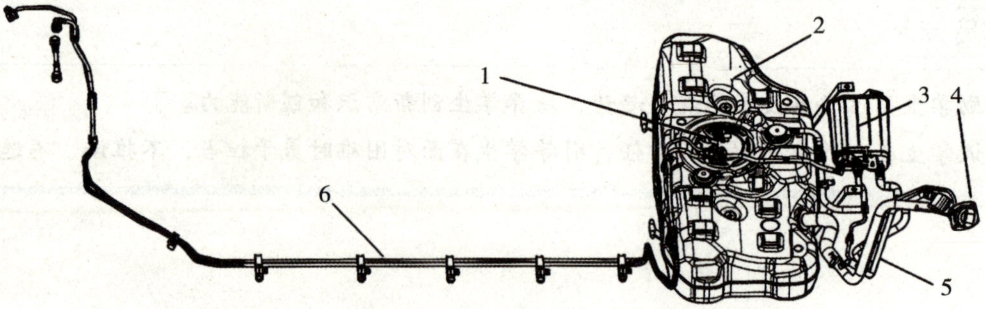

1—燃油泵及支架总成；2—燃油箱总成；3—汽油滤清器总成；
4—燃油箱加油口盖总成；5—加油管总成；6—燃油供给管路。

图 3-1 燃油系统总成结构示意图

二、燃油系统附件的装配

1. 高压油泵的装配

高压油泵通过发动机线束与发动电子控制器（electronic control unit，ECU）控制电路和系统电源相连接，根据 ECU 信号控制电磁阀的开闭，提供所需压力的燃油。安装步骤如下。

（1）安装前确认安装座孔、高压油泵挺柱内表面和高压油泵清洁无异物，高压油泵密封圈完好，安装密封区域无尖角和毛刺。

（2）旋转曲轴，使高压油泵凸轮基圆面朝向高压油泵安装孔，并用机油润滑高压油泵挺柱，将挺柱装入高压油泵安装座内，高压油泵挺柱定位凸台应与高压油泵底座总成定位凹槽相配合。

（3）在高压油泵 O 形密封圈上涂敷润滑油，将高压油泵装入高压油泵安装座内，然后将螺栓放入高压油泵螺栓安装孔，按规定的力矩紧固。

（4）连接插接器、低压油管及高压油泵出油管。

2. 燃油总管总成的装配

燃油总管将高压油泵输送的燃油分配至各喷油器，通过多孔喷射提高燃油的雾化效果，雾化混合气与空气混合并实现最佳的油气混合物以进行燃烧。此时，通过降低燃烧室内的温度并降低空气密度来改善燃烧效率，喷油器根据 ECU 信号再适时、适量地将燃油直接喷射到气缸中。安装步骤如下。

（1）安装前确认进油口、喷油器及安装孔清洁，不允许在喷油器端部、特氟龙密封圈和安装孔涂抹油脂或润滑剂。

（2）将燃油总管总成沿喷油器安装孔轴线放入缸盖，安装螺栓；装配时，用手预紧使螺栓法兰与油轨支架块贴合，按照从两边到中间的顺序分步旋拧螺栓，重复直至油轨安装面与缸盖支撑面完全贴合，并按规定的力矩从两边到中间交叉拧紧螺栓。

3. 燃油箱总成装配

燃油箱上配有橡胶减振垫、翻车阀、加油单向阀及隔热罩。通过 2 根固定带安装在车身后部，其安装步骤为：使用平板千斤顶支撑燃油箱，紧固燃油箱安装螺栓与螺母，连接燃油泵线束插头。

4. 燃油泵及支架总成安装

燃油泵将汽油从油箱中泵出，通过汽油滤清器及管路输送至油轨，油泵安装在油箱中，通过锁紧螺母固定，通过耐油橡胶密封圈密封。其装配的步骤如下。

（1）将油箱上面的后座椅掀开，拆卸后地板上的油泵检修盖板。

（2）将燃油泵及支架放入油泵检修口，紧固燃油箱输油泵法兰，紧固力矩 134 ～ 406 N · m，如图 3-2 所示。

（3）回装油泵检修盖板。

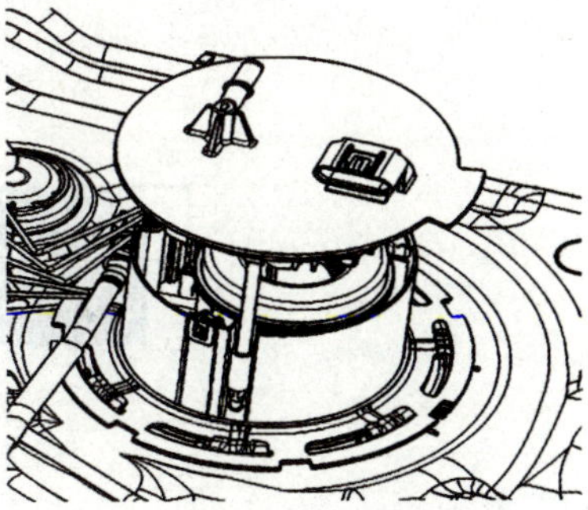

图 3-2　安装燃油泵及支架

5. 加油管总成装配

加油管总成通过螺栓安装于车身左侧。通过橡胶软管与油箱连接，以实现燃油加注，其装配流程如下。

（1）安装后轮罩衬。

（2）将再循环管与通大气连接管连接，安装燃油箱加油软管总成，安装力矩 5 N · m。

（3）安装燃油箱加油软管总成及燃油箱通气连接管，加油软管安装力矩 5 N · m。

6. 燃油供给管路及连接件装配

（1）待加油连接管连接完成后，开启车体上管卡盖板，将加油连接管总成与管卡连接。

（2）安装加油连接管和碳罐脱附管插头，连接位置如图 3-3 所示。

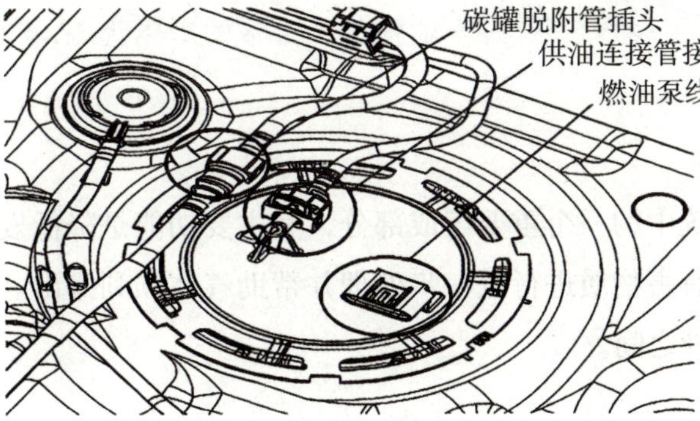

图 3-3　加油连接管和碳罐脱附管插头连接

7. 燃油箱加油口盖总成装配

燃油箱加油口盖与加油管配合，保证系统密封性，吊绳安装在油箱门转臂上，防止加油时口盖丢失，同时带有一个双向阀，维持系统压力。其安装步骤如下。

（1）安装加油口处的螺栓（3 颗），紧固力矩 5 N · m，将口盖吊绳安装于油箱门转臂上。

（2）拧紧燃油箱加油口盖。

德育之窗

在激烈的市场竞争和转型升级压力下，“工匠精神”被赋予以创新为导向、以技术为生命、以质量为追求的新内涵。汽车燃油系统是汽车底盘装配线的第一道工序，也是底盘“大件”装配的开始。在这一过程中，不仅要凭借力量，还要有技巧，要勤思、勤练、多想、多看，把握关键点，起到四两拨千斤的作用。

任务二　排气管消声器装配

任务描述

某汽车维修中心接到一辆年份较新的轿车，车主反映在行驶过程中车辆排气噪音异常，感觉车辆尾气排放不畅。

任务分析

经了解，这辆轿车在城市道路行驶时表现良好，但在高速行驶和加速时出现较大的排气噪音，同时尾气排放不稳定。经过详细的拆装与调试，技师成功安装了新的排气管和消声器。车主在进行路试时感觉排气噪音显著下降，尾气排放也更加稳定顺畅。车辆恢复了正常的工作状态，车主对排气表现极为满意。

任务重点

排气管消声器是汽车排气系统中的一个重要组成部分，其主要功能是降低发动机排气过程中产生的噪音，同时还可以对排气管中的有害物质进行进一步处理并帮助气体顺利排出。消声器通常位于排气管的尾部，连接在排气歧管和排气管之间。

一、汽车排气系统功能和组成

汽车排气系统的功能是以尽可能小的排气阻力和噪声，将气缸内的废气排到大气中。排气系统主要是由排气歧管、排气净化装置（三元催化）、排气管和消声器 4 个部分组成，如图 3-4 所示。按安装位置，可以分为前段、中段和尾段。

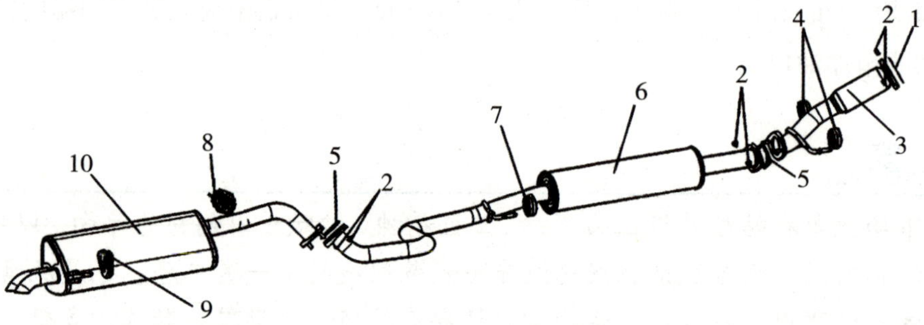

1，5—密封垫；2—螺母；3—消声器进管总成；4，7，8，9—吊耳；6—前消声器总成；10—后消声器总成。

图 3-4　汽车排气系统的结构

1. 涡轮增压器

涡轮增压器是利用发动机排气歧管排出的废气，驱动增压器的涡轮旋转，涡轮再带动与其同轴的压缩机叶轮旋转。叶轮通过离心力的作用压缩新鲜空气，从而增大了进入到发动机进气歧管内的空气密度，使得发动机能燃烧更多的燃料，进而使发动机能产生更大的动力，涡轮增压系统示意图如图 3-5 所示。

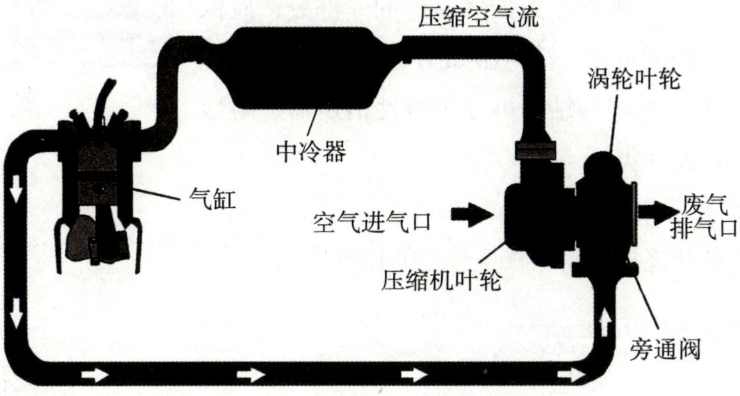

图 3-5　涡轮增压系统示意图

涡轮增压器连接到发动机的排气歧管。气缸内排出的尾气带动涡轮旋转，涡轮通过轴与安装在空气过滤器和吸气管之间的压缩机相连。压缩机把空气压缩到气缸中。气缸排出的尾气流过涡轮叶片，使涡轮旋转。流过叶片的尾气越多，涡轮旋转速度就越快。在连接涡轮轴的另一端，压缩机将空气抽到气缸中。压缩机是一种离心泵，它在叶片的中心位置吸入空气，并在旋转时将空气甩到外面。涡轮增压器由涡轮系统、压缩机系统、中间体（轴承体）、转子轴承系统、润滑系统组成。

2. 排气歧管

排气歧管是与发动机气缸体相连的，将各缸的排气集中起来导入排气总管的，带有分歧的管路。

3. 三元催化器

三元催化器外形类似于一个小消声器。因为其较高的工作温度，三元催化器周围的车身部分用隔热罩作了保护。三元催化器是安装在汽车排气系统中最重要的机外净化装置，它可以将汽车尾气中的 CO、HC 和 NO_x 等有害气体通过氧化和还原作用转变为无害的二氧化碳、水和氮气。当高温的汽车尾气通过净化装置时，三元催化器中的净化剂将增强 CO、HC 和 NO_x 这 3 种气体的活性，促使其进行一定的氧化还原化学反应，其中 CO 在高温下氧化成为无色、无毒的二氧化碳气体；HC 化合物在高温下氧化成水（H_2O）和二氧化碳（CO_2）；NO_x 还原成氮气和氧气。3 种有害气体变成无害气体，使汽车尾气得以净化。三元催化的工作原理如图 3-6 所示。

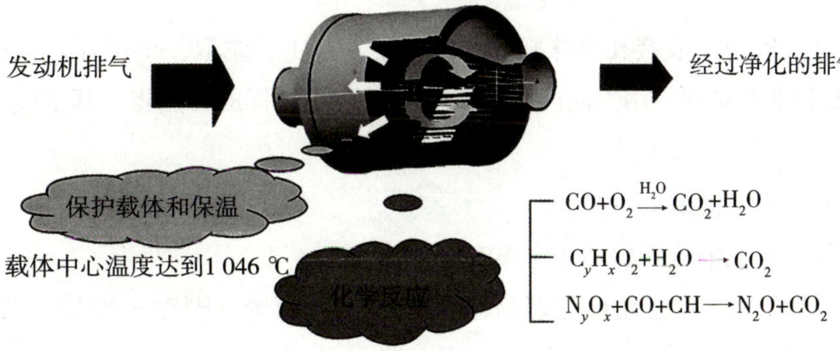

图 3-6　三元催化的工作原理

4. 消声器

在排气系统中，分有前消声器（副消声器）和后消声器（主消声器）。消声器的主要作用是降低发动机的排气噪声，并使高温废气能安全有效地排出。消声器作为排气管道的一部分，应保证其排气畅通、阻力小及强度足够。消声器如图 3-7 所示。

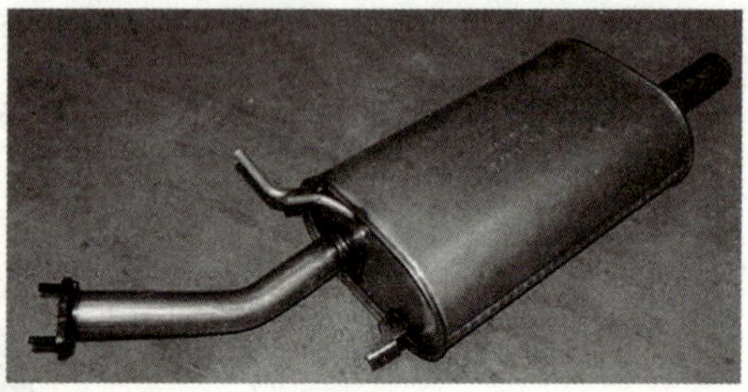

图 3-7 消声器

汽车排气消声器按消声原理与结构可分为抗性消声器、阻性消声器和阻抗复合型消声器 3 类。

5. 波纹管（连接软管）

波纹管是硬管道上的软连接，用以减缓管道的振动变形。

二、排气管消声器的装配

1. 前、后排气管吊耳装配

（1）将前排气管吊耳上端固定孔卡入钣金挂钩上。

（2）将后排气管左侧吊耳上端固定孔卡入钣金挂钩上。

（3）将后排气管右侧吊耳上端 2 个固定孔卡入钣金挂钩上。

2. 后消声器总成装配

（1）两人配合拿取后消声器总成放置于相应安装位置，先将后排气管左侧挂钩卡入左侧吊耳下端固定孔内。

（2）将后消声器右侧挂钩卡入右侧吊耳下端固定孔内。

3. 前消声器总成装配

（1）两人配合拿取前消声器总成放置于相应安装位置，将前消声器固定挂钩卡入前消声器吊耳下端固定孔内。

（2）将密封垫放入后消声器接口处。

（3）将前消声器与后消声器连接，预紧 2 颗固定螺母，再用电动扳手依次拧紧至 39 N · m。

4. 三元催化器吊耳（红色）装配

（1）先将 1 个吊耳（红色）安装孔涂抹肥皂水（方便安装），拿取一个吊耳，将吊耳安装孔与需要连接的副车架左侧安装支架对齐，用力向内将吊耳推入。再用同样的方法将吊耳上端安装孔推入三元催化器左侧安装支架。

（2）将 1 个吊耳（红色）安装孔涂抹肥皂水（方便安装），拿取一个吊耳，将吊耳安装孔与需要连接的副车架右侧安装支架对齐，用力向内将吊耳推入。再用同样的方法将吊耳上端安装孔推入三元催化器右侧安装支架。

5. 前排气管与三元催化器后端连接

（1）将密封垫放入三元催化器后端相应规定点。

（2）将前排气管前端放入三元催化器后端固定点内，预紧 2 颗固定螺母，再用电动扳手拧紧至 39 N · m。

任务三　制动系统执行机构装配

任务描述

某汽车维修中心接到了一辆中型SUV车辆，车主反映在行驶过程中踩下制动踏板时制动效果不佳，且在急刹车时出现制动异响。

任务分析

该车辆已经行驶了约80 000 km，制动系统的组成部分可能由于长时间使用导致磨损或老化。经过专业的拆卸、清洗和新部件的安装，车辆的制动系统执行机构得到了有效的恢复。车主在进行路试后反馈，制动效果显著提升，制动踏板的触感更加坚实，急刹车时不再出现异响，车辆的制动性能满足了安全行驶的要求。

任务重点

制动系统执行机构是指汽车制动系统中负责转换驾驶员的制动命令为具体制动操作的部件。这些部件主要负责将驾驶员的踩踏制动踏板或操作手刹杆的力转化为机械能，从而使制动器（如盘式制动器或鼓式制动器）产生制动力，实现车辆的减速或停止。制动系统执行机构是汽车安全行驶的重要保障，通过液压制动和机械制动两种主要形式实现车辆的减速或停止功能。

一、轮速传感器的结构和工作原理

1. 轮速传感器的作用

轮速传感器的功用是检测车轮的速度，并将速度信号输入防抱死制动系统（antilock brake system，ABS）的电控单元。电控单元根据来自轮速传感器的信号计算车轮的转速。

2. 轮速传感器的结构与工作原理

目前，常用的轮速传感器分为电磁式和霍尔式两种。

（1）电磁式轮速传感器

汽车车轮转速传感器通常安装在车轮处。图3-8为电磁式轮速传感器的外形，它一般由磁感应传感头和齿圈组成。轮速传感头是一个静止部件，而齿圈是一个运动部件，一般安装在轮毂或轮轴上与车轮一起旋转。传感头磁极与齿圈的端面有一定间隙，一般在1 mm左右。

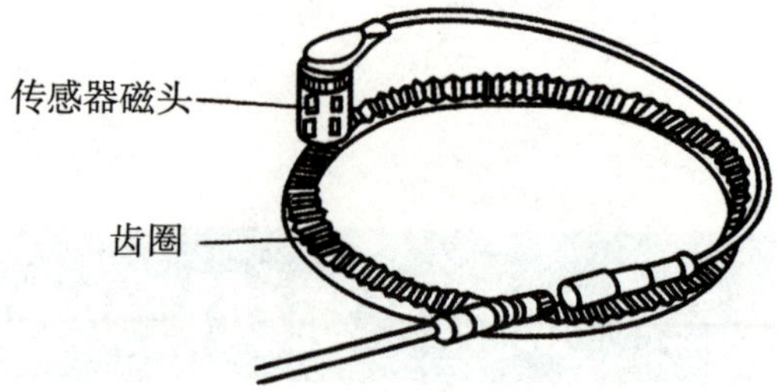

图 3-8　轮速传感器

（2）霍尔式轮速传感器

霍尔式轮速传感器由传感头和齿圈组成。传感头由永磁体、霍尔元件和电子电路等组成。永磁体的磁力线穿过霍尔元件通向齿轮，齿轮相当于一个集磁器。

① 当齿轮位于图 3-9（a）所示位置时，穿过霍尔元件的磁力线分散，磁场相对较弱。

② 当齿轮位于图 3-9（b）所示位置时，穿过霍尔元件的磁力线集中，磁场相对较强。

③ 齿轮转动时，穿过霍尔元件的磁力线密度发生变化，因而引起霍尔电压的变化。

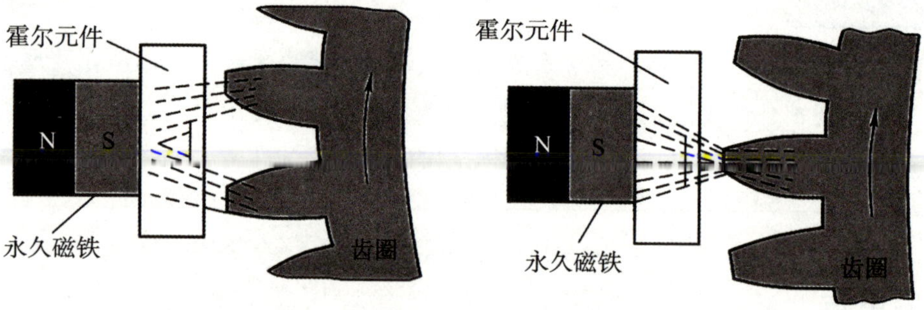

（a）霍尔元件磁场较弱　　（b）霍尔元件磁场较强

图 3-9　霍尔式轮速传感器的磁路示意图

二、电子驻车执行机构的结构和工作原理

电子驻车制动（electrical parking brake，EPB）系统去掉了传统的手拉式或脚踩式驻车操纵机构，改为用一个电控按钮对驻车制动器进行控制。

后盘式 EPB 系统制动器总成制动分泵为单油缸结构。行车制动器采用盘式结构，驻车制动器采用电子驻车制动系统，通过电子驻车制动按钮来操作后轮盘式电子驻车执行机构以实现驻车制动，驻车制动按钮位于两个前座椅之间，拉起电子驻车制动按钮即可实现驻车制动；踩下制动踏板并同时按下电子驻车制动按钮即可实现驻车制动解除。

因此对于驾驶人来说，这种新型驻车制动系统最大的优点就是操作方式方便而舒适。从控制功能角度来看，由于对驻车制动系统进行了全面电气化改造，驻车制动系统能够和其他控制系统，例如，电子稳定控制（electronic stability control，ESC）系统进行联合控制，因此车辆安全性能得到大幅提升，而且制动系统范畴内多种控制功能都以电控方式来实现，这些优点是传统机械驻车操纵系统无法比拟的。

1. EPB 系统的基本控制功能

根据车辆具体配置和工作状况，EPB 系统能够实现如下功能。

（1）静态夹紧、释放功能

当车辆静止时，可以通过拉起 EPB 系统开关实现传统意义上的驻车功能；车辆静止时，可以通过踩下制动踏板按下 EPB 系统开关实现驻车制动释放功能（若不踩下制动踏板，带有文字信息显示功能的仪表会提示请踩制动踏板）。

（2）辅助驶离（DAA）功能

当 EPB 系统探测到驾驶人希望开车离开时，通过此功能释放 EPB 系统驻车制动。但当车辆停在坡道上时，需要有足够的驱动转矩此功能才起作用，目的是为了防止车辆溜坡。DAA 功能可以用于坡道起步和普通路面起步，尤其在坡道起步具有优势，可以避免驻车坡道起步车辆后溜问题发生。坡道起步必须满足几个前提条件：驾驶人系好安全带、挡位在前进挡或倒挡、踩下加速踏板、发动机持续输出转矩（若为手动挡车辆，则需要在释放离合踏板的同时踩下加速踏板），EPB 系统会自动解除。

（3）电子控制减速功能（ECD）

ECD 功能支持驾驶人在紧急情况下（例如制动踏板与制动主缸脱落、真空助力泄漏失效等情况）通过此功能实现动态减速。当驾驶人拉起 EPB 系统开关进行减速时，ECD 功能会发送减速请求（减速度 6 m/s^2），同时在控制器局域网（controller area network，CAN）总线上发送一个有效标志。此减速请求会要求 ESC 系统主动建压施加车轮制动力，以达到给车辆进行减速的目的。ESC 系统会在 300 ms 内发送有效标志确认减速请求。

ESC 系统通过 CAN 线发送信号确认 ECD 功能是否能够响应，然后确认 EPB 系统减速请求是否被执行。当系统检测到减速使车辆静止后，减速请求会立即退出以保证车辆减速的平顺性。当驾驶人通过 EPB 系统开关进行动态减速时，此命令被执行，但有一项请求会中断 ECD 功能，即当 ECD 功能起作用后踩下加速踏板，在此情况下 ECD 功能将立即被中断。如果 EPB 系统发送减速请求后，ESC 系统检测不能实现 ECD 功能（没有反应或者减速度不能达到定义的最小值时），EPB 系统将退回并启动后轮防抱死制动（RWU）功能，通过“电子 + 机械”动态减速功能在后轮实现防抱死制动减速。

（4）后轮防抱死制动（RWU）功能

RWU 功能是通过 EPB 系统实现“电子 + 机械式”动态减速功能。RWU 可以实现单独后轮防抱死制动，提高后轮单独制动的车辆稳定性。此功能在行车制动系统失效情况下，若需要车辆减速则持续拉起 EPB 系统开关，RWU 功能就会起作用。

（5）维修保养功能

当行驶一定里程后需要更换后制动钳摩擦块，需要通过诊断仪完成。首先通过车载自动诊断（on-board diagnostics，OBD）系统端口接入诊断仪，选择电子驻车制动器系统进入特殊服务中的维护模式，按诊断仪提示进行操作。然后按更换卡钳摩擦片步骤进行摩擦片更换。

2. 电子驻车制动系统的结构

长安逸动电子驻车制动系统采用的是整合卡钳式电子驻车制动系统。整合卡钳式电子驻车制动系统放弃了钢索牵引式驻车制动系统的钢索，采用了导线进行信号传递，因而有利于车辆组装及驻车制动系统简化。但整合卡钳式电子驻车制动系统需要专用的制动卡钳和相关的驻车制动执行机构，因而成本较高。

图 3-10 为大众迈腾轿车的卡钳式电子驻车制动系统驱动部件结构图。它由电动机、传动带、减速机构、心轴螺杆以及制动活塞组成。整个电子驻车制动系统的执行部件均位于后轮制动卡钳上，信号通过导线传导。

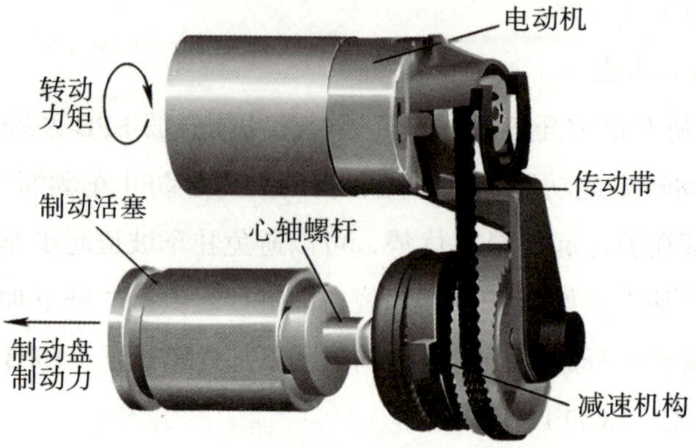

图 3-10　大众迈腾卡钳式电子驻车制动系统驱动部件结构图

当驾驶人按动电子驻车制动系统按钮（EPB 系统开关）时，电子驻车制动系统控制模块接收来自按钮的信号。如果当前车辆的行驶状态符合电脑中预设的条件，控制模块会向执行机构的电动机施加 12 V 电压让其转动。电动机释放的转矩通过减速机构传递到心轴螺杆，心轴螺杆通过螺栓螺母机构推动制动活塞轴向运动实现对后轮的制动。整合卡钳式电子驻车制动系统如图 3-11 所示。

3. 电子驻车制动系统的工作原理

（1）车速小于 7 km/h

驾驶人通过拉动电子驻车制动器按钮使用驻车制动器，位于后轮制动钳上的驻车制动器控制模块电动机开始转动，对制动盘施加制动力；同时传统的液压制动也介入工作，让制动响应更加敏捷。车辆在驻车时，驾驶人通过踩加速踏板或者踩制动踏板（使制动力达到 1 000 kN/m^2）能实现自动释放驻车制动器。

（2）车速大于 7 km/h

驾驶人拉动并拉住电子驻车制动器开关会启动动态紧急制动功能。当行车制动器工作正常时，会通过电控车辆稳定行驶系统（ESP）控制行车制动器对 4 个车轮进行制动。电子驻车制动系统的工作过程如图 3-12 所示。

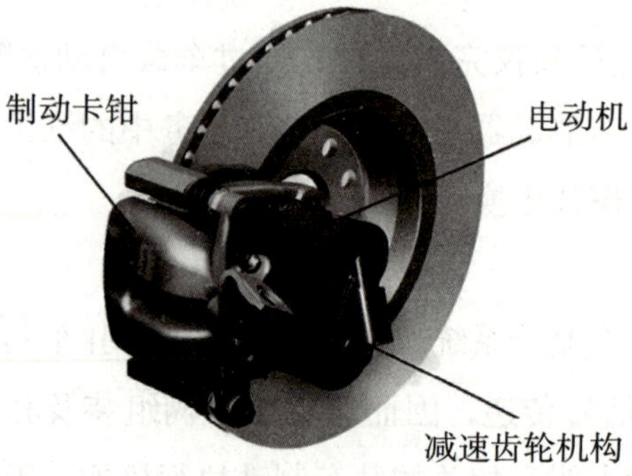

图 3-11　整合卡钳式电子驻车制动系统

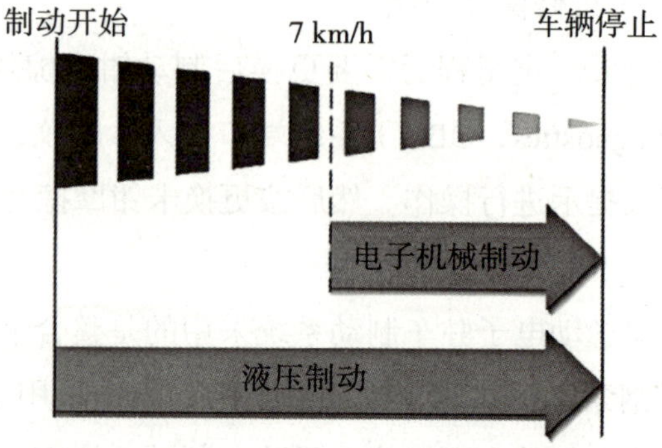

图 3-12　电子驻车制动系统的工作过程

电子驻车制动器只在低速区起效，而作为紧急制动功能也只在传统液压制动系统出现故障时才会介入（并非所有的电子驻车制动器系统都带有这种工作逻辑）。所以在一般情况下，电子驻车制动器在高速行车时，只能进行传统液压制动操作而无法单独制动后轮完成车辆甩尾动作（人们常说的“漂移”动作）。

三、电子驻车制动系统的装配

1. 后盘式制动器的结构

以长安逸动 PLUS 汽车为例，其电子驻车后盘式制动器的结构如图 3-13 所示。

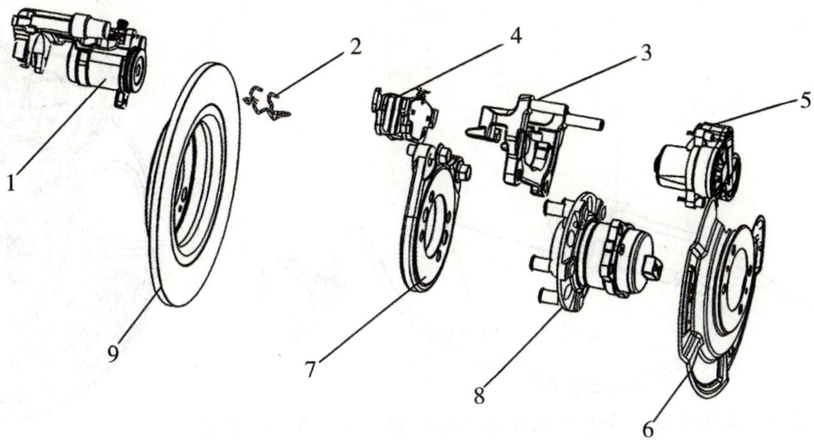

1—分缸组件；2—壳体弹簧；3—卡钳支架带导向销总成；4—后摩擦块组件；
5—EPB 系统电动机总成；6—后防尘罩；7—后制动底板；8—后轮毂轴承；9—后制动盘。

图 3-13　电子驻车后盘式制动器的结构示意图

2. 后制动盘的装配

（1）装配后制动底板与后轴的连接螺栓。

（2）安装制动盘固定螺栓。

（3）安装制动卡钳支架，通过两颗螺栓进行安装，紧固力矩 110 N · m。

（4）安装制动软管，安装力矩 30 N · m。

3. 电子驻车执行机构总成装配

电子驻车执行机构总成为图 3-13 中的部件 5，包含电动机及减速机构。

（1）拿取电子驻车执行机构总成（左）放入后悬架总成左侧制动机构内，依次预紧 2 颗螺栓，再用电动扳手依次拧紧至规定力矩（80 ± 6）N · m，用记号笔标记拧紧的螺栓。

（2）拿取电子驻车执行机构总成（右）放入后悬架总成右侧制动机构内，依次预紧 2 颗螺栓，再用电动扳手依次拧紧至（80 ± 6）N · m，用记号笔标记拧紧的螺栓。

（3）拿取电子驻车制动器电动机电线束总成（左），将线束插头插入电子驻车执行机构总成（左）插座内，再将锁紧扣推入锁紧插头。

（4）拿取电子驻车制动器电动机电线束总成（右），将线束插头插入电子驻车执行机构总成（右）插座内，再将锁紧扣推入锁紧插头。

4. 后轮速度传感器总成的装配

以长安逸动车辆为例，其后轮速传感器线束总成的结构如图 3-14 所示。后轮速传感器总成在轮毂制动机构上的安装位置如图 3-15 所示。箭头所指为安装点。

（1）拿取后轮速传感器总成（左）放入后悬架左侧相应安装位置，预紧 1 颗六角头螺栓，再用电动扳手拧紧至 11 N · m，用记号笔标记拧紧的螺栓。

（2）拿取后轮速传感器总成（右）放入后悬架右侧相应安装位置，预紧 1 颗六角头螺栓，再用电动扳手拧紧至 11 N · m，用记号笔标记拧紧的螺栓。

（3）安装轮速传感器与线束插接器插头。

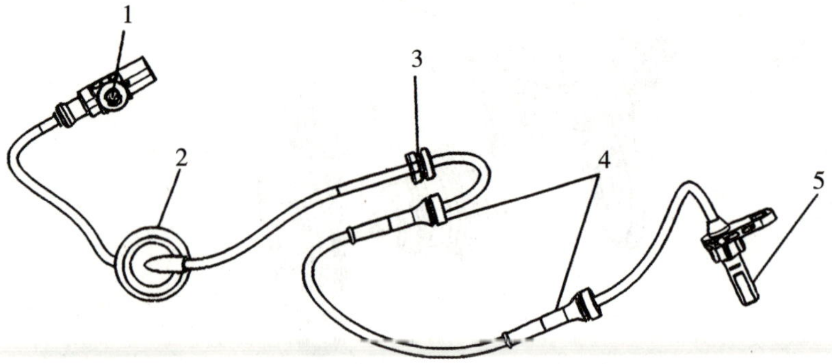

1—线束插接器插头；2—安装至车身配合孔中的轮速传感器橡胶塞；3—轮速传感器卡接至车身的胶套；4—轮速传感器卡接在后支柱上的胶套；5—轮速传感器。

图 3-14　后轮速传感器线束总成示意图

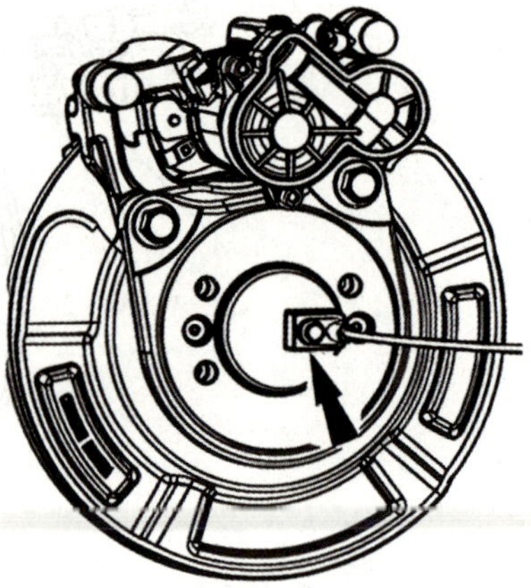

图 3-15　后轮速传感器总成在轮毂制动机构上的安装点

任务四　后悬架分系统装配

任务描述

某汽车维修中心接到了一辆豪华轿车，车主反馈在行驶过程中，尤其是通过颠簸路面时，后部悬架出现明显异常震动，影响了驾驶舒适性和车辆稳定性。

任务分析

这辆豪华轿车已经行驶了约 60 000 km，通常在城市和高速公路上表现良好。车主特别注重驾驶舒适性和车辆稳定性，因此希望能够通过专业检修来恢复后悬架分系统的正常工作状态。经过全面的拆卸、检查和装配，车辆的后悬架分系统得到了良好的恢复。车主反馈在行驶过程中，尤其是通过颠簸路面时，车辆的舒适性和稳定性明显提高，震动现象大幅减少。

任务重点

后悬架分系统是车辆悬架系统的一部分，主要用于支撑车身，保证车辆在行驶过程中的稳定性和舒适性。后悬架系统连接车辆的后轮和车身，通过弹簧、减振器和其他部件的配合，吸收来自路面的冲击，并保持车轮与地面的良好接触。

一、汽车车桥和悬架概述

1. 车桥概述

车桥又称车轴，是汽车中连接左右（前 / 中或后）车轮，并通过悬架与车架连接的部件。车桥的功用是传递车架（或承载式车身）与车轮之间各方向的作用力和力矩。按车桥的结构分为断开式车桥和整体式车桥；按车桥连接的车轮的作用分为驱动桥、转向驱动桥、转向桥和支持桥，其具体作用如表 3-1 所示。

表 3-1　车桥的作用

驱动形式	前桥	后桥
发动机前置前驱	转向驱动桥	支持桥
发动机前置后驱	转向桥	驱动桥
发动机后置前驱	转向桥	驱动桥
四轮驱动	转向驱动桥	驱动桥

整体式车桥一般在汽车采用非独立悬架时使用，车桥中部刚性连接；断开式车桥一般在汽车采用独立悬架时使用，车桥采用活动关节结构，左右车轮可以独立运动。转向桥通过悬架弹簧与车架连接；通过两侧车轮支撑车身。利用车桥中的转向节使车轮偏转一定的角度，实现转向。一般汽车的转向桥就是汽车的前桥。在许多轿车和全轮驱动的越野车上，前桥除了作为转向桥外，还是驱动桥，故称为转向驱动桥，主要由主减速器、差速器、万向节、转向节、主销等组成，如图 3-16 所示。而支持桥既无转向功能又无驱动功能，前置前驱轿车的后桥为典型的支持桥，如图 3-17 所示。

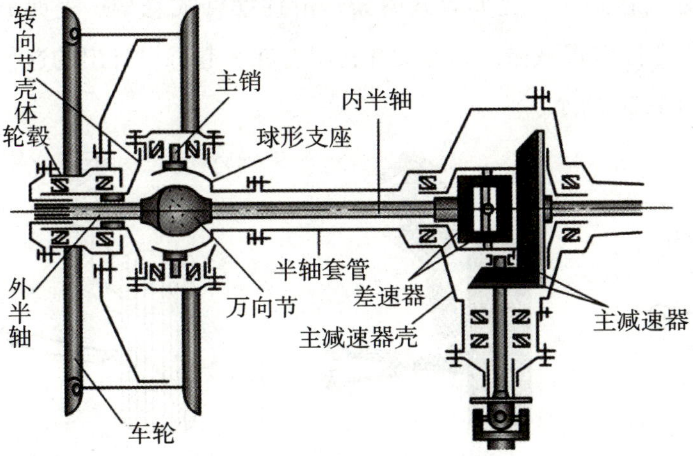

图 3-16　转向驱动桥示意图

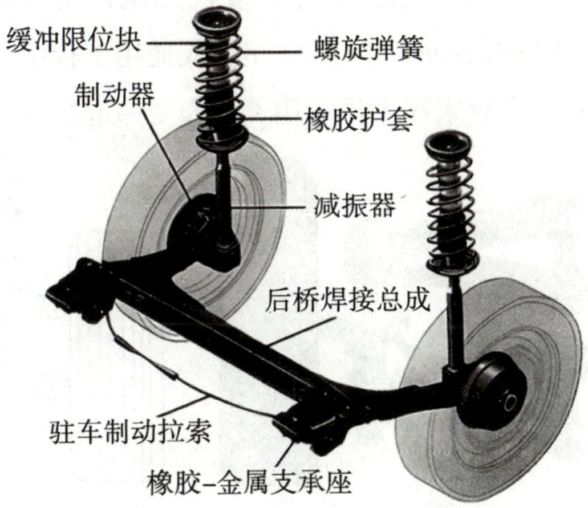

图 3-17　后桥与后悬架示意图

2. 汽车悬架概述

悬架系统指汽车车身与轮胎之间的弹性连接部分，其作用是支撑车身、传递各方向应力、缓和路面冲击、赋予轮胎恰当的跳动轨迹、衰减振动，就像是让车身稳当并柔性地“坐”在轮胎上。如拖拉机是没有悬架的，轮胎硬生生地连在车身上，所以跑起来非常颠簸。

（1）汽车悬架系统的构成

汽车悬架系统由三大部分构成：传力杆系、弹性元件、减振器。传力杆系是上摆臂、下摆臂、连杆等负责连接轮胎和车身、传递应力的部分。这些传力杆系的结构和作用机理决定悬架的类型，如麦弗逊式、双叉臂式、多连杆式等；弹性元件就是弹簧，负责柔性地支撑车身，缓解冲击，但不仅限于轿车常见的螺旋弹簧，还有钢板弹簧、扭杆弹簧、气体弹簧等；减振器负责将路面冲击引起的弹簧振动进行衰减。

（2）悬架的种类

悬架分为：独立悬架与非独立悬架、双叉臂式悬架、麦弗逊式悬架、多连杆式悬架、拖曳臂式悬架、双横臂式悬架。

① 独立悬架与非独立悬架。轿车悬架系统分为独立和非独立两种形式，如图 3-18 所示。

（a）独立悬架　　（b）非独立悬架

图 3-18　独立悬架与非独立悬架示意图

② 双叉臂式悬架。双叉臂式悬架又称双摆臂式悬架。顾名思义，有上下两个 A 形（或者叉形）的摆臂，来控制车轮的上下摆动轨迹。从车的正前方观察，这两个摆臂形成一个平行四边形，这样车轮上下跳动起来，前轮外倾的角度变化是很小的，如图 3-19 所示。双叉臂式悬架的优点在于，可以精确地控制前轮上下跳动的轨迹，控制前轮的外倾角变化。稳定的前轮外倾角，可以带来清晰的路感和良好的抓地力，行车稳定性好。同时，前后、左右方向的受力都由这两个摆臂所承担，最上面那个弹簧座只需要承受上下方向的力，所以悬架横向刚度较高，能够适应较为激烈的极限高速过弯而控制车身的侧倾。

③ 麦弗逊式悬架。麦氏悬架，又称麦弗逊式悬架、麦克弗森式悬架、滑柱摆臂式悬架。麦弗逊（Mcpherson）于 1924 年加入通用工程中心，创造性地将减振器和螺旋弹簧组合在一起，设计出的这种悬架在后来被大量应用，称为麦弗逊式悬架如图 3-20 所示。

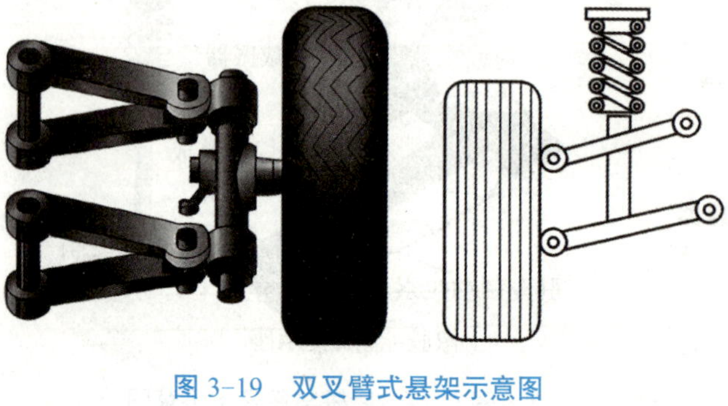

图 3-19　双叉臂式悬架示意图

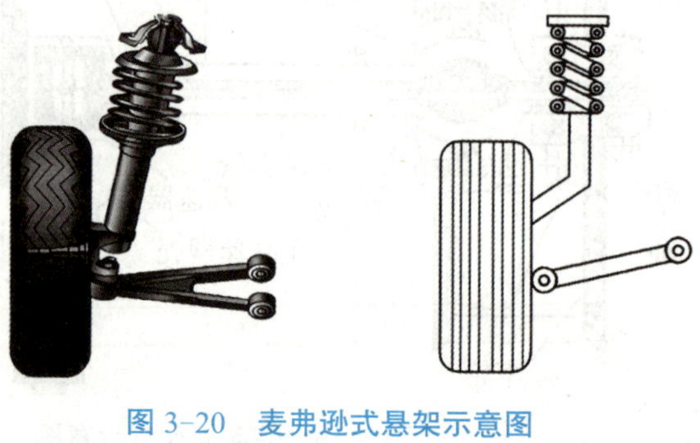

图 3-20　麦弗逊式悬架示意图

④ 多连杆式悬架。悬架系统的连接杆系在3个以上，例如，4个、5个甚至更多，都称为多连杆式悬架。多连杆式悬架是轿车悬架系统里结构最复杂的一种，一般用于后轮。通过一根滑动支柱和五根连杆，轮子 X、Y、Z 3 个轴向上的受力都有专门的连杆负责承受和传递，这样的好处就是轮子的上下跳动，以及由此而生的外倾角变化趋势、前束变化趋势，均被这几根杆严格、精确地约束在规定的轨迹上。

图 3-21 是一种比较简略的多连杆式悬架示意图，图中，1 是减振器和弹簧的滑动支柱组合，主要负责承担车身重量和上下方向的路面冲击；2 和 3 是两根对称斜置的连杆，主要负责承受前后方向的力，也就是驱动力、制动力（当然，因为斜置，也分担一点左右轴向的力）；4 和 5 是两根与车轮呈直角的平行连杆，位于轮轴以上，负责承受轮轴以上左右方向的力，也就是转弯离心力等，相当于双叉臂悬架中的上面那根叉形臂；6 是一根与车轮呈直角的连杆，位于轮轴以下，负责承受轮轴以下左右方向的力，6 和 2，3 加在一起相当于双叉臂里的下摆臂。4 和 5 两根杆约束了车轮的前束，并且与 6 这根杆，共同构成一个平行四边形，限制了轮子的外倾角，道理和双叉臂一样。

⑤ 拖曳臂式悬架。拖曳臂式悬架结构，通过纵向摆臂和横梁来连接车轮与车身，以螺旋弹簧作为缓冲介质，专用于小型轿车非驱动的后桥。拖曳臂式悬架基本上是一种半独立悬架，也就是说，一边车轮的跳动会部分地影响到另一边的车轮，因此舒适性稍差。

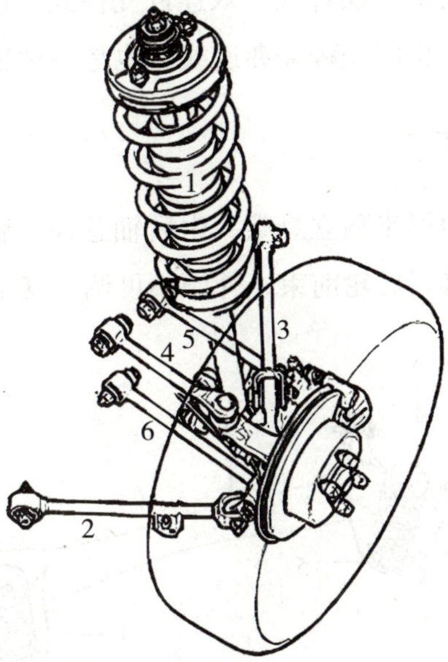

1—减振器和弹簧的滑动支柱组合；2，3—对称斜置连杆；4，5，6—与车轮呈直角平行连杆。

图 3-21　多连杆式悬架

根据横梁位置的不同，拖曳臂式悬架又可细分为全拖曳臂、半拖曳臂、扭力梁等形式，大的结构都差不多。若极端一些，例如，横梁放在位置 1，那么左右轮的差动影响最小，就是一种独立悬架了，不过弹性元件不是螺旋弹簧，而是藏在横梁里面的扭杆弹簧；横梁放在位置 2，那么就是扭力梁非独立悬架。

拖曳臂这种悬架结构，最大的优点在于占用空间很小，对于需要极力挖掘可用空间的小型、微型轿车来说，这是很可贵的；同时，因为结构非常简单，主要的部件就是一根接近于H形的梁，因此成本很低，这也比较适合小型、微型轿车。因此，拖曳臂及其变种在小型、微型轿车上的应用非常普遍。其主要的缺点是因为半独立悬架方式的限制，稳定性、舒适性以及极限性能均不如双叉臂、多连杆等形式的悬架，所以在 B 级或以上的高级别轿车上应用较少。下面两幅拖曳臂式悬架示意图，图 3-22 为拖曳臂式悬架俯视角度，图 3-23 为拖曳臂式悬架侧视角度。

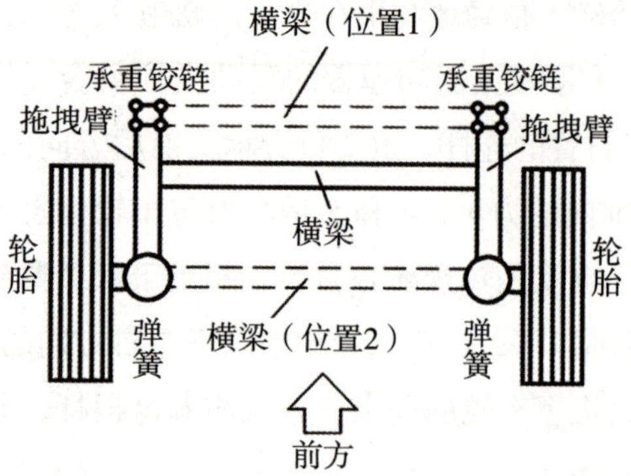

图 3-22　拖曳臂式悬架俯视图

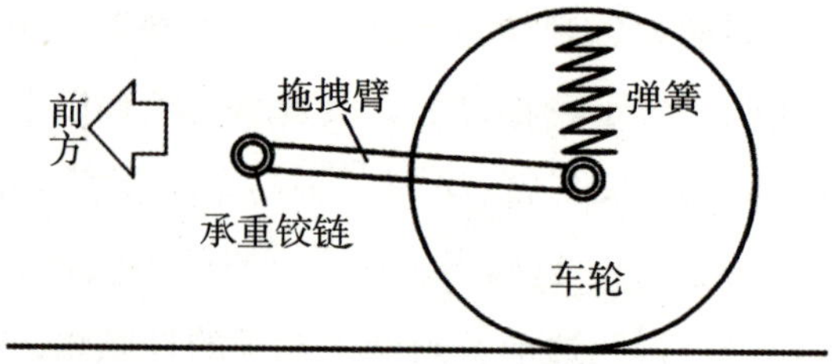

图 3-23　拖曳臂式悬架侧视图

⑥ 双横臂式悬架。双横臂式悬架由两根平行横拉杆、一根纵拉杆、一个滑动支柱组成。之所以下面用两根平行的横拉杆，与多连杆式悬架类似，也是为了控制车轮的前束角度。这种后悬的结构形式可以称为“变种麦弗逊”，也可以称为滑柱摆臂式、双连杆支柱式。这种悬架的结构、作用、原理及优缺点与前轮常用的麦氏是相同的，所以也叫变种麦弗逊式，也是一种独立悬架。

二、后悬架分系统的装配

长安逸动后悬架结构形式为扭力梁半独立悬架，由后轴总成、后螺旋弹簧、后减振器总成等组成，车轮通过后制动器总成与后悬架连接。后轮前束、外倾不可调。其结构如图 3-24 所示。

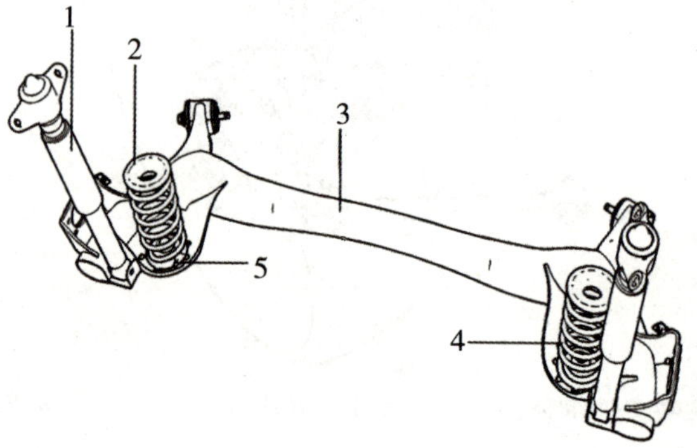

1—后减振器总成；2—后螺旋弹簧上垫；3—后轴总成；4—后螺旋弹簧；5—后螺旋弹簧下垫。

图 3-24　后悬架系统结构示意图

1. 后轴总成安装

使用千斤顶支承后轴总成横梁中间部位，安装后轴总成与车体连接螺栓，紧固力矩（200 ± 10）N·m。如图 3-25 所示。

2. 后减振器总成装配

（1）使用平板千斤顶支承后螺旋弹簧下托盘处，安装后减振器总成与车体轮毂包连接螺栓，紧固力矩（68 ± 5）N·m，如图 3-26 所示。

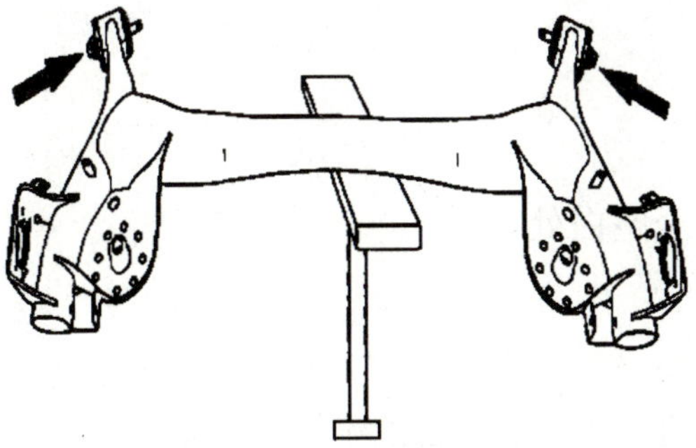

图 3-25　后轴总成安装示意图

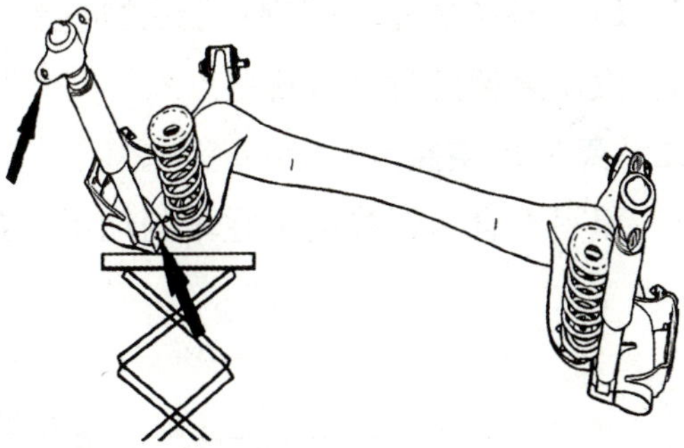

图 3-26　后减振器总成安装示意图

（2）安装后螺旋弹簧，安装后减振器总成与后轴连接螺栓，紧固力矩（120 ± 10）N · m。

项目小结

本项目主要介绍了底盘的装配与调试，首先介绍了燃油供给分系统装配，其次介绍了排气管消声器装配，再次介绍了制动系统执行机构装配，最后介绍了后悬架分系统装配。通过系统的理论学习和实践操作，读者不仅掌握了相关知识和技能，还培养了严谨细致的工作态度、团队合作精神和问题解决能力。

项目工单

实践任务	1. 按照安装步骤，完成高压油泵的装配，确保其正常工作
	2. 完成前、后排气管吊耳装配及后消声器总成装配，确保其正常工作
	3. 准确识别电子驻车后盘式制动器的结构部件名称，完成后制动盘的装配
	4. 准确识别后悬架系统结构部件名称，完成后轴总成安装及后减振器总成装配
注意事项	1. 严格遵守安全操作规程，确保工具的正确使用与维护
	2. 作业过程中保持工作区域的整洁，避免危险发生
	3. 对于重要的连接处，确保使用合适的工具和扭矩，防止由于力量不足或过大而出现问题
项目负责人：________ 参与成员：________ 日期：________	

课后练习

一、思考题

1. 简述燃油系统的功能和组成。
2. 简述燃油箱总成装配。

3．EPB 系统的基本控制功能有哪些？

4．汽车悬架的种类有哪些？

二、看图填空题

1．填写整合卡钳式电子驻车制动系统各部件的名称至空白处。

2．填写后悬架系统结构各零件的名称至空白处。

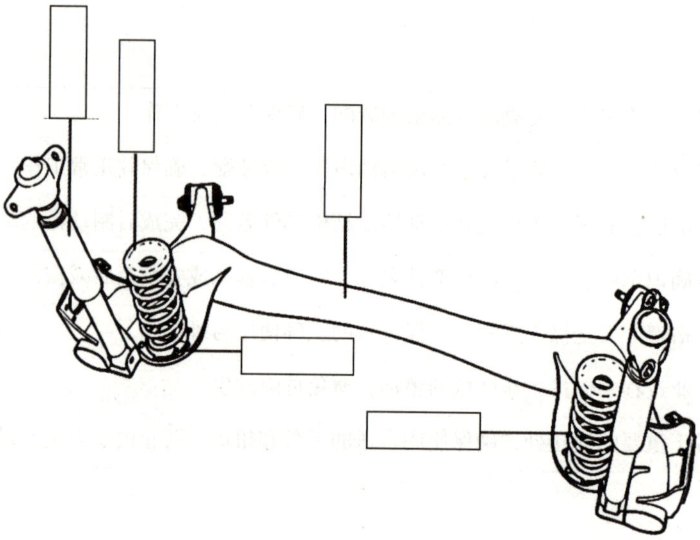

项目四 动力总成的装配与调试

项目导读

汽车动力总成是汽车的核心组成部分，主要由发动机、变速器、前悬架、冷却系统和转向管柱等部件构成。其功能是将燃料转换为动力，驱动汽车行驶，并确保行车安全、舒适。本项目将围绕汽车动力总成的装配与调试展开讲解，包括前悬架总成装配、变速器总成装配、发动机总成装配、冷却系统装配和转向管柱总成装配。

学习目标

知识目标

1. 了解汽车前悬架总成的结构和装配过程，掌握汽车前悬架分系统的装配方法。
2. 了解自动变速器的基本结构、工作原理及自动变速器总成的装配过程。
3. 了解发动机的结构和工作原理，掌握发动机总成的装配方法。
4. 了解冷却系统的结构和工作原理，掌握冷却系统部件的装配过程。
5. 了解电动助力转向系统的结构和工作原理，掌握电动助力转向管柱总成的装配方法。

能力目标

1. 能够独立完成前悬架总成的装配与调试，确保悬架系统的稳定性和安全性。
2. 能够独立完成变速器总成的装配与调试，确保变速器的正常运转和换挡平顺性。
3. 能够独立完成发动机总成的装配与调试，确保发动机运转正常，无异常噪音和抖动。
4. 能够独立完成冷却系统的组装与调试，确保发动机在正常工作温度范围内运行。
5. 能够独立完成转向管柱总成的装配与调试，确保转向系统的灵活与安全。

素质目标

1. 提高学生动手能力和技能，确保操作的准确性。
2. 学会合理安排时间，确保在规定时间内高效完成各项装配任务。

思政目标

1. 鼓励学生在工作中追求完美，不断提高专业技能和综合素质。
2. 引导学生在经历挑战时具备勇于担当的精神，确保每一项任务的顺利完成。

任务一　前悬架总成装配

任务描述

某汽车维修中心接到一辆行驶了约 120 000 km 的 SUV，车主反映在转弯时车辆前部发出异响，并且在经过颠簸路面时，方向盘的抖动较为明显，严重影响了驾驶体验和安全性。经过初步检查，技师判断车辆的前悬架总成可能存在磨损或松动，导致车辆操控不稳。

任务分析

该 SUV 以城市驾驶为主，但由于偶尔进行轻度越野，前悬架总成承受了较大的压力和磨损。车主希望通过专业的维修服务，彻底解决异响和方向盘抖动问题，恢复车辆原有的操控性能。通过全面的装配与调试，车辆的前悬架总成得到了良好的恢复。车主在道路测试后反馈，车辆方向盘的抖动问题得到了彻底解决，转弯时的异响也消失了，车辆操控性能恢复如初。

任务重点

前悬架总成是车辆前部的重要组成部分，负责支撑质量、吸收冲击、保持车轮定位和提供转向控制。不同类型的前悬架总成适用于不同类型的车辆，其设计和质量直接影响驾驶舒适性和安全性。定期检查和维护前悬架总成，可以确保车辆的稳定性和操控性，延长车辆的使用寿命。

一、前悬架总成的结构

前悬架大多为独立悬架，常见的类型包括麦弗逊式、多连杆式、双横臂式或双叉臂式。麦弗逊式悬架是现代轿车应用最广的悬架系统，以长安逸动 PLUS 为例，其前悬架为麦弗逊独立悬架类型，前悬架由两支前支柱总成（含减振装置与弹簧）、前副车架总成（即发动机托架总成）、前摆臂总成、前稳定杆总成以及连接杆总成等附件组成如图 4-1 所示。

前摆臂总成由钢板冲压后焊接而成。分别由纵横两支螺栓垂直穿过衬套与前副车架总成相连接。前摆臂总成通过球头销与转向节相连接，转向节则与前支柱总成和转向横拉杆球头连接。

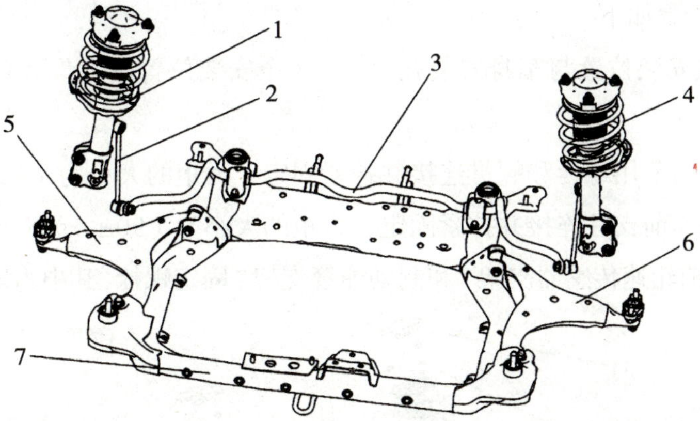

1，4—前支柱总成；2—前稳定杆连接杆总成；3—前稳定杆；5，6—前摆臂总成；7—前副车架总成。

图 4-1　麦弗逊前悬架总成示意图

减振装置用装在支柱顶部的减振座安装在车身上。螺旋弹簧装在支柱两弹簧座之间。活塞杆装有防尘罩，以防止脏污或进水。为了在完全压缩状态保护减振器，因此还装有防撞胶垫。

前副车架总成（即发动机托架总成）由几件冲压钢板焊接而成。前后与车身通过不同规格螺栓连接。

前稳定杆总成中间通过两颗螺母和两颗螺栓与前副车架总成（或发动机托架总成）相连，两端耳环部与连接杆总成通过螺母相连。

二、前悬架总成的装配

1. 前稳定杆总成的安装

稳定杆是汽车悬架系统的一部分，有时也叫做防横摇稳定杆或防侧倾杆，在实际应用中，稳定杆的作用是在急转弯时阻止车身发生侧倾。其安装步骤如下。

首先将衬套和支架固定在稳定杆上，其次用螺栓将前稳定杆固定在副车架上，力矩大小为（68 ± 5）N · m，如图 4-2（a）所示；安装前稳定杆连接杆球头，力矩为（90 ± 5）N · m，如图 4-2（b）所示。

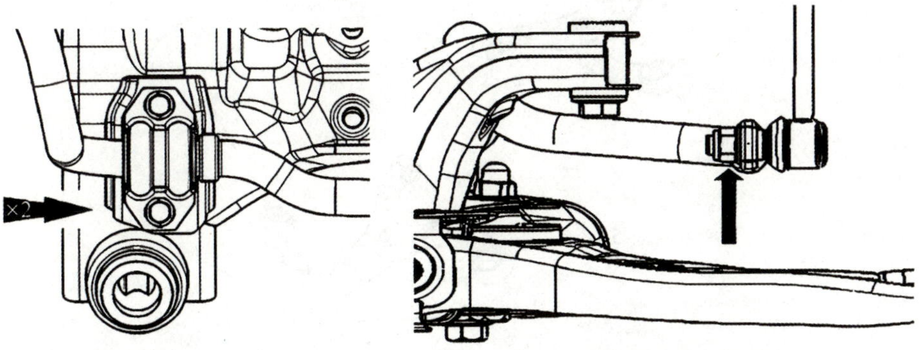

（a）前稳定杆固定在副车架上　（b）前稳定杆连接杆球头

图 4-2　稳定杆总成安装示意图

2. 前支柱总成的安装

前支柱系统包括螺旋弹簧及减振器，其总成的结构如图 4-3 所示。

前支柱总成的安装步骤如下。

（1）将前支柱总成安装位置与车身安装孔对齐，3 个安装位置用螺母固定并拧紧，其中力矩的大小为（68 ± 5）N · m。

（2）将前支柱与转向节用螺栓和螺母连接并拧紧固定，力矩的大小为（120 ± 10）N · m。

（3）将上连杆球头与前支柱连接并拧紧固定，力矩的大小为（90 ± 5）N · m。

（4）安装前支柱上前轮速传感器支架 1 和制动油管支架 2 固定螺栓，其中力矩的大小为（23 ± 2）N·m。

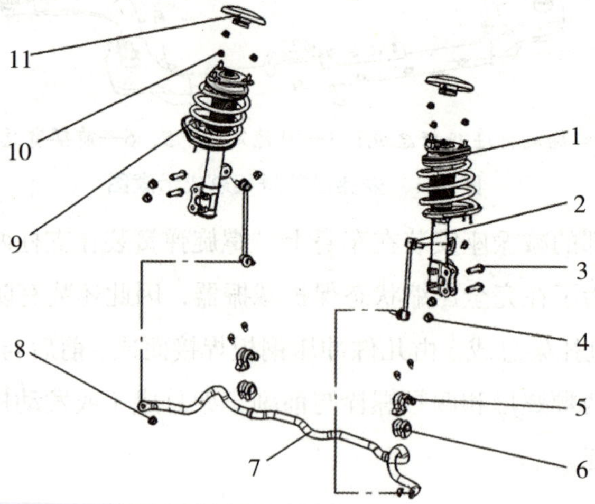

1—前支柱总成（左）；2—前连接杆总成；3—六角法兰面螺栓；4—六角法兰面承面带齿螺母；
5—前稳定杆托架；6—前稳定杆衬套；7—前稳定杆总成；8—带尼龙环锁紧螺母；
9—前支柱总成（右）；10—六角法兰面螺母；11—前支柱总成防尘盖。

图 4-3　前支柱系统

3. 前摆臂及摆臂球头销的装配

前摆臂即三角臂，其总成结构如图 4-4 所示。

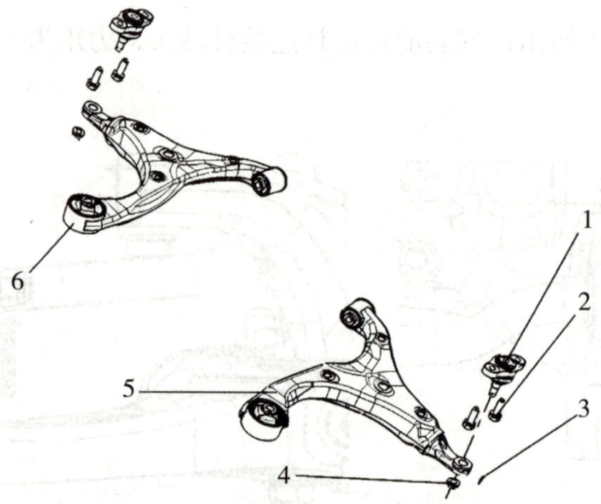

1—前摆臂球头销总成；2—六角头螺栓和弹簧垫圈组合件；3—锁销；
4—六角法兰面开槽螺母；5—前摆臂总成（左）；6—前摆臂总成（右）。

图 4-4　前摆臂系统

前摆臂及摆臂球头销装配步骤如下。

（1）将前摆臂球头总成与转向节通过螺母固定拧紧，力矩的大小为（90 ± 5）N · m。

（2）安装前摆臂固定螺栓，分别由纵横两支螺栓垂直穿过衬套与前副车架总成相连接，力矩的大小为前（130±10）N·m，后（120±10）N·m。

（3）安装摆臂球头销螺母开口销及连接螺母，力矩的大小为（90±5）N·m。

4. 前副车架的安装

前副车架也是发动机的托架。发动机通过左、右支架被装配至车身上。其结构示意图如图 4-5 所示。

前副车架安装的主要步骤如下。

（1）将前副车架 4 个安装位置与车身安装孔对齐，然后用连接螺栓与螺母拧紧固定，力矩大小为（190±10）N·m。

（2）将副车架与后悬置用 4 颗螺母固定拧紧，力矩大小为（70±5）N·m。

（3）安装前悬置的横置螺母，力矩大小为（110±10）N·m。

（4）安装球销与转向节的 2 颗连接螺栓，力矩大小为（90±5）N·m。

（5）安装转向横拉杆与转向节开口销连接螺母，力矩大小为（60±5）N·m。

（6）用螺母固定拧紧前支柱与连接杆，力矩大小为（90±5）N·m。

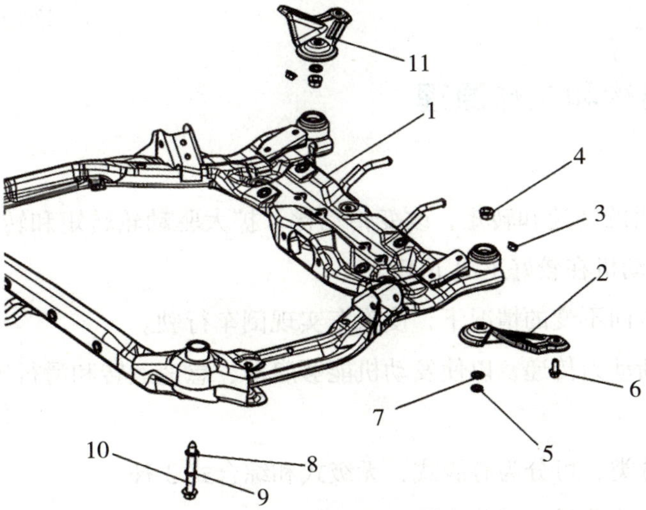

1—发动机托架总成；2，11—发动机托架左、右支架；
3，6，10—六角法兰面螺栓；4—六角法兰面承面带齿螺母；5，8—弹簧垫圈；7，9—平垫圈。

图 4-5　发动机托架结构示意图

任务二　变速器总成装配

任务描述

某汽车维修中心接到了一辆行驶了约 150 000 km 的轿车，车主反映在行驶过程中，变速器挡位切换时有明显的顿挫感，且在低速行驶时存在异响。

任务分析

这辆轿车主要行驶在市区道路，变速器在频繁的起步和停车过程中承受较大压力。车主希望通过专业的维修服务，解决变速器的顿挫和异响问题，恢复车辆原有的行驶平顺性。通过初步检查，维修技师怀疑变速器总成存在故障，可能导致挡位切换不顺畅和噪音问题。经过全面的拆装与调试，车辆的变速器总成得到了良好的恢复。车主在道路测试后反馈，变速器的换挡平顺，顿挫感和异响问题得到了彻底解决，车辆的行驶平顺性和操控性能显著提升。

任务重点

变速器总成是汽车传动系统的核心部件，负责在发动机和车轮之间传递动力，并通过不同的齿轮组合实现速度和扭矩的转换。不同类型的变速器适用于不同的驾驶需求和车辆类型，其设计和性能直接影响车辆的驾驶性能、燃油经济性和舒适性。定期检查和维护变速器总成，可以确保车辆的稳定性和可靠性，延长车辆的使用寿命。

无级变速器工作原理

一、变速器的结构和工作原理

1. 变速器的功能

（1）改变来自发动机的转速和转矩，改变传动比，扩大驱动轮转矩和转速的变化范围，以适应经常变化的行驶条件，使发动机在较好工况下工作。

（2）在发动机旋转方向不变的情况下，使汽车实现倒车行驶。

（3）利用空挡，中断动力传递，以使发动机能够启动、怠速运转和滑行等。

2. 变速器的类型

（1）按传动比级数分类，可分为有级式、无级式和综合式 3 种。

（2）按变速器操纵方式分类，可分为手动变速器、自动变速器和手自一体变速器 3 种。

（3）按行星齿轮传动机构分类，按行星齿轮传动机构分类，可分为辛普森式和拉维娜式。

3. 自动变速器的结构

自动变速器是指汽车驾驶中离合器和变速器的操纵都实现了自动化，即可以实现自动换挡（automatic transmission，AT），目前自动变速器的自动换挡等过程都是由自动变速器的电子控制单元（ECU）控制。自动变速器主要由液力变矩器、齿轮变速机构、换挡执行机构、液压控制系统和电子控制系统 5 大部分组成，如图 4-6（a）所示。这是一个辛普森式自动变速器，具有前、后行星排的双排行星齿轮机构。

拉维娜式自动变速器是由一个单行星排与一个双行星排组合而成的复合式行星机构，共用一行星架、长行星轮和齿圈，故它只有 4 个独立元件，如图 4-6（b）所示。与辛普森式自动变速器相比，拉维娜式自动变速器结构紧凑，传动转矩较大，但结构较为复杂，工作原理较难理解。

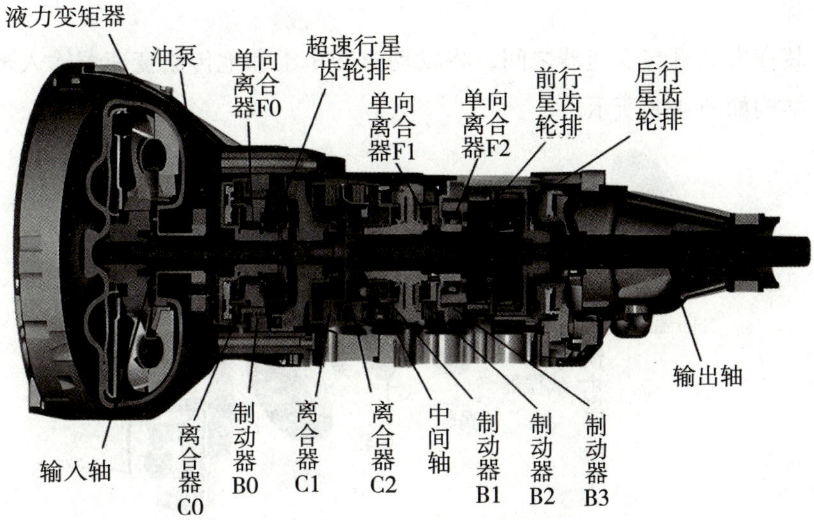

（a）辛普森式自动变速器结构示意图

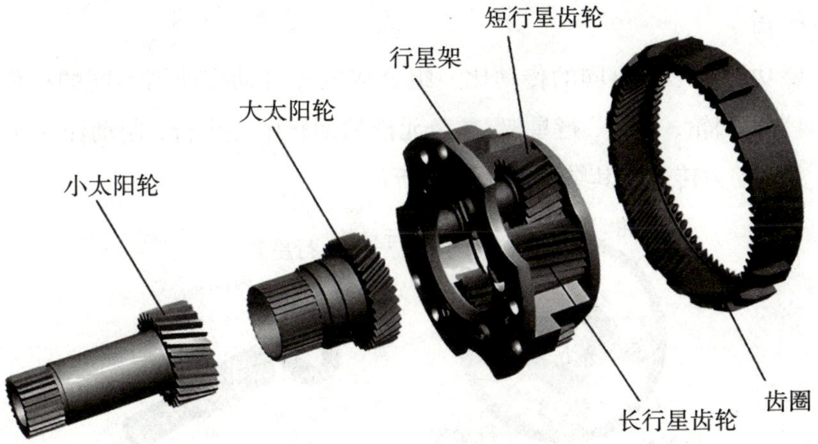

（b）拉维娜式自动变速器结构示意图

图 4-6　自动变速器结构示意图

4. 自动变速器的基本工作过程

自动变速器的基本工作过程如图 4-7 所示，电子控制单元（ECU）使用传感器采集节气门开度、车速等信号，并将其与内存中的标准数据进行比较以确定换挡挡位和换挡时机，之后电子控制单元（ECU）向电磁执行元件发出控制指令，并通过液压执行元件改变齿轮传动路线，实现自动换挡。

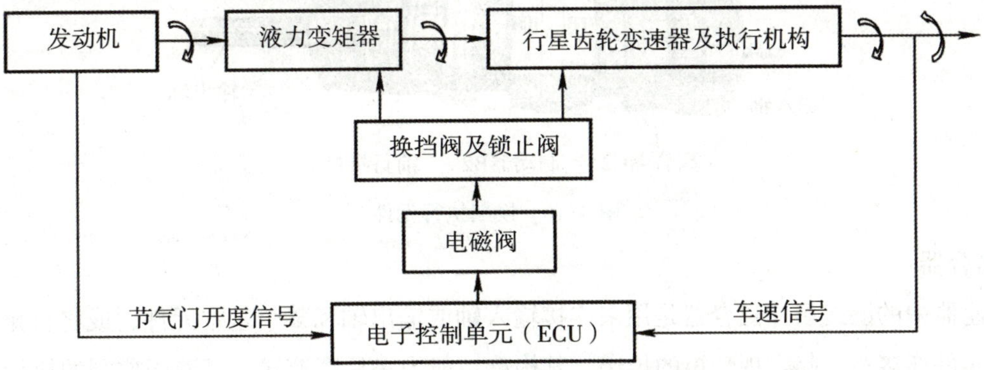

图 4-7　自动变速器基本工作过程

5. 液力变矩器

液力变矩器安装在发动机与变速器之间，将发动机转矩柔和地传给变速器输入轴，并在一定范围内实现自动增扭，其结构如图 4-8 所示。

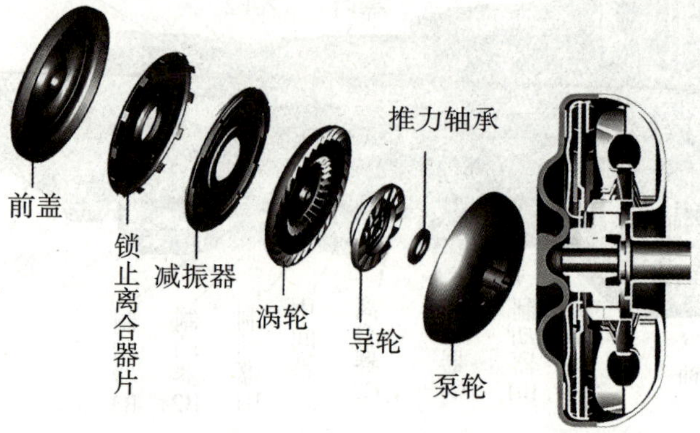

图 4-8　液力变矩器

6. 行星齿轮机构

行星齿轮的主要功能是形成不同的传动比，组合成电控自动变速器不同的挡位。行星齿轮机构由 3 个元件组成，分别为太阳轮、齿圈、行星架。3 个元件的回转中心重合，制动任一元件或连接 2 个元件，余下元件之间即可实现动力传递，其结构如图 4-9 所示。

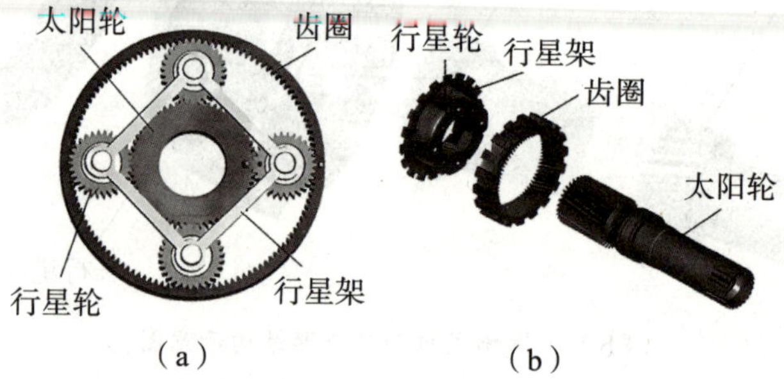

图 4-9　行星齿轮结构

7. 换挡执行元件

换挡执行机构的元件包括离合器、制动器和单向离合器。换挡执行元件总体结构如图 4-10 所示。

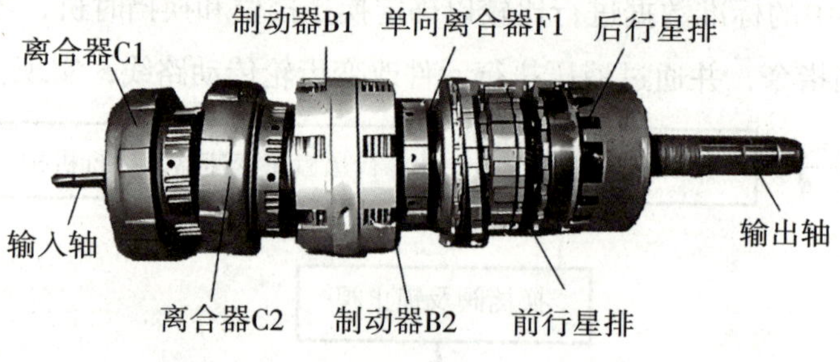

图 4-10　换挡执行元件

（1）离合器

自动变速器中的湿式多片离合器是用来连接输入轴或输出轴和某个基本元件，或将行星齿轮机构中某两个基本元件连接在一起实现转矩的传递。其构造一般为多片摩擦式，是液压控制的执行元件。

（2）制动器

制动器的功用是固定行星齿轮机构中的基本元件，阻止其旋转。在自动变速器中常用的制动器有湿式多片式制动器和带式制动器两种。

① 片式制动器：其结构与片式离合器相同。不同之处是制动器从动片的外缘花键齿与固定的变速器外壳连接，可轴向移动，以便接合时将主动件制动，使行星齿轮机构改组换挡如图 4-11 所示。该种制动器接合的平顺性好，间隙无须调整，其缺点是轴向尺寸大。片式制动器能通过增减摩擦片数来满足不同排量发动机的要求，故小轿车使用很多。

② 带式制动器：由制动带、油缸、活塞和调整件组成。外弹簧为活塞的回位弹簧。内弹簧为旋转鼓反作用力的缓冲弹簧，防止活塞振动。调整点多在带的支撑端，可在体外调整或拆下油底调整。拧动调整螺栓来调整（旋紧再松 2 ～ 3 圈），调好后再用锁紧螺母锁紧。带式制动器结构如图 4-12 所示。

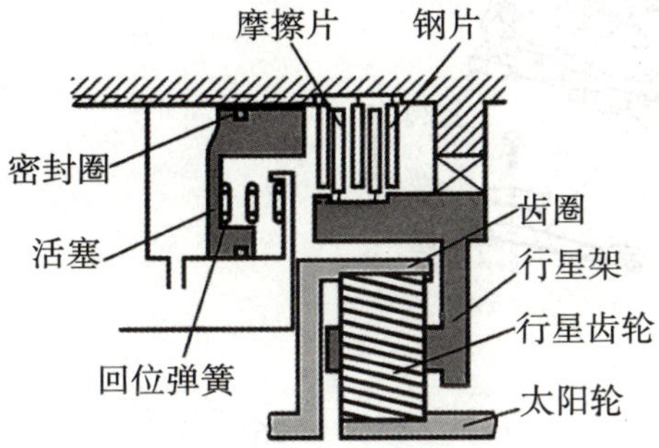

图 4-11　片式制动器结构示意图

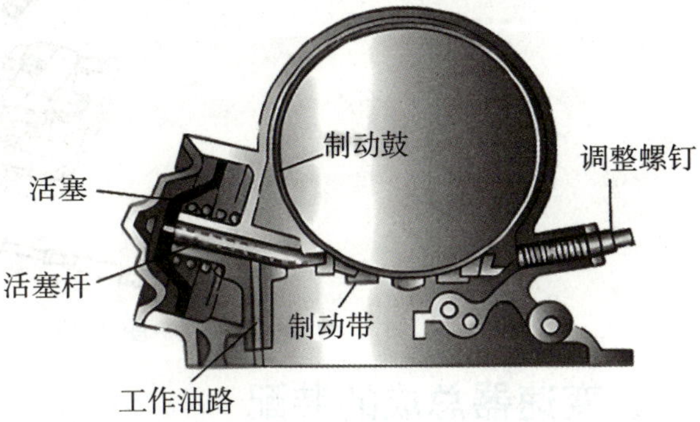

图 4-12　带式制动器结构示意图

（3）单向离合器

单向离合器的作用是单方向固定行星齿轮机构中某个基本元件的转动。常见形式为楔块式，如图 4-13 所示。

8. 液压油泵

油泵是变速器内所有液压油的动力源。油泵大都安装在液力变矩器的后方，由发动机通过液力变矩器驱动。发动机不工作时，系统油压就不能建立，因此离合器、制动器无法工作，也就不能通过挂挡反拖的方法来启动发动机；变速器主油道上设有限压阀，以防高速时油压过高。如图 4-14 所示。

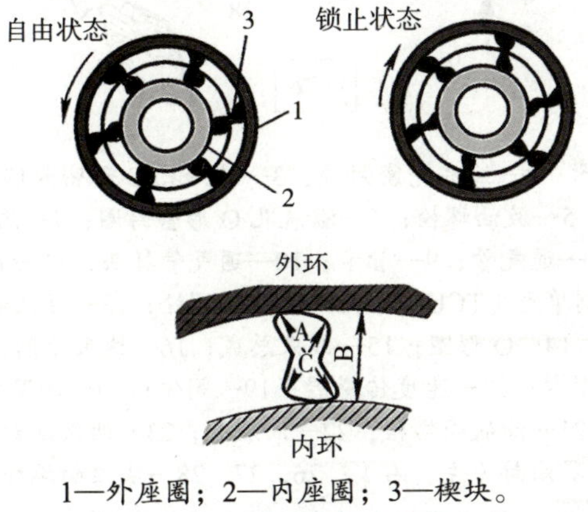

1—外座圈；2—内座圈；3—楔块。

A > B > C

图 4-13　楔块式单向离合器结构示意图

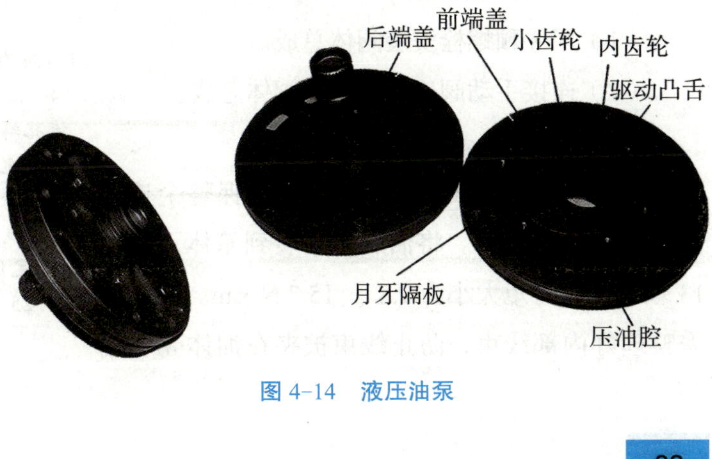

图 4-14　液压油泵

9. 控制阀体总成

控制阀体总成包括上下阀板，设置有油道，安装有电磁阀、换挡阀、手动阀、压力调节阀等，如图4-15所示。控制阀分为两部分，一部分是手控阀；另一部分是换挡阀。手控阀由驾驶人通过操纵手柄和连接装置操纵而改变其位置。其作用是切换控制系统油路，实现P、R、N、D等挡位范围的转换。而换挡阀则由ECU根据车速和发动机负荷的变化，在换挡电磁阀控制油压作用下向左或向右移动，切换换挡执行元件的油道，完成换挡执行元件的工作组合，实现自动换挡。

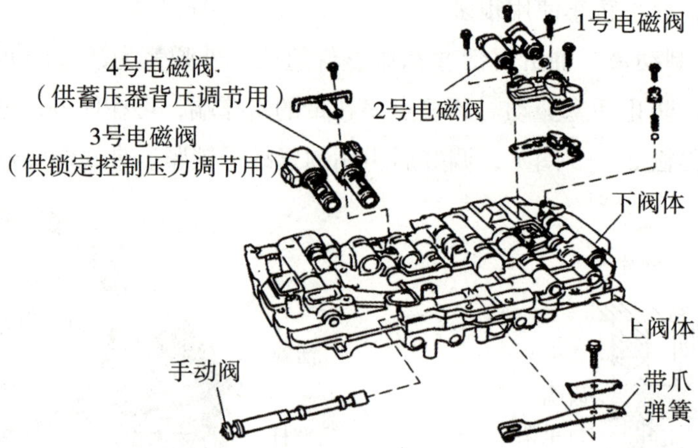

图 4-15 控制阀体总成

二、变速器总成的装配

长安逸动PLUS自动变速器是一款紧凑、轻量、新一代电控式前置前驱6速自动变速器，它运用了拉维娜式行星齿轮机构，另外还采用了高精度离合液压控制系统以获取更快的换挡响应和平顺性。其部件分解图如图4-16所示。

拉维娜自动变速器总成的装配步骤如下。

1. 油泵油封装配

用专用工具和榔头进行安装。安装规格：距离油泵端面（0 ± 0.2）mm。

2. 阀体总成装配

（1）用8颗螺栓安装阀体总成。

（2）连接手动阀连杆，安装阀体总成。

3. 安装油底壳

在油底壳连接面涂上密封胶，确保整个连接面都能被均匀覆盖。将油底壳安装到箱体，拧紧13颗螺栓，力矩大小为9.8～15.7 N·m。装配时需整理好内部线束，防止线束被夹在油体壳和箱

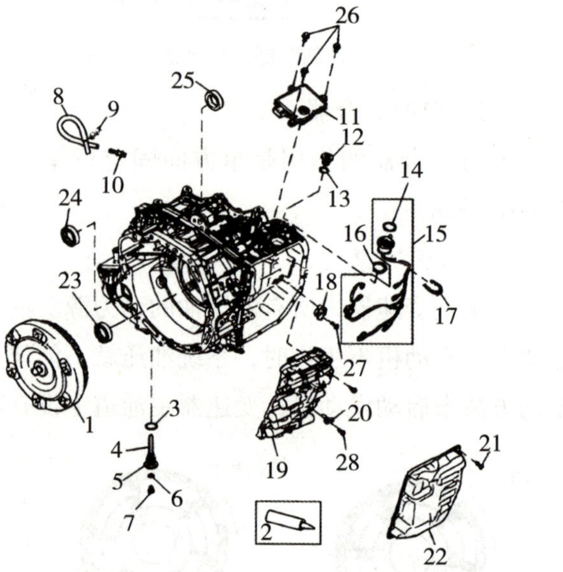

1—液力变矩器；2—油底壳密封胶；3—放油孔O形密封圈；4—溢流管；5—放油螺栓；6—溢流孔O形密封圈；7—溢流孔螺栓；8—通气管；9—管卡；10—通气管插头；11—自动变速器控制单元（TCU）；12—注油孔螺栓；13—注油孔O形密封圈；14—O形圈；15—线束总成；16—线束垫圈；17—线束U型卡；18—速度传感器；19—阀体；20—油温传感器定位卡；21—油底壳螺栓；22—油底壳；23—油泵油封；24，25—差速器油封（左、右）；26，27，28—法兰面螺栓。

图 4-16 拉维娜式自动变速器结构示意图

体接合面之间，造成线束损坏。

4. 安装液力变矩器总成

用螺钉旋具调整花键，使其处于油泵中心位置，将油泵花键和 T/C 键槽位置对应，完成液力变矩器总成的装配。装配时，注意不能损坏液力变矩器油封。用卡尺测量自动变速器（AT）法兰面到液力变矩器螺纹孔端面的距离，用以判断液力变矩器是否装配到位，标准距离值为 11.1 mm。如图 4-17 所示。

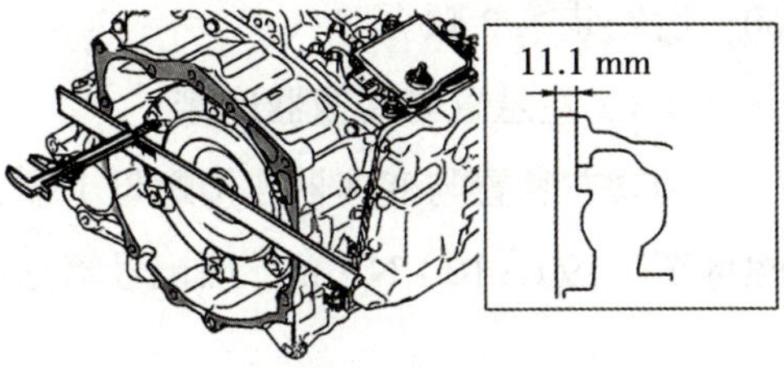

图 4-17　检测液力变矩器装配间隙

5. 安装自动变速器控制单元（TCU）

（1）连接 TCU 和 AT 端子，如图 4-18（a）所示。

（2）按照图示标记，将挡位传感器调整到 N 位位置，对准 TCU 和 AT 的连接端口，沿竖直方向轻压 TCU，使其装配到位，如图 4-18（b）所示。

（3）装配 TCU 螺栓，规格：M8 × 1.25 × 20，力矩大小为 19.6 ～ 27.5 N · m，如图 4-18（c）所示。

（4）装上换挡臂，螺母规格：M8 × 1.25，力矩大小为（16 ± 2）N · m，将换挡臂拨到 N 位位置，如图 4-18（d）所示。

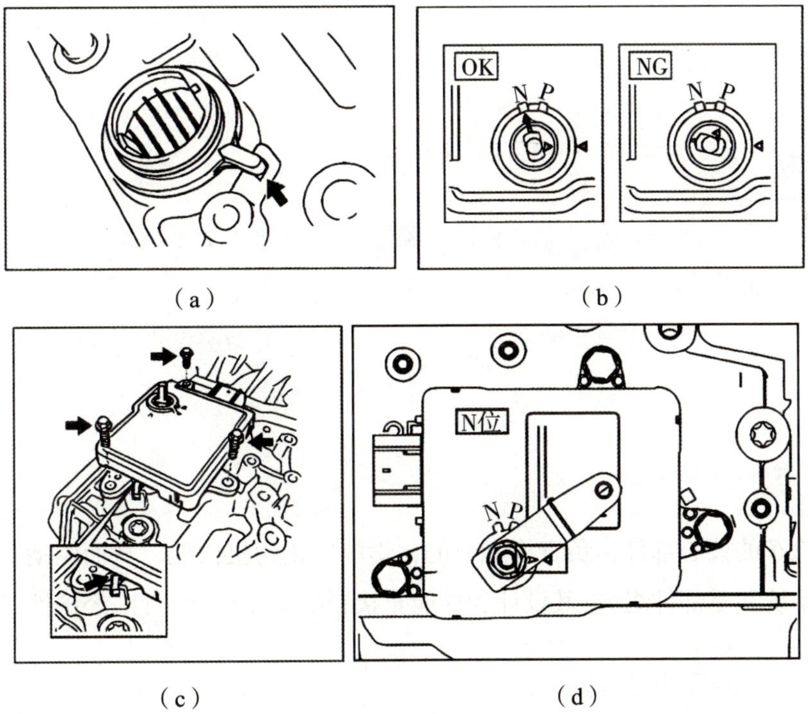

图 4-18　自动变速器控制单元安装

6. 动力总成的安装

（1）装配飞轮定位销和驱动盘总成

用 8 颗连接螺栓固定驱动盘与曲轴，力矩大小为（76 ± 3）N · m。装配驱动盘与曲轴连接螺栓时，需要在螺栓头部涂适量的螺纹密封胶。

（2）发动机与变速器连接

① 将发动机缸体与变速器壳体用 8 颗连接螺栓固定拧紧。

② 从启动机安装孔处安装驱动盘与变速器的连接螺栓，每安装一颗需将曲轴沿车轮前进方向转动 60° 后安装第 2 颗。

（3）左悬置与变速器连接

预紧左悬置与变速器连接螺母 1 颗、左悬置与变速器连接螺栓 3 颗，再用电动扳手拧紧预紧的螺栓、螺母至（190 ± 10）N · m，用记号笔标记拧紧的螺栓、螺母。

任务三　发动机总成装配

任务描述

某汽车维修中心接到了一辆行驶了约 100 000 km 的小型轿车，车主反映在行驶过程中，车辆出现加速无力、怠速不稳以及排放超标等问题。

任务分析

这辆小型轿车主要用于城市通勤，发动机在频繁的启停过程中承受了较大压力。车主希望通过专业的维修服务，解决发动机的动力不足和怠速不稳问题，并恢复其正常的排放水平。通过初步检查，维修技师怀疑发动机总成存在故障，需要进行拆卸和检修。经过全面的装配与调试，车辆的发动机总成得到有效恢复。车主在测试后反馈，车辆的加速性能恢复正常，怠速稳定且无异响，排放指标也符合标准。

任务重点

发动机总成是汽车的核心部件，负责将燃料的化学能转化为机械能，从而驱动车辆行驶。发动机总成由多个复杂的子系统和零部件组成，其设计和性能直接影响汽车的动力性、经济性、可靠性和排放性能。

一、发动机的结构和工作原理

1. 发动机的类型

（1）按照气缸排列分类

① 直列式发动机。以长安逸动 PLUS 为例，其搭载的是长安全新自主开发的一款 JL473 ZQ3 发动机，为直列四缸燃油发动机，其结构如图 4-19 所示，包括前端轮系、正时机构、配气机构、曲柄连杆机构等。

② V 形发动机。V 形发动机的结构是相邻的气缸以一定的夹角布置，使两组气缸形成有一个夹角的平面，它便于通过扩大气缸直径来提高排量和功率并且适合于较高的气缸数。

③ 水平对置式发动机。水平对置式发动机的活塞平均分布在曲轴两侧，在水平方向上左右运动。使发动机的整体高度降低、长度缩短、整车的重心降低，车辆行驶更加平稳，发动机安装在整车的中心线上，两侧活塞产生的力矩相互抵消，大大降低车辆在行驶中的振动，使发动机转速得到很大提升，减少噪声。

图 4-19　直列式发动机结构示意图

（2）按照冷却的方式分类

内燃机按照冷却方式不同可以分为水冷发动机和风冷发动机。水冷发动机是利用在气缸体和气缸盖冷却水套中进行循环的冷却液作为冷却介质进行冷却的；而风冷发动机是利用流动于气缸体与气缸盖外表面散热片之间的空气作为冷却介质进行冷却的。水冷发动机冷却均匀，工作可靠，冷却效果好，被广泛地应用于现代车用发动机。

（3）按照行程分类

发动机每一次将热能转化为机械能都必须经过进气、压缩、做功和排气这样一系列连续过程，称为一个工作循环。按照完成一个工作循环所需的行程数可分为四冲程内燃机和二冲程内燃机，活塞在气缸内上下往复运动 4 个行程，完成一个工作循环的内燃机称为四冲程内燃机；活塞在气缸内上下往复运动两个行程，完成一个工作循环的内燃机称为二冲程内燃机。汽车发动机广泛使用四冲程内燃机。

（4）按照所用燃料分类

内燃机按照所使用燃料的不同可以分为汽油机和柴油机。使用汽油为燃料的内燃机称为汽油机。使用柴油机为燃料的内燃机称为柴油机。汽油机与柴油机比较各有特点：汽油机转速高，质量小，噪声小，启动容易，制造成本低；柴油机压缩比大，热效率高，经济性能和排放性能都比汽油机好。

（5）按照进气系统是否采用增压方式分类

内燃机按照进气系统是否采用增压方式可以分为自然吸气（非增压）式发动机和强制进气（增压）

式发动机。汽油机常采用自然吸气式；柴油机为了提高功率有采用增压式的。

2. 发动机的结构

现代汽车发动机主要由曲柄连杆机构、配气机构、燃料供给系统、润滑系统、冷却系统、点火系统、启动装置、进气系统、机体组构成。

（1）曲柄连杆机构

曲柄连杆机构是发动机实现工作循环，完成能量转换的主要运动零件。它由机体组、活塞连杆组和曲轴飞轮组等组成。在做功行程中，活塞承受燃气压力在气缸内做直线运动，通过连杆转换成曲轴的旋转运动，并从曲轴对外输出动力。而在进气、压缩和排气行程中，飞轮释放能量又把曲轴的旋转运动转化成活塞的直线运动。

（2）配气机构

配气机构的功用是按照发动机每一气缸内所进行的工作循环和发火次序的要求，定时开启和关闭进气门和排气门，使可燃混合气或空气进入气缸，并使废气从气缸内排出，实现换气过程。配气机构大多采用顶置气门式配气机构，一般由气门组、气门传动组和气门驱动组组成。主要是要求其结构有利于减小进气和排气的阻力，而且进、排气门的开启时刻和持续开启时间比较适当，使吸气和排气都尽可能充分。

（3）燃料供给系统

汽油机燃料供给系统的功用是根据发动机各种工况的要求，配制出一定数量和浓度的混合气，供入气缸，并将燃烧后的废气从气缸内排到大气中去；柴油机燃料供给系统的功用是把柴油和空气分别供入气缸，在燃烧室内形成混合气并燃烧，最后将燃烧后的废气排出，燃料供给系统油路如图 4-20 所示。

（4）润滑系统

润滑系统的功用是在发动机工作时连续不断地把数量足够的洁净润滑油输送到全部传动件的摩擦表面，并在摩擦表面之间形成油膜，以实现液体摩擦、减小摩擦阻力、减轻机件的磨损，并对零件表面进行清洗和冷却。润滑系统通常由润滑油道、机油泵、机油滤清器、油底壳、集滤器和一些润滑油压力表、温度表和阀门等组成。发动机润滑系统结构如图 4-21 所示。

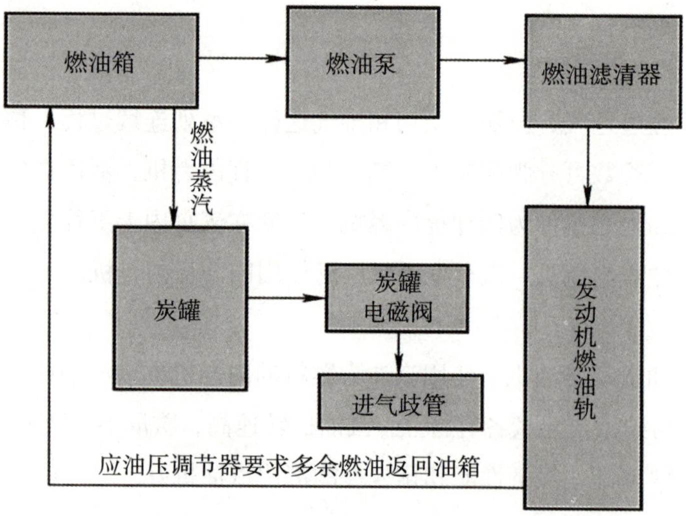

图 4-20　燃料供给系统油路

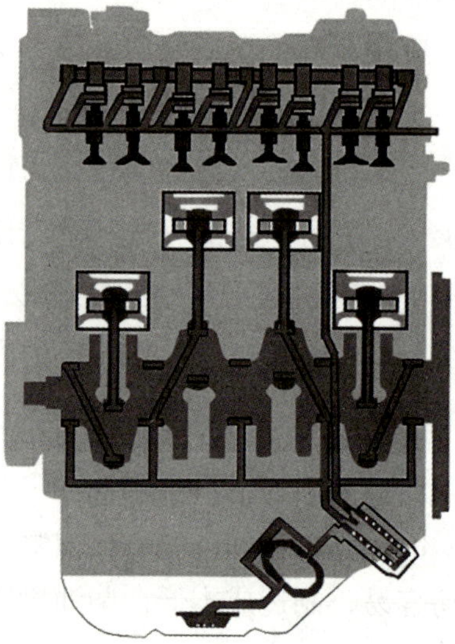

图 4-21　发动机润滑系统结构

（5）冷却系统

冷却系统的功用是将受热零件吸收的部分热量及时散发出去，保证发动机在最适宜的温度状态下工作。发动机的冷却系统有风冷和水冷之分，汽车发动机，尤其是轿车发动机大都采用水冷系统，只有少数汽车发动机采用风冷系统。

（6）点火系统

在汽油机中，气缸内的可燃混合气是靠电火花点燃的，为此在汽油机的气缸盖上装有火花塞，火花塞头部伸入燃烧室内。能够按时在火花塞电极间产生电火花的全部设备称为点火系统，为了适应发动机的工作，要求点火系统能在规定的时刻，按发动机的点火次序供给火花塞以足够能量的高压电，使其两电极间产生电火花，点燃混合气，使发动机做功。点火系统通常由蓄电池、发电机、分电器、点火线圈和火花塞等组成。

（7）启动装置

因为发动机不能自行由静止转入工作状态，所以必须用外力转动曲轴，直到曲轴达到发动机开始燃烧所必需的转速，保证混合气的形成、压缩和点火能够顺利进行。发动机由静止转入工作状态的全过程，称发动机的启动。完成发动机启动过程所需的一系列装置称为发动机启动装置。发动机启动装置一般由直流电动机、操纵机构和离合机构 3 大部分组成。发动机启动装置结构如图 4-22 所示。

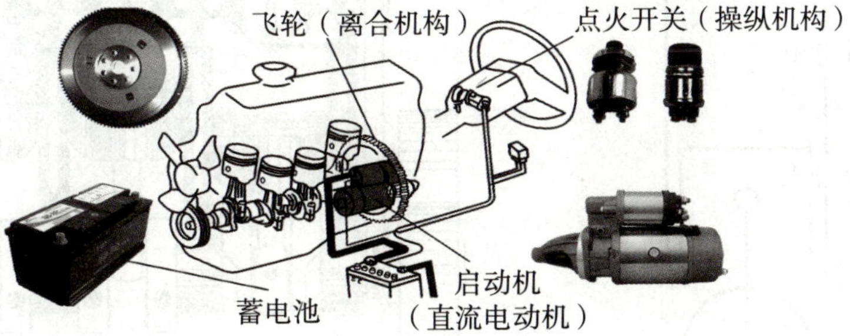

图 4-22　发动机启动装置

（8）进气系统

把空气或混合气导入发动机气缸的零部件集合体称为发动机进气系统。进气系统在发动机上的整体结构如图 4-23 所示，包含了空气滤清器、进气歧管、进气门机构。空气经空气滤清器过滤掉杂质后，流过空气流量传感器，经由进气道进入进气歧管，与喷油器喷出的汽油混合后形成适当比例的油气，由进气门送入气缸内点火燃烧，产生动力。

1—节气门体；2—进气管后段；3—空气流量传感器；4—空气滤清器；5—进气管前段。

图 4-23　发动机进气系统

（9）机体组

发动机机体组主要由气缸盖、气缸垫、气缸体、油底壳、气缸盖罩以及主轴承盖等组成。机体组是发动机的支架，是曲柄连杆机构、配气机构和发动机各系统主要零部件的装配基体。

3. 发动机的工作原理

（1）发动机术语

发动机术语可参照图 4-24 所示。

① 上止点：活塞在气缸中的最高点。

② 下止点：活塞在气缸中的最低点。

③ 活塞行程：上、下两止点的直线距离。

④ 气缸工作容积：活塞从上止点到下止点所扫过的容积。

⑤ 燃烧室容积：活塞在上止点时，活塞顶部以上的空间。

⑥ 发动机工作容积（发动机排量）：多缸发动机各气缸工作容积的总和。

⑦ 压缩比：气缸总容积与燃烧室容积的比值。

（2）四冲程汽油发动机的工作原理

混合气体燃烧所爆发出的能量使活塞上下移动，从而带动曲轴等部件进行旋转运动，四冲程汽油机的运转是按进气行程、压缩行程、做功行程和排气行程的顺序不断循环反复的，如图 4-25 所示。

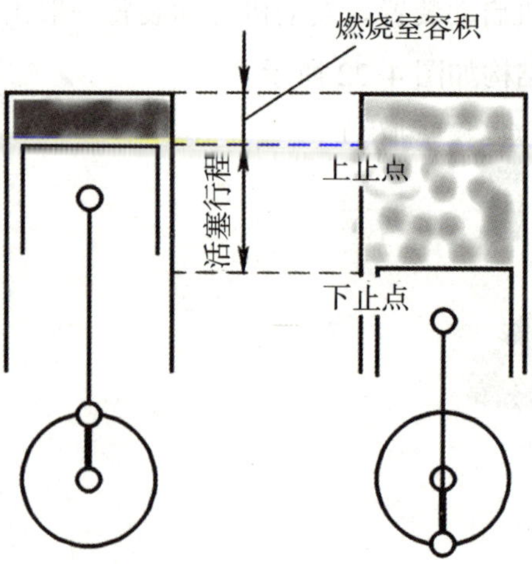

图 4-24　发动机术语参照图

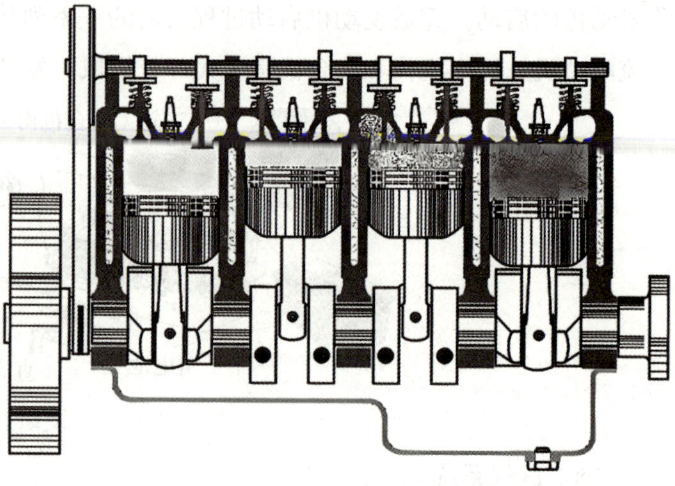

图 4-25　直列式发动机的工作原理示意图

发动机四冲程工作原理如下。

① 进气行程。由于曲轴的旋转，活塞从上止点（top dead center）向下止点（bottom dead center）运动，这时排气门关闭，进气门打开。其过程如图 4-26（a）所示。

② 压缩行程。曲轴继续旋转，活塞从下止点向上止点运动，这时进气门和排气门都关闭，气缸内成为封闭容积，可燃混合气受到压缩，压力和温度不断升高，当活塞到达上止点时压缩行程结束。其过程如图 4-26（b）所示。

③ 做功行程。做功行程包括燃烧过程和膨胀过程，在这一行程中，进气门和排气门仍然保持关闭。当活塞位于压缩行程接近上止点位置时，火花塞产生电火花点燃可燃混合气，可燃混合气燃烧后放出大量的热使气缸内气体温度和压力急剧升高，高温高压气体膨胀，推动活塞从上止点向下止点运动，通过连杆使曲轴旋转并输出机械功，除了用于维持发动机本身继续运转外，其余用于对外做功。随着活塞向下运动，气缸内容积增加，气体压力和温度降低，当活塞运动到下止点时，做功行程结束。其过程如

图 4-26（c）所示。

④ 排气行程。可燃混合气在气缸内燃烧后生成的废气必须从气缸中排出去以便进行下一个进气行程。当做功接近终了时，排气门开启，进气门仍然关闭，靠废气的压力先进行自由排气，活塞到达下止点再向上止点运动时，继续把废气强制排到大气中去，活塞越过上止点后，排气门关闭，排气行程结束。其过程如图 4-26（d）所示。

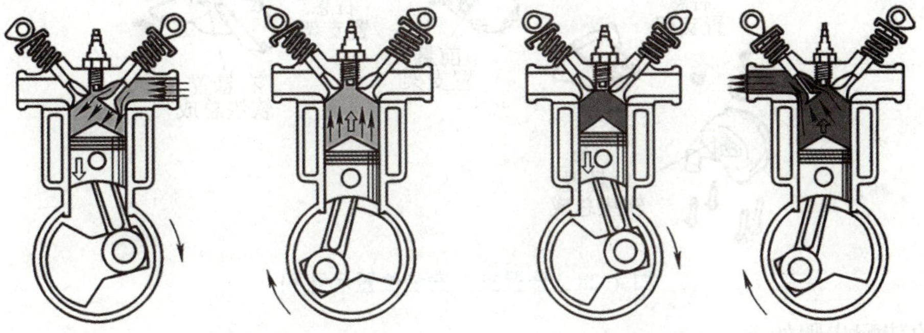

（a）进气行程　（b）压缩行程　（c）做功行程　（d）排气行程

图 4-26　发动机四冲程工作原理

二、发动机总成的装配

1. 发动机总成装配概述

汽车发动机属于动力装置。在实际的生产流水线中，动力总成的装配包括了发动机总成、变速器总成、机械转向器总成、前副车架总成等，同时与车身合装。动力总成分装在合装线旁边的分装线完成。装配线的动力总成合装均由自动引导小车来完成，合装的内容为动力总成、后轴总成及排气管总成等。先将副车架安装到机械托架上，再依次安装悬架中左右侧的前摆臂总成、转向节与制动器组件、弹簧与减振组件、转向器与拉杆总成、横向稳定杆、万向传动装置，然后再将组装在一起的动力总成（发动机、自动变速器）装到副车架上，而发动机和变速器通过悬置系统安装到车身上。

2. 发动机和变速器装配

以长安逸动 PLUS 为例，首先将发动机与变速器对正，然后用 9 颗螺栓连接和固定发动机缸体与变速器壳体。发动机与变速器安装完成后如图 4-27 所示。

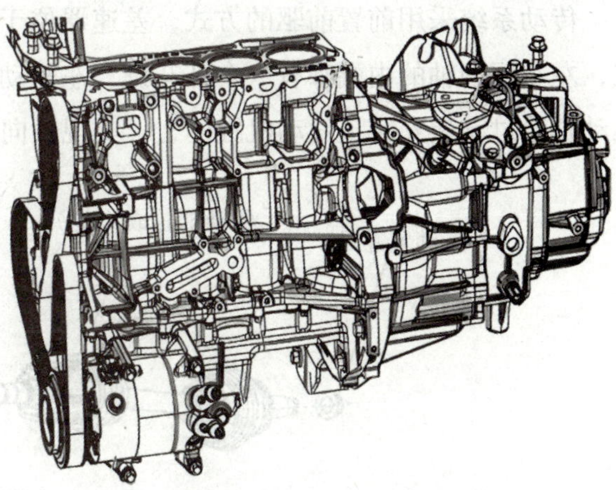

图 4-27　发动机缸体与变速器壳体安装完成

3. 悬置支架的装配

逸动 PLUS 的悬置系统为四点悬置布置方式，通过前悬置模块、后悬置模块、左悬置模块和右悬置模块将动力总成连接到车体和前副车架上。

前悬置模块包含前悬置软垫总成和前悬置支架，后悬置模块包含后悬置软垫总成和后悬置支架，左悬置模块包含左悬置软垫总成，右悬置模块包含右悬置软垫总成和右悬置支架。其中前、后、左悬置软垫总成为橡胶衬套悬置，右悬置软垫总成为液压悬置，悬置支架的安装位置示意图如图 4-28 所示。

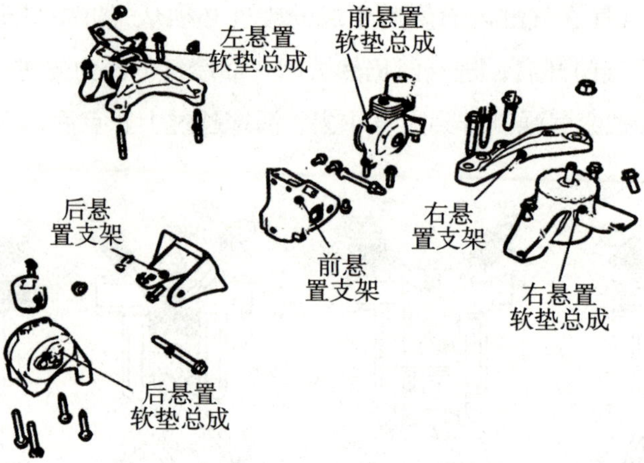

图 4-28　悬置支架安装位置示意图

悬置支架的装配步骤如下。

（1）安装左悬置软垫总成

将左悬置软垫总成放置在动力舱左侧大梁安装位置，用手扶住左悬置软垫总成，使螺栓安装孔与固定孔对齐，预紧 3 颗固定螺栓，再用电动扳手拧紧固定螺栓至规定力矩。

（2）安装右悬置软垫总成

将右悬置软垫总成放置在动力舱右侧大梁安装位置，用手扶住右悬置软垫总成，使螺栓安装孔与固定孔对齐，预紧 3 颗固定螺栓，再用电动扳手拧紧固定螺栓至规定力矩。

（3）连接后悬置软垫总成与发动机总成

操作辅助吊具将副车架总成放置于动力总成装配辅具上，再操作辅助吊具将发动机总成放置于动力总成装配辅具上。将后悬置软垫总成放入发动机支架内，将六角法兰面螺栓穿过后悬置软垫总成与发动机支架内安装孔预紧螺母，再用电动扳手拧紧至（70 ± 5）N · m，用记号笔标记拧紧的螺栓。

4. 驱动轴的装配

传动系统采用前置前驱的方式，差速器位于变速器总成内部。驱动轴将动力从变速器传递到车轮总成，左右驱动轴的内端都有一个外花键，左驱动轴通过花键端部的差动弹簧挡圈与差速器齿轮互锁，右驱动轴通过支架安装于发动机缸体上，实现轴向定位。驱动轴总成的结构如图 4-29 所示。

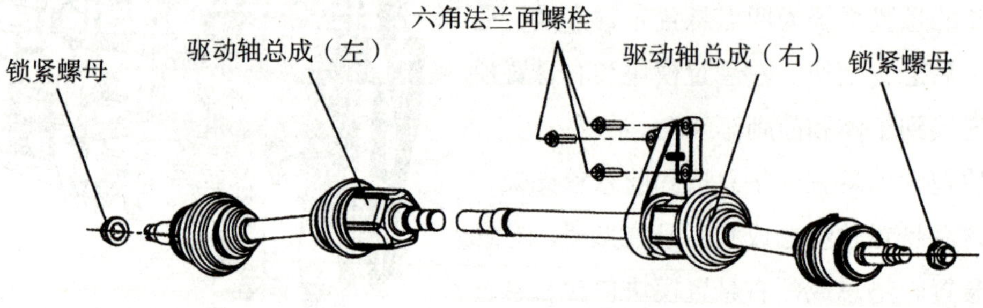

图 4-29　驱动轴总成结构示意图

驱动轴装配步骤如下。

去掉变速器上的防尘堵盖，将驱动轴装配护套装配到变速器的驱动轴装配孔中，然后将驱动轴总成插入到变速器传动轴孔中，如图 4-30（a）所示，并将传动轴放平，旋入变速器中。驱动轴端部装配后，取下传动轴装配护套。如图 4-30（b）所示。传动轴装配护套保证传动轴头部不接触到油封唇边。

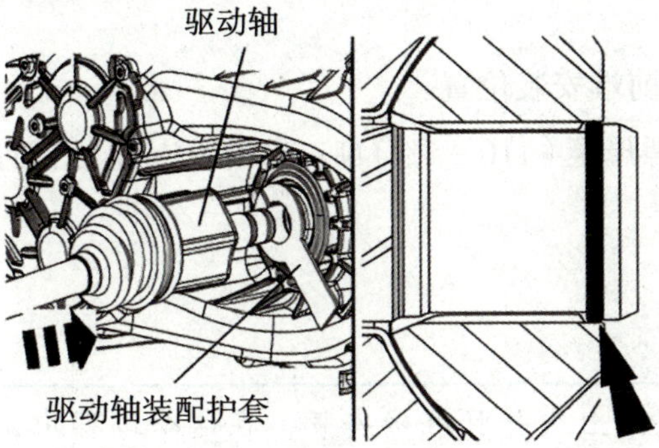

（a）驱动轴护套装配

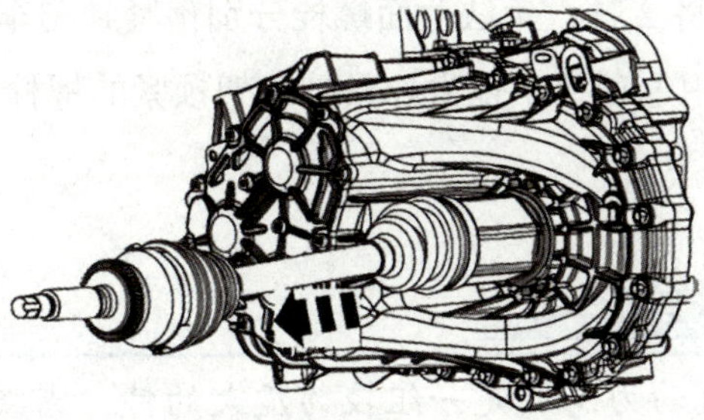

（b）驱动轴总成装配

图 4-30　驱动轴装配示意图

5. 制动盘的装配

以长安逸动 PLUS 前盘式制动器为例，安装制动盘锁紧螺母。将电动扳手定位销插进制动盘的螺栓安装孔中，将锁紧螺母拧紧，力矩大小为 270 N · m。

6. 机械转向器总成的装配

转向力由方向盘经转向柱传递到转向器小齿轮轴，通过齿轮齿条传递到转向器左右横拉杆上，再由左右横拉杆传递到转向节，再至车轮。机械式转向器安装在副车架上，跟随前动力总成系统与车身合装。合装后，转向器的输入轴与转向管柱的下轴节叉连接，装配完成。机械转向器的结构如图 4-31 所示。

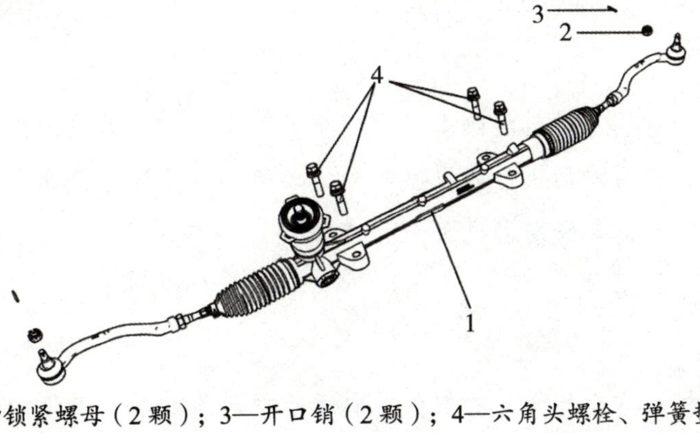

1—转向器总成；2—六角开槽锁紧螺母（2 颗）；3—开口销（2 颗）；4—六角头螺栓、弹簧垫圈和平垫圈组合件（4 颗）。

图 4-31　机械转向器的结构示意图

转向器的装配步骤如下。

（1）将转向器与前副车架总成连接，拧紧力矩（115 ± 10）N · m。

（2）将转向器左、右外拉杆总成从转向节安装孔中同时插入。

（3）安装开口销及六角开槽螺母，用电动扳手将螺母拧紧，力矩大小为（35 ± 3）N · m。

（4）将转向管柱下轴节叉套入转向器输入轴上，并紧固螺栓。

7. 动力总成装配

（1）将动力总成装配台移动至车辆发动机舱，调整动力总成位置，举升动力总成使副车架放入车身连接点，变速器支点放入左悬置支架内。

（2）拿取平垫圈放入左侧副车架后端固定点内，将螺母预紧到固定螺柱。拿取平垫圈放入右侧副车架后端固定点内，将螺母预紧到固定螺柱。

（3）将 2 颗六角法兰面螺栓分别预紧到副车架前端安装位置。

（4）用电动扳手依次拧紧副车架预紧的螺栓、螺母至（110 ± 5.5）N · m。用记号笔标记拧紧的螺栓、螺母。

德育之窗

底盘动力总成是一组较为庞大的件，需要整体上线并且准确安装，在这个过程中，需要克服的困难较多。但是只要勤加练习，掌握技巧，就能克服困难。因此，当面对难题时，不能产生畏难情绪，甚至退缩，而是要开动脑筋，才能获得进步。

任务四　冷却系统装配

任务描述

某汽车维修站接收了一辆因发动机过热而抛锚的小型轿车。车主反映，在高速行驶过程中，仪表盘上的水温表指针突然飙升，随后发动机舱内冒出蒸汽，车辆不得不紧急停靠。初步检查发现，冷却系统存在泄漏，且冷却液严重缺失，导致发动机过热。

任务分析

冷却系统是确保发动机正常运行的关键部件，它通过循环冷却液来吸收并散发发动机产生的热量。该车辆由于长时间未进行冷却系统维护，加之可能存在的部件老化，导致了冷却系统失效。经过全面的装配与调试，车辆的冷却系统恢复正常功能。在道路测试中，发动机水温保持稳定，未再出现过热现象。

任务重点

冷却系统包括高温冷却系统和低温冷却系统。其中高温冷却系统通过高温散热器冷却发动机，防止发动机过热；低温冷却系统通过低温散热器冷却增压器及中冷器，降低进气温度及增压器温度。汽车中的发动机在适当的温度状态下运行状况最好。

一、冷却系统的结构和工作原理

冷却系统的主要作用是将发动机热量散发到空气中以防止发动机过热，另一重要作用是使发动机尽快升温，并使其保持恒温，如果发动机温度偏低，会加快组件的磨损，从而使发动机效率降低并且排放出更多污染物。

发动机的冷却方式分为水冷式和风冷式。水冷式是机件热量传给冷却液，靠冷却液的流动带走热量，散入大气，冷却液再流回受热机件处。而风冷式是高温零件的热量直接散入大气。

高温冷却系统由风扇、冷却液泵、水套、节温器、散热器、水管、储液罐等组成如图 4-32 所示。节温器的作用是控制通过散热器冷却液的流量，根据冷却液温度高低自动改变冷却液的循环流动路线，调节冷却系统的冷却强度；百叶窗的作用是控制冷却液温度；水套的作用是气缸盖和气缸体铸造储存冷却液的，连通的夹层空间；冷却液泵的作用是将冷却液从机体外吸入并加压，使之经分水管流入机体水套；风扇的作用是强力抽吸，使空气流以高速度从散热器中通过；散热器的作用是将水套中的热冷却液自上而下或横向分成许多小股并将其热量散给周围的空气。

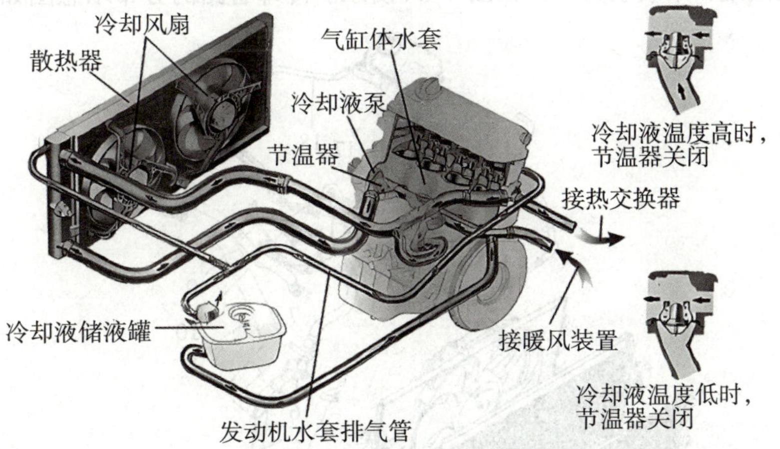

图 4-32　高温冷却系统工作原理示意图

发动机冷却系统的工作过程分为：小循环、大循环、混合循环 3 种循环路线。其循环过程以图 4-33 为例进行讲解。

小循环工作过程：冷却液带走热量—经气缸盖流出—到节温器—当冷却液温度低于 80 ℃时—节温器阀门打开通往冷却液泵的旁通管—关闭通往散热器的通道。

大循环工作过程：冷却液带走热量—经气缸盖流出—到节温器—当冷却液温度高于 86 ℃时—节温器阀门打开通往散热器的通道—关闭通往冷却液泵的旁通管。

混合循环工作过程：冷却液带走热量—经气缸盖流出—到节温器—当冷却液温度介于 76 ～ 86 ℃时—节温器阀门打开通往散热器的通道和通往冷却液泵的旁通管。

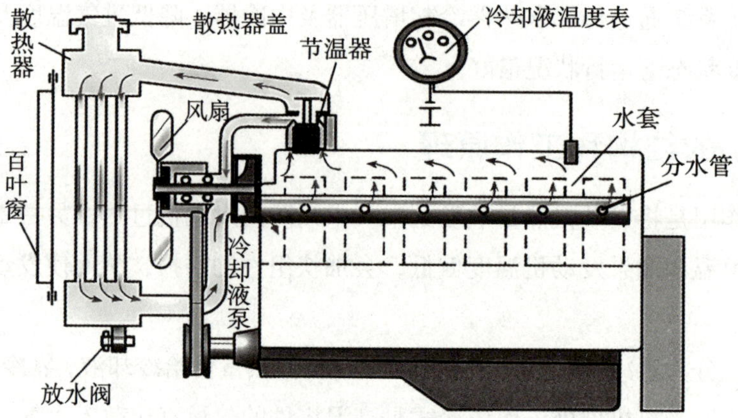

图 4-33　发动机冷却系统工作原理示意图

二、冷却系统的装配

在本任务中，冷却系统的装配以长安逸动 PLUS 车型为例进行讲解。

1. 冷却系统的组成

长安逸动 PLUS 车型的冷却系统的主要零部件有调温器、冷却液泵、散热器、冷却风扇、冷却液温度传感器、冷却液储液罐、采暖装置等，如图 4-34 所示。冷却管路的分布示意图如图 4-35 所示。

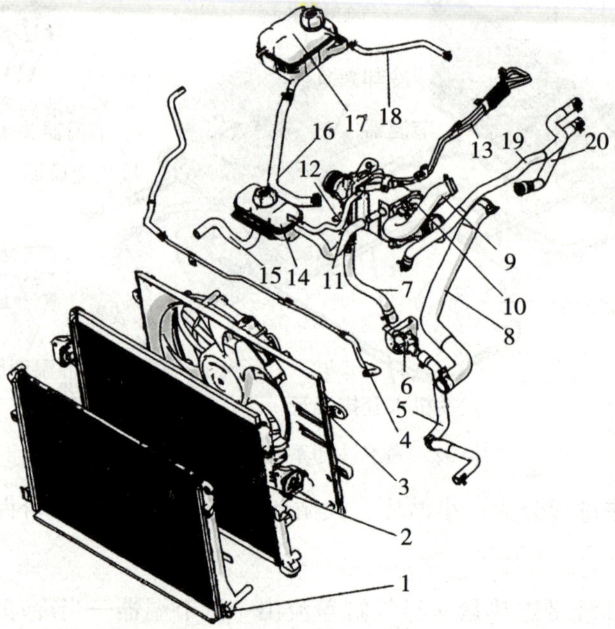

1—低温散热器总成；2—高温散热器总成；3—冷却风扇总成；4—散热器溢气管总成；5—低温散热器出水胶管；6—电子辅助冷却液泵；7—中冷器进水胶管；8—散热器进水胶管；9—进气泄压阀软管；10—中冷器总成；11—中冷器出水胶管；12—增压器回水胶管；13—增压器水管；14—低温储液罐总成；15—低温散热器进水胶管；16—发动机补水管；17—高温储液罐总成；18—溢气管；19—暖通出水胶管；20—暖通进水胶管。

图 4-34　冷却系统结构示意图

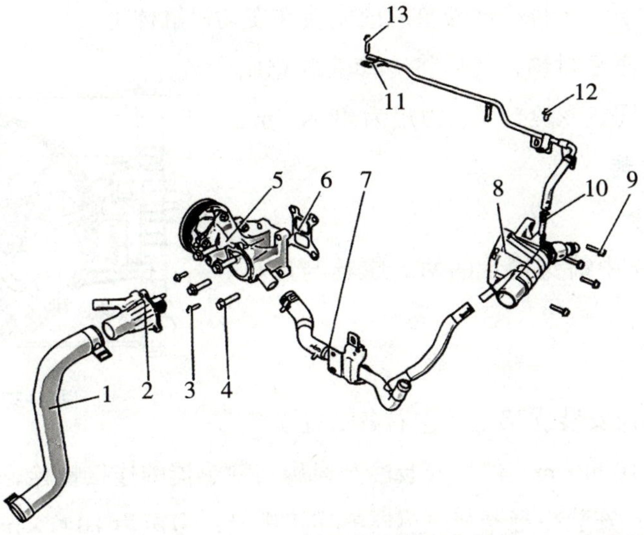

1—散热器出水胶管；2—调温器总成；3—调温器总成安装螺栓；4—冷却液泵安装螺栓；
5—冷却液泵总成；6—冷却液泵密封垫；7—进水管总成；8—调温器总成；9—调温器总成安装螺栓；
10—溢气管卡箍；11—溢气管总成；12，13—溢气管安装螺栓。

图 4-35　冷却系统管路分布图

2. 电子辅助冷却液泵的安装

电子辅助冷却液泵的主要作用就是熄火后对涡轮轴处的机油进行强制冷却。

由于涡轮叶片的转动是依靠发动机工作后的废气冲击产生的，除了废气的热量外，废气在冲击涡轮叶片的过程中部分动能也会转变为热能，因此涡轮会变得非常炽热，极端状况下润滑系统就会失效。

电子辅助冷却液泵安装步骤如下。

（1）车辆保持举升状态

如图 4-36（a）所示，将电子辅助冷却液泵安装支架 2 装配在机油油底壳 1 上，用图中所示固定螺栓 3 拧紧，力矩为 10 N · m；然后将电子冷却液泵 4 用安装螺栓 5 固定在安装支架上，力矩为 10 N · m；最后安装电子辅助冷却液泵 4 的接插件。

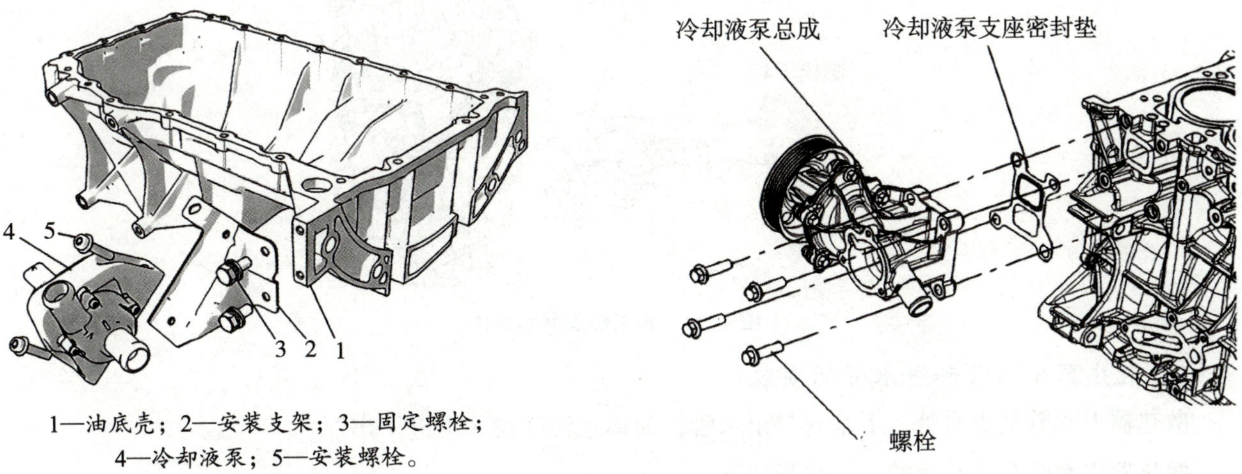

1—油底壳；2—安装支架；3—固定螺栓；
4—冷却液泵；5—安装螺栓。

（a）电子辅助冷却液泵支架安装

（b）冷却液泵安装

图 4-36　电子辅助冷却液泵安装示意图

（2）如图 4–36（b）所示，将冷却液泵总成安装在发动机缸体上

首先安装冷却液泵支座密封垫，然后将冷却液泵总成放置在缸体上，并用 M10 固定螺栓拧紧，力矩为 40 N · m。

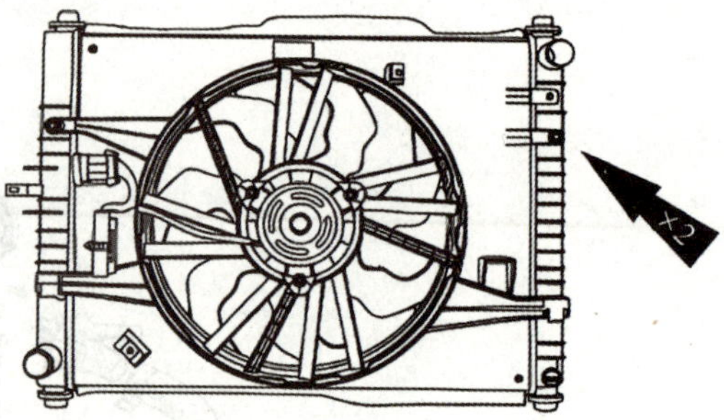

图 4–37　冷却风扇的安装

3. 散热器总成的安装

（1）冷却风扇的安装

将冷却风扇用图 4–37 中箭头指示的两处螺栓与散热器固定，力矩为 6 N · m。

（2）散热器的安装

将散热器放置在散热器安装支架上（左右各 2 处），用固定螺栓拧紧，力矩为 10 N · m，然后安装冷却风扇与散热器的连接螺栓，力矩为 10 N · m；安装中冷器与散热器的连接螺栓；安装冷凝器与散热器的连接螺栓，力矩为 10 N · m。

4. 调温器的安装

调温器又称节温器，功用是根据冷却液温度的高低自动调节进入散热器的冷却液量，改变冷却液的循环范围，以调节冷却系统的散热能力，保证发动机在合适的温度范围内工作。安装步骤为：如图 4–38 所示，用 3 颗螺栓将调温器总成Ⅱ安装到冷却液泵总成上；将调温器总成用 4 颗螺栓安装到发动机的缸盖上。再连接好各个胶管。

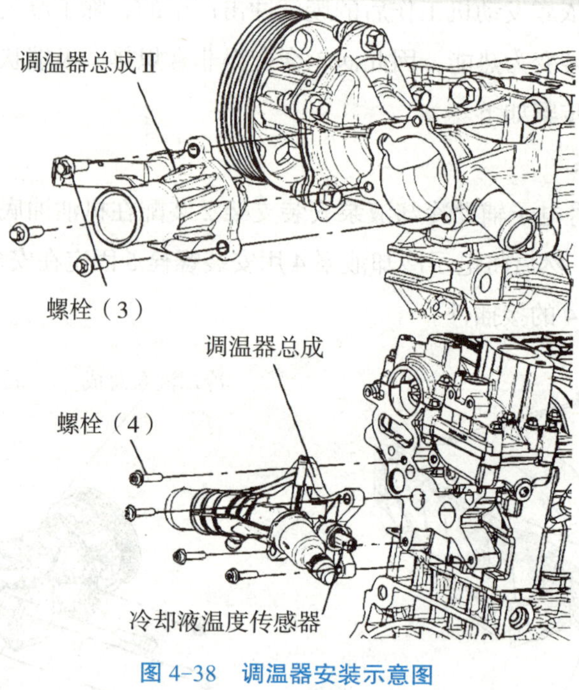

图 4–38　调温器安装示意图

5. 散热器出水管和进水管的安装

散热器上水管是进水管，下水管是出水管，简单地说就是“上进下出”。

散热器出水管和进水管的安装步骤如下。

（1）出水管的安装

将出水管的一端与发动机水道的进水口连接，并用固定卡箍卡紧，再将出水管的另一端与散热器出水端连接，并用固定卡箍卡紧。

（2）进水管的安装

连接散热器进水管与散热器接口，并使用卡箍固定。

任务五　转向管柱总成装配

任务描述

某汽车维修中心接到一辆行驶了约80 000 km的小型轿车，车主反映在行驶过程中，方向盘手感异常，转向时出现间歇性卡顿和异响。

任务分析

转向管柱总成是汽车转向系统中的关键部件，负责将驾驶员的操作指令传递到转向系统，从而控制车辆的行驶方向。该车辆的转向管柱总成在长时间使用后，可能由于润滑不足或部件磨损，导致转向不顺畅和异响问题。经过全面的装配与调试，车辆的转向管柱总成恢复到正常状态。在道路测试后，车主反馈方向盘操作变得顺畅，无卡顿和异响，转向精度明显提升。

任务重点

电动助力转向（electronic power steering，EPS）系统是电机控制技术应用于汽车转向系统，其特点是显著改善汽车行驶性能、提高驾驶人的安全性和舒适性，减少油耗，减少对环境的污染，比液压助力转向（hydraulic power steering，HPS）系统结构更简单，更节能。

一、EPS 系统概述

1. EPS 系统的主要优点

（1）采用电力作为转向动力，省去了油压系统，不需要补充油，也不必担心漏油。

（2）没有液压式动力转向系统所必需的常运转转向油泵，电动机只是在需要转向时才接通电源，所以动力消耗和燃油消耗均可降到最低。

（3）将各部件装配成一个整体，既无管道也无控制阀，其结构紧凑、质量减轻。一般电动助力转向系统的质量比液压式助力转向系统的质量轻25%左右。

（4）电动机工作可用 ECU 进行控制，可以比较容易地按照汽车性能的需要设置、修改转向助力特性，具有较好的兼容性。电动机提供辅助转矩的电控动力式转向系统。

2. EPS 系统的分类

EPS 系统根据电动机对转向系统产生助力的部位不同，可以分为 3 种类型：转向管柱助力式、转向器小齿轮助力式和齿条助力式。

二、转向管柱助力式转向系统的结构和工作原理

长安逸动车型的转向系统采用了 EPS 系统，转向系统由方向盘、转向管柱和转向器组成，如图 4-39 所示。

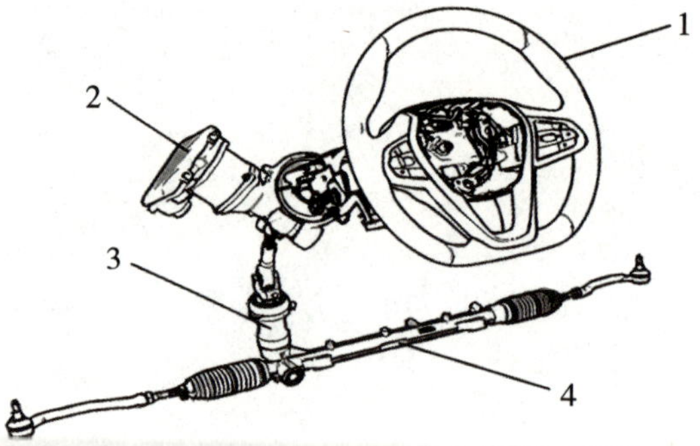

1—方向盘总成；2—转向管柱总成；3—转向器防尘罩总成；4—机械式转向器总成。

图 4-39 电动助力转向管柱结构示意图

长安逸动车辆的电动助力方式采用了转向管柱助力式电动转向（column electric power steering, CEPS）系统，由控制器、电动机、转向上轴、转向下轴组成，如图 4-40 所示。其核心部件由转矩传感器、电动机助力系统和控制系统 3 大部分组成。

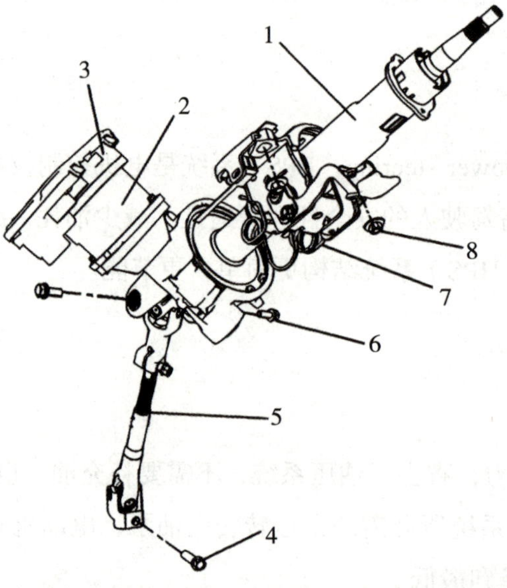

1—转向管柱总成；2—电动机；3—控制器；4—转向柱与转向器连接螺栓；5—转向下轴；6—六角头螺栓和弹簧垫圈平垫圈组合件；7—转向上轴；8—六角螺母和锥形弹性垫圈组合件。

图 4-40 CEPS 的结构示意图

（1）转矩传感系统由输入轴、输出轴、扭力杆、滑块、电位器等零部件组成。

（2）助力系统由电动机、离合器、蜗杆和蜗轮等零部件组成。

（3）控制系统由微处理器、转矩传感器信号处理模块、电源及电源控制模块、电磁离合器驱动模块、发动机转速信号处理模块。

CEPS 的内部结构如图 4-41 所示。

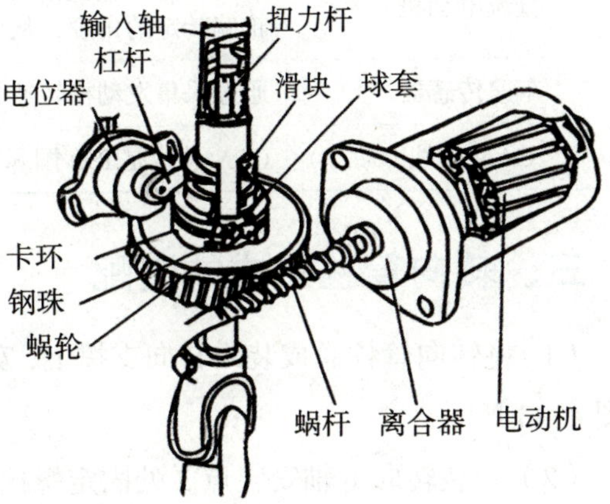

图 4-41　CEPS 的内部结构示意图

当转动方向盘，转矩通过输入轴被传递到扭力杆，由于扭力杆为弹性轴，相对输出轴产生角向位移，输入轴和输出轴之间产生角向位移差，使滑块在输出轴轴向方向移动，而转矩传感器与滑块相连，转矩传感器将滑块位移量转换为电压信号。将转矩大小变化转变为电压大小变化，并传送到 ECU 控制模块。ECU 控制模块根据车速信号和转矩信号的大小，按照一定的算法，控制电动机电流大小，从而控制电动机传给输出轴的转矩大小，实现在不同转矩和不同车速下的智能助力，获得最佳转向特性，协助驾驶人进行转向操纵，EPS 系统控制流程图如图 4-42 所示，其控制单元的功能如表 4-1 所示。

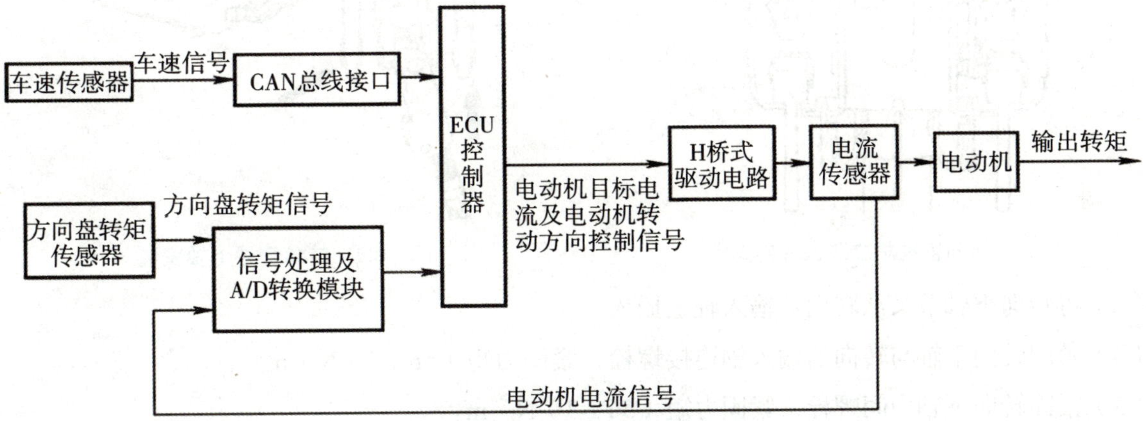

图 4-42　EPS 系统控制流程图

表 4-1　EPS 系统控制单元的功能

控制功能模块	功能
方向盘转矩传感器	安装在转向轴上，一般安装在减速机构上方。转矩传感器用来检测方向盘上的转矩大小和方向的频率信号
信号处理及 A/D 模块	对信号进行整形与隔离后通过频率—电压转换模块，对信号进行线性变换后，再进行模拟信号—数字信号的转换
ECU 控制器	是电子控制单元（ECU）的心脏，根据力矩传感器检测出的转矩信号和来自总线的车速信号采用一定的控制策略计算出电动机的目标电流。其输出通过脉宽调制（PWM）得到较高品质的电流
H 桥式驱动电路	是步进电动机的驱动电路，为双极性电源供电，控制电动机转动

续表

控制功能模块	功能
电流传感器	在电动机的驱动电路上，用来检测实际电动机的助力电流，并将其反馈到控制单元，控制器根据此电流完成电流的闭环控制
直流电动机	输出转矩。输出的转矩通过减速机构施加给转向柱输出轴，并经过转向机构的作用使车轮偏转定的角度，从而起到对转向系统的助力作用
车速传感器	通过采集发动机转速，达到检测车速的目的。车速信号来自 CAN 总线
CAN 总线	CAN 总线是 ISO 国际标准化的串行通信协议，以固定的格式发送消息以传送数据信息

三、转向管柱总成的装配

（1）将转向管柱总成装入转向支撑上，安装转向上轴安装点两处固定螺母，紧固力矩（24 ± 3）N·m，如图 4-43 所示。

（2）安装转向上轴安装点 2 处固定螺栓，紧固力矩（24 ± 3）N · m，如图 4-44 所示。

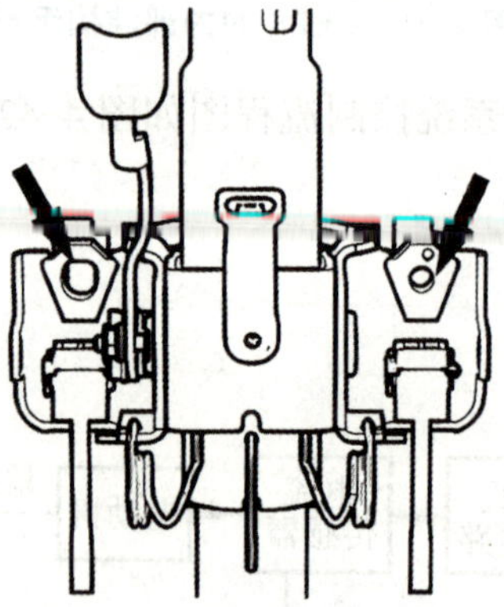

图 4-43　转向管柱总成装入转向支撑

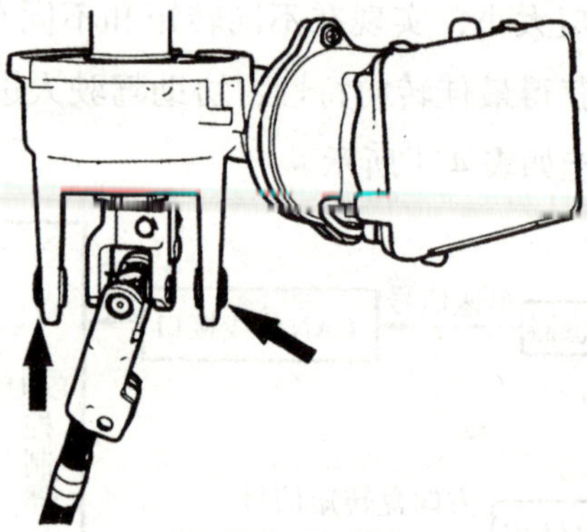

图 4-44　转向管柱上轴安装

（3）将转向下轴节叉从转向器输入轴上插入。

（4）紧固转向下轴与转向器输入轴连接螺栓，紧固力矩（56 ± 3）N · m。

（5）紧固转向下轴中间螺栓，紧固力矩（56 ± 3）N · m。

（6）连接 EPS 控制器的整车电源线束及信号线束。

（7）连接好转向管柱上的 2 处线束线卡，如图 4-45（b）所示。

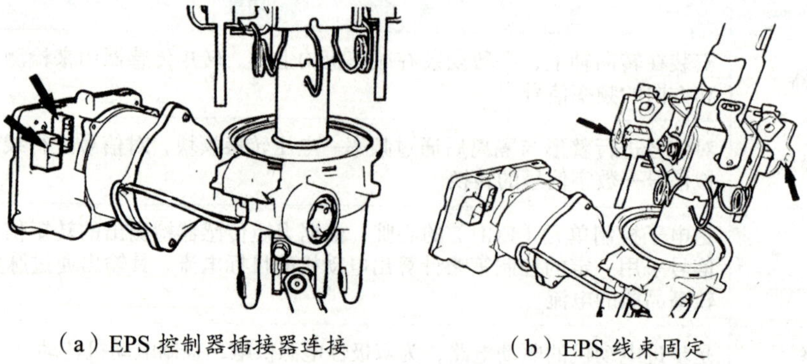

（a）EPS 控制器插接器连接　　（b）EPS 线束固定

图 4-45　EPS 插接器安装

【提示】

在以上的操作步骤中，步骤3和步骤4不在此工位安装，应在底盘装配工位三（动力总成分装）装配。当前悬架分系统与车体合装之后，转向管柱下轴才能与转向器输入轴相连接。在此写出此步骤是为了转向管柱装配的完整性需求。

项目小结

本项目主要介绍了动力总成的装配与调试，首先介绍了前悬架总成装配，其次介绍了变速器总成装配，然后介绍了发动机总成装配，随后介绍了冷却系统装配，最后介绍了转向管柱总成装配。通过本项目的学习，读者能够掌握汽车动力总成各关键部件的装配与调试技能，具备独立完成这些任务的能力。

项目工单

实践任务	1. 收集所需工具，完成前悬架总成的装配并进行车辆静态测试，检查悬挂系统是否安装正确
	2. 准备变速器总成及相应的连接组件，完成变速器总成的装配并检查变速器的电气连接，确保电路正常
	3. 准备发动机总成及附属设备，完成发动机总成的装配。启动发动机，检查其运转状态，记录各项性能参数
	4. 准备冷却系统各部件，完成冷却系统的装配，确保发动机正常冷却
	5. 准备转向管柱总成及相应的连接部件，完成转向管柱总成的装配，确保转向系统的可靠性
注意事项	1. 严格遵守安全操作规程，确保工具的正确使用与维护
	2. 作业过程中保持工作区域的整洁，避免危险发生
	3. 对于重要的连接处，确保使用合适的工具和扭矩，防止由于力量不足或过大的问题
项目负责人：________________ 参与成员：________________ 日期：________________	

课后练习

一、思考题

1．前悬架有哪些类型？

2．简述自动变速器的基本工作过程。

3. 发动机的结构有哪些?

4. 描述发动机冷却系统的循环过程。

5. 简述散热器出水管和进水管的安装。

二、看图填空题

1. 填写自动变速器结构各部件的名称至空白处。

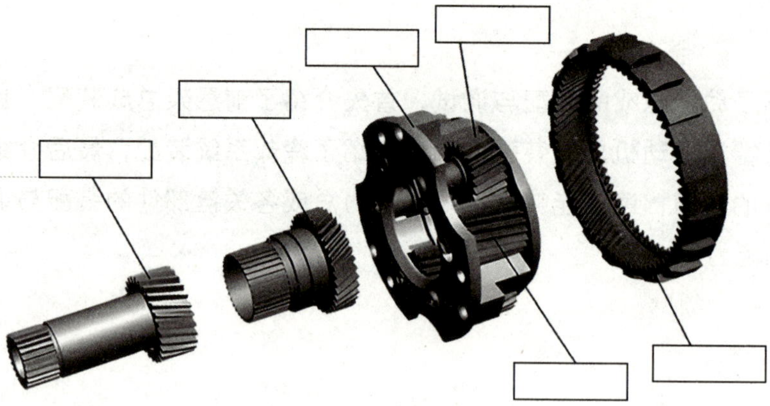

2. 填写驱动轴总成结构各部件的名称至空白处。

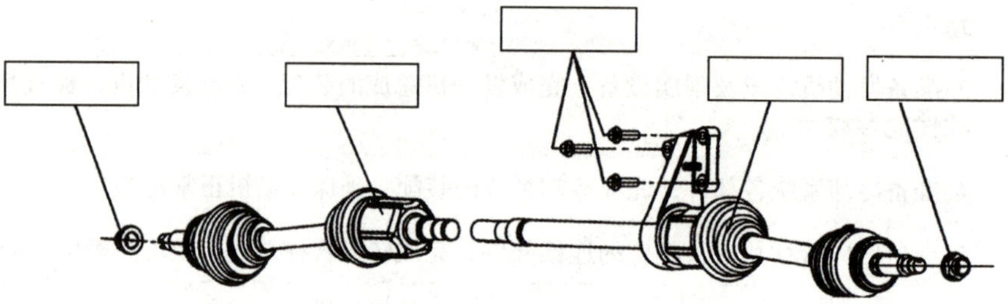

项目五

电气系统的装配与调试

项目导读

随着汽车电子、电气设备的发展，汽车电气设备的装配与调试已成为汽车专业学生的必备技能。汽车电气系统是现代汽车中不可或缺的组成部分，涉及动力供应、控制以及安全警示等多个方面。本项目将围绕汽车电气系统的装配与调试展开，主要任务包括充电系统、启动系统、点火系统、照明与信号系统、组合仪表和报警装置的拆装，辅助电器装置的装配与调试，以及空调系统的拆装。

学习目标

知识目标

1. 熟悉充电系统的拆装步骤。
2. 掌握启动系统的装配与调试。
3. 掌握点火系统的装配与调试。
4. 熟悉辅助电器装置的装配与调试。
5. 掌握空调系统的装配与调试。

能力目标

1. 能够独立完成充电系统的拆装与调试，确保其正常工作。
2. 能够独立进行启动系统的拆装与调试，确保启动顺畅。
3. 能够独立完成点火系统的拆装与调试，确保点火系统的正常运作。
4. 能够独立进行照明与信号系统的拆装与调试，确保灯光与信号设备的正常工作。
5. 能够独立完成组合仪表和报警装置的拆装与调试，确保仪表读数准确和报警功能正常。
6. 能够完成辅助电器装置的装配与调试，确保能正常工作。
7. 能够独立完成空调系统的拆装与调试，确保空调系统正常运作。

素质目标

1. 帮助学生树立质量意识，严格按照标准作业。
2. 指导学生在拆装电气系统时严格遵守安全规范，增强安全防范意识。

思政目标

1. 培养学生的工匠精神，制造合格产品。
2. 引导学生在电气维修与保养中遵循职业道德规范，确保工作的可靠性和安全性。

任务一　充电系统的拆装

任务描述

某汽车维修店接收了一辆因电池电量不足而无法启动的中型轿车。车主反映，在停车一段时间后，车辆的启动电池似乎逐渐放电，导致无法正常启动发动机。一辆 2008 款卡罗拉轿车中高速行驶时，仪表上的充电警告灯开始闪烁。经过技术人员的分析，可能是发电机 V 形带打滑、充电系统线路故障或发电机内部故障，需要对充电系统进行检查或维修。

任务分析

充电系统是汽车电气系统中的核心部分，主要负责将发电机产生的电流输送到电池和整车系统，确保车辆电气设备正常工作，同时维持电池的电量。该车辆由于长时间未进行电池维护，加之可能存在的充电系统故障，导致了电池电量不足的问题。经过全面的拆装与调试，车辆的充电系统恢复正常功能。在道路测试中，电池充电情况得到显著改善，车辆启动顺畅，无电力不足现象。

任务重点

下面以卡罗拉（1.6 L）轿车为例，讲述充电系统的拆装。

卡罗拉（1.6 L）轿车充电系统部件安装位置如图 5-1 和图 5-2 所示。拆装发电机相关部件分解图如图 5-3 所示，发电机分解图如图 5-4 所示。

图 5-1　充电系统部件安装位置（1）

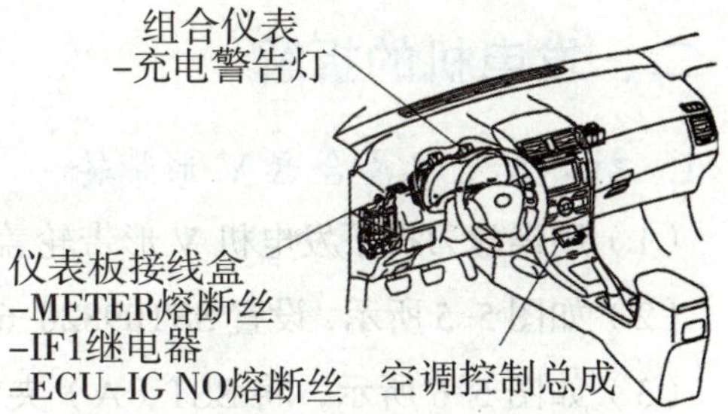

图 5-2　充电系统部件安装位置（2）

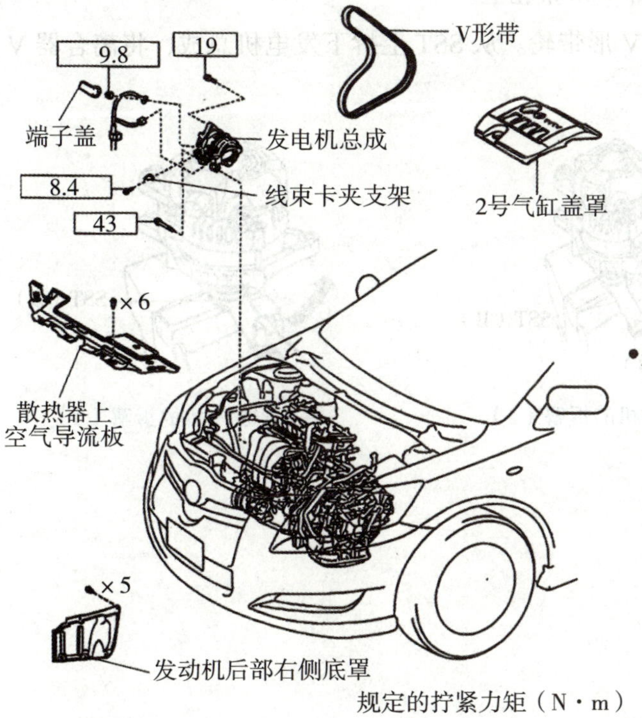

图 5-3　拆装发电机相关部件分解图

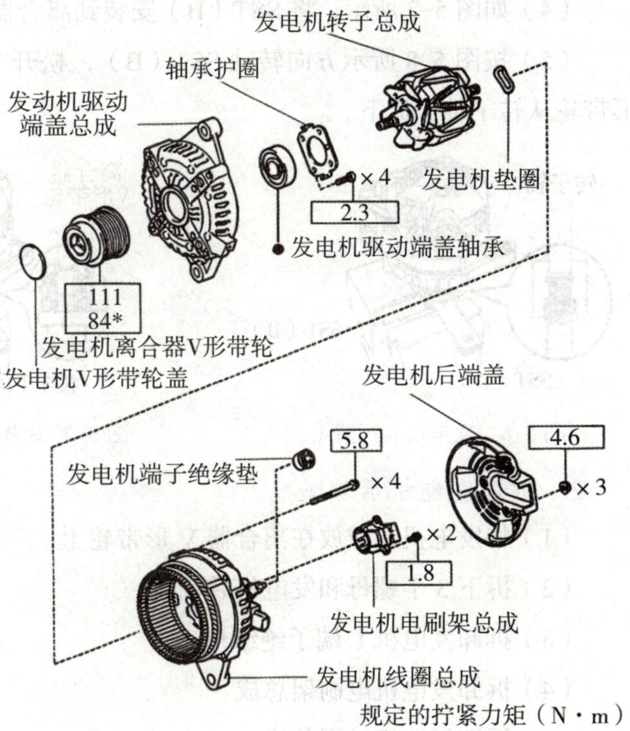

图 5-4　发电机分解图

一、发电机的拆卸

拆卸发电机的步骤如下。

（1）从蓄电池负极端子上断开电缆。

（2）拆卸发动机后部右侧底罩。

（3）拆卸散热器上空气导流板。

（4）拆卸 2 号气缸盖罩。

（5）拆卸 V 形带。

（6）拆卸发电机总成操作如下。

① 拆下端子盖，拆下螺母并将线束从端子上断开，断开连接器和线束卡夹。

② 拆下 2 个螺栓和发电机总成。

③ 拆下螺栓和线束卡夹支架。

二、发电机的拆解

1. 拆卸发电机离合器 V 形带轮

（1）用螺丝刀拆下发电机 V 形带轮盖。

（2）如图 5-5 所示，设置 SST09820-63020（A）和（B）。

（3）如图 5-6 所示，将 SST（A）夹在台虎钳上，将转子轴一端放在 SST（A）中。

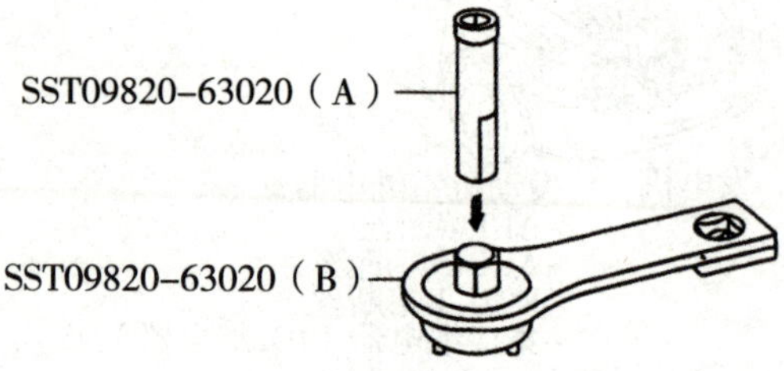

图 5-5　发电机的拆解（1）

（4）如图 5-7 所示，将 SST（B）安装到离合器 V 形带轮上。

（5）按图 5-8 所示方向转动 SST（B），松开 V 形带轮。从 SST 上拆下发电机总成，将离合器 V 形带轮从转子轴上拆下。

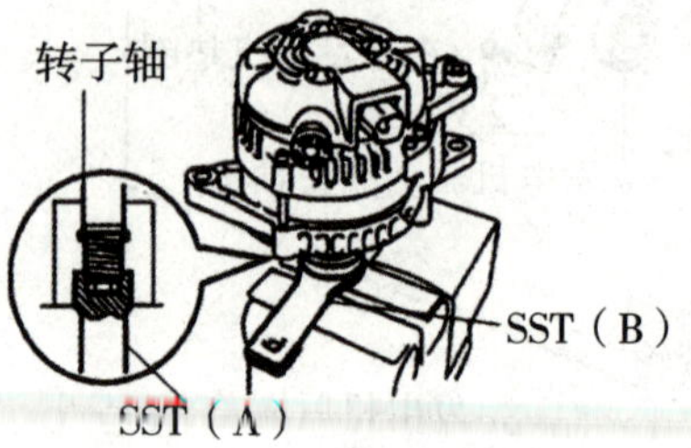

图 5-6　发电机的拆解（2）

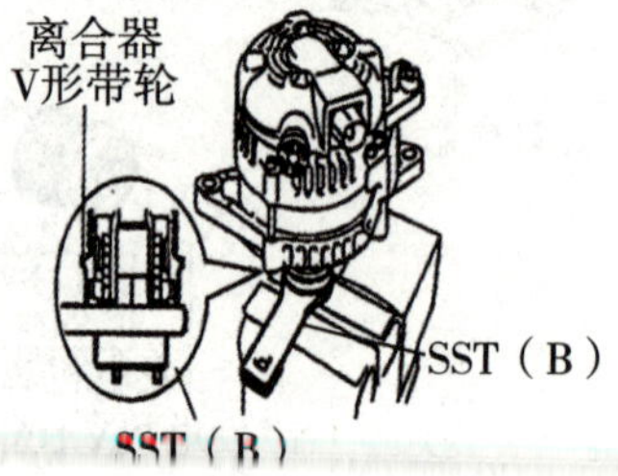

图 5-7 发电机的拆解（3）

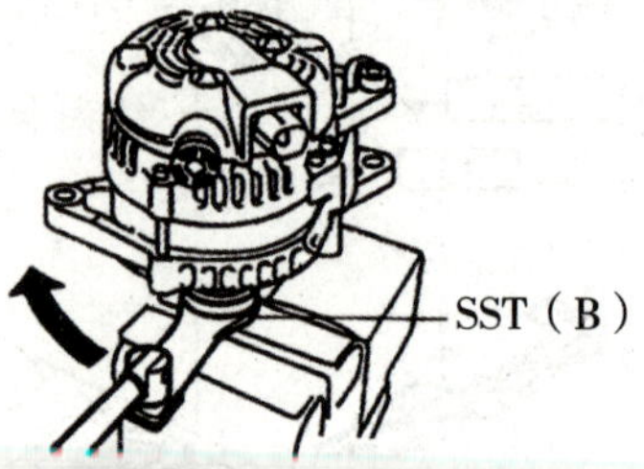

图 5-8 发电机的拆解（4）

2. 拆卸发电机后端盖

（1）将发电机总成放在离合器 V 形带轮上。

（2）拆下 3 个螺母和发电机后端盖。

（3）拆卸发电机 L 端子绝缘垫。

（4）拆卸发电机电刷架总成。

（5）拆卸发电机线圈总成。

（6）拆卸发电机转子总成。

（7）拆卸发电机驱动端盖轴承。

三、发电机的重新装配

1. 安装发电机驱动端盖轴承

（1）用 SST 和压力机压入一个新的发电机驱动端盖轴承（图 5-9）。

（2）将挡片上的凸舌嵌入驱动端盖上的切口中，以安装挡片，安装 4 个螺钉（图 5-10）。

2. 安装发电机转子总成

（1）将驱动端盖放在离合器 V 形带轮上。

（2）将发电机转子总成安装到驱动端盖上。

（3）将发电机垫圈放在发电机转子上。

3. 安装发电机线圈总成

（1）如图 5-11 所示，使用 SST09612.70100（09612-07240）和压力机，慢慢地压入发电机线圈总成。

（2）安装 4 个螺栓。

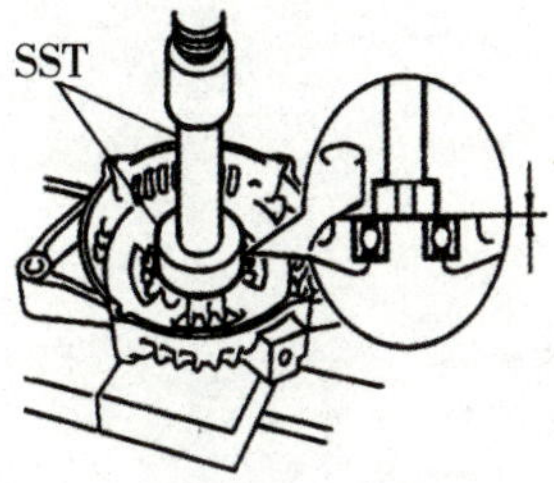

图 5-9　发电机的重新装配（1）

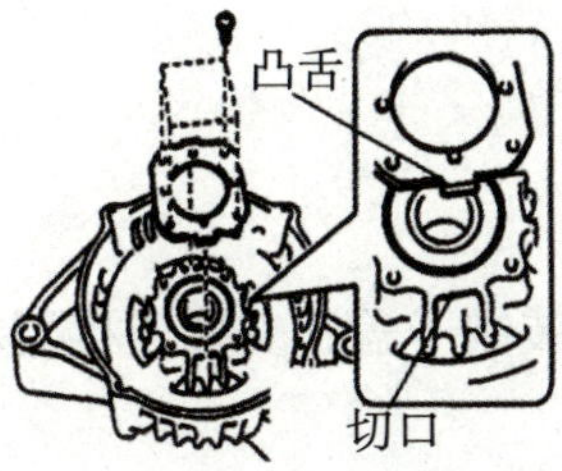

图 5-10　发电机的重新装配（2）

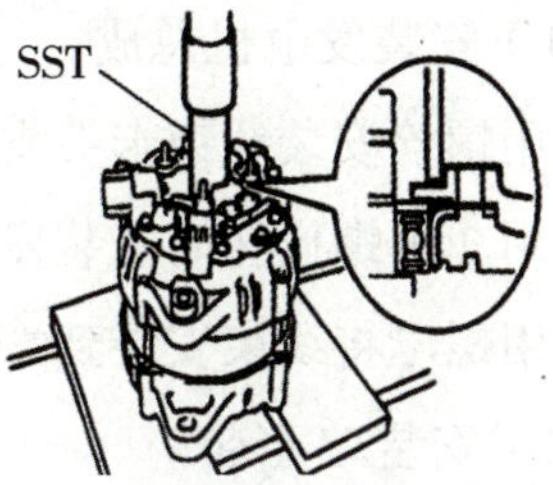

图 5-11　发电机的重新装配（3）

4. 安装发电机电刷架总成

（1）将 2 个电刷推入发电机电刷架总成的同时，在电刷架孔中插入一个直径为 1.0 mm 的销。

（2）用 2 个螺钉将电刷架总成安装到发电机线圈上。

（3）将销从发电机电刷架中拔出。

5. 安装发电机端子绝缘垫

将端子绝缘垫安装到发电机线圈上。注意如图 5-12 所示端子绝缘垫的安装方向。

6. 安装发电机后端盖

用 3 个螺母将发电机后端盖安装到发电机线圈上。

7. 安装发电机离合器 V 形带轮

（1）将离合器 V 形带轮暂时安装到转子轴上。

（2）设置 SST09820-63020（A）和（B）。

（3）将 SST（A）夹在台虎钳上，将转子轴一端放在 SST（A）中。

（4）将 SST（B）安装到离合器 V 形带轮上。

（5）如图 5-13 所示方向转动 SST（B），紧固 V 形带轮。

（6）从 SST 上拆下发电机总成。

（7）检查并确认离合器 V 形带轮旋转平稳。

（8）将一个新的离合器 V 形带轮盖安装到离合器 V 形带轮上。

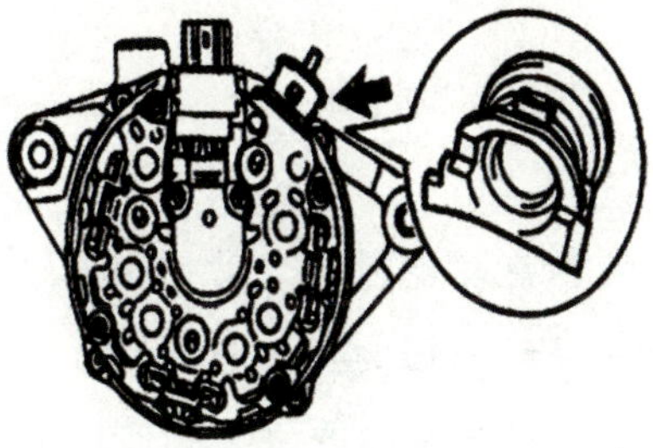

图 5-12　发电机的重新装配（4）

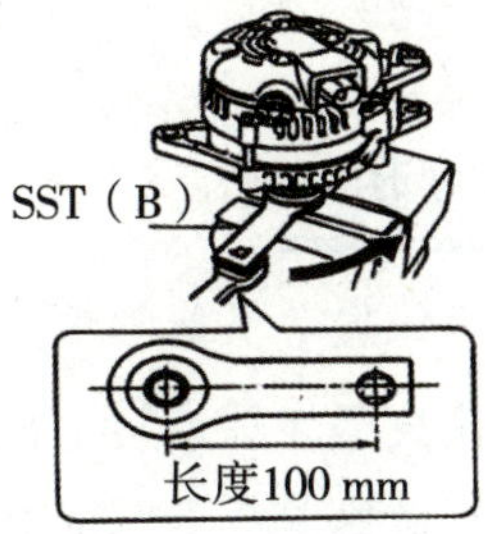

图 5-13　发电机的重新装配（5）

【提示】

使用力臂长度为 318 mm 的扭力扳手。当 SST 与扭力扳手平行时，扭矩值有效。

四、发电机的安装

（1）安装发电机总成。

① 用螺栓安装线束卡夹支架。

② 用 2 个螺栓暂时安装发电机总成。

③ 用螺母将线束安装到端子 B 并安装端子盖，安装连接器和线束卡夹。

（2）安装 V 形带。

（3）调整 V 形带。

（4）检查 V 形带。

（5）安装 2 号气缸盖罩。

（6）安装散热器上空气导流板。

（7）安装发电机后部右侧底罩。

（8）将电缆连接到蓄电池负极端子上。

任务二　启动系统的拆装

任务描述

某汽车维修厂接收到一辆因启动系统故障而无法正常行驶的小型轿车。车主反映，在启动发动机时，启动电机工作异常，发出刺耳的噪音且无法带动发动机，导致车辆无法启动。为恢复车辆的正常启动功能，修技师决定对汽车的启动系统进行全面拆装与检修。一辆 2009 款卡罗拉（1.6 L）轿车不能启动，点火开关旋转到启动挡，能听到启动机旋转声音无力。经技术人员分析，可能为启动机故障，需要对启动机进行检查或维修。

任务分析

启动系统是确保发动机能够顺利启动的关键部分，主要包括启动电机、启动控制电路、蓄电池等部件。本次问题维修技师怀疑启动电机或其控制电路存在故障。经过全面的拆装与调试，车辆的启动系统恢复正常功能。在道路测试中，发动机启动顺利，启动电机工作无异常噪音，车辆能够正常行驶。

任务重点

卡罗拉 1.6 L 轿车启动系统部件安装位置如图 5-14 和图 5-15 所示。

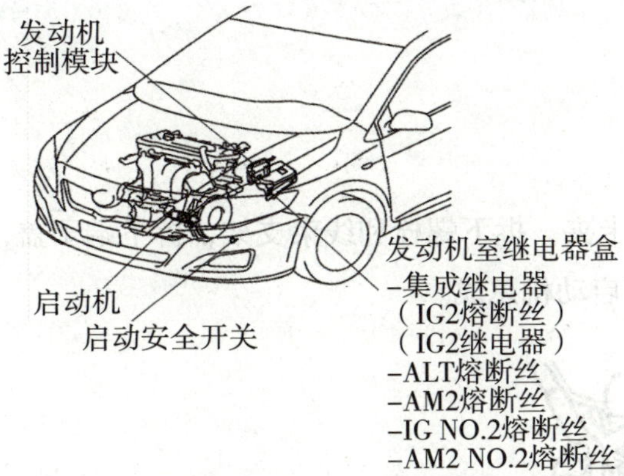

图 5-14　启动系统部件安装位置（1）

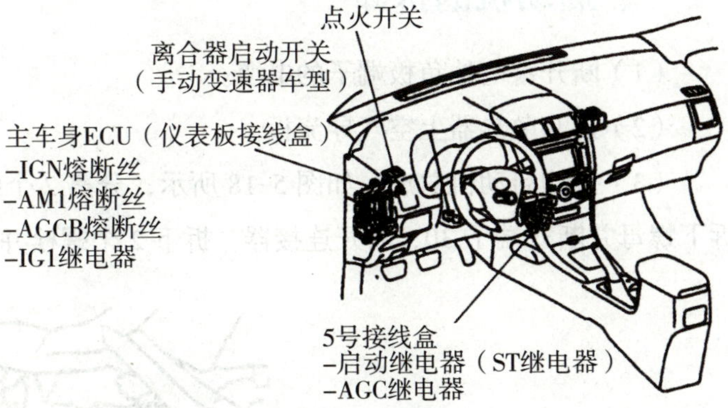

图 5-15　启动系统部件安装位置（2）

拆装启动机相关部件的分解图如图 5-16 所示，启动机分解图如图 5-17 所示。

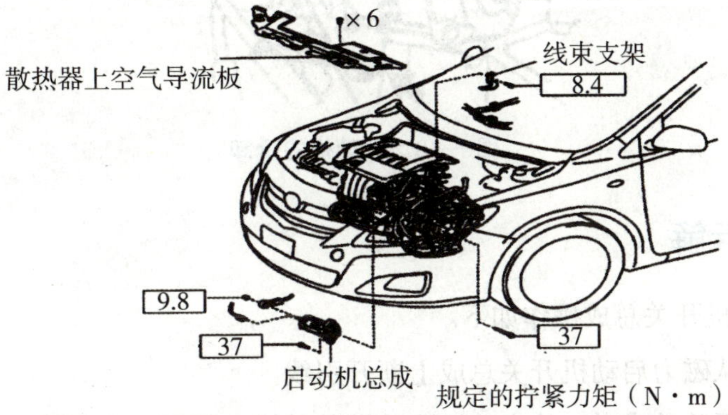

图 5-16　拆装启动机相关部件的分解图

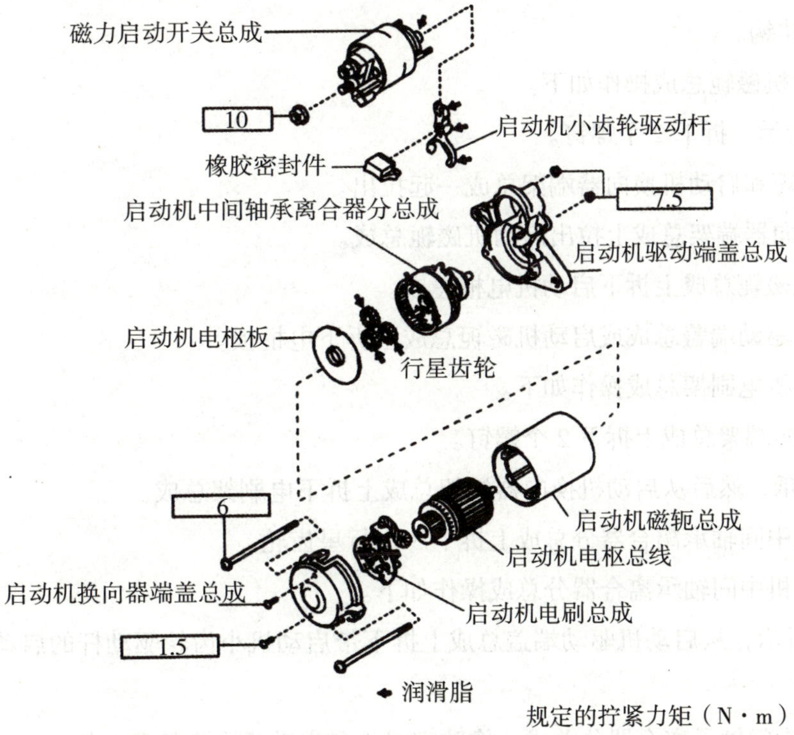

图 5-17　启动机分解图

一、启动机的拆卸

（1）断开蓄电池负极端子的电缆。

（2）拆卸散热器上空气导流板。

（3）拆卸启动机总成。如图 5-18 所示，分离 2 个线束卡夹。拆下螺栓和线束支架，拆下端子盖，拆下螺母并断开端子 30，断开连接器。拆下 2 个螺栓并拆下启动机总成。

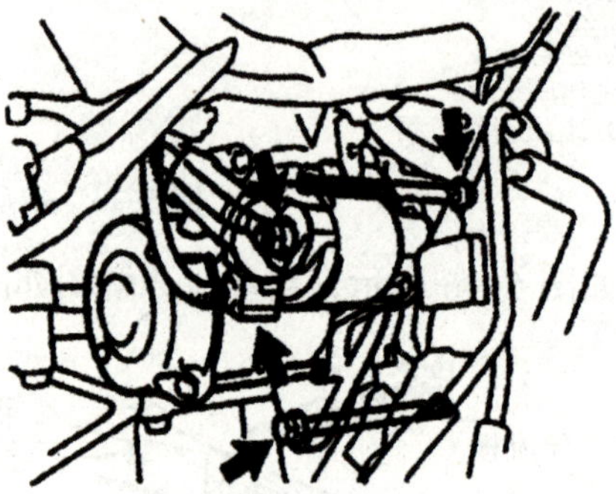

图 5-18　启动机的拆卸

二、启动机的拆解

（1）拆卸磁力启动机开关总成操作如下。

① 拆下螺母，然后从磁力启动机开关总成上断开引线。

② 固定磁力启动机开关总成时，从启动机驱动端盖总成上拆下 2 个螺母。

③ 拉出磁力启动机开关总成，并且在提起磁力启动机开关总成前部时，从驱动杆和磁力启动机开关总成上松开铁芯挂钩。

（2）拆卸启动机磁轭总成操作如下。

① 如图 5-19 所示，拆下 2 个螺钉。

② 将启动机磁轭和启动机换向器端架总成一起拉出。

③ 从启动机换向器端架总成上拉出启动机磁轭总成。

（3）从启动机磁轭总成上拆下启动机电枢总成。

（4）从启动机驱动端盖总成或启动机磁轭总成上拆下电枢板。

（5）拆卸启动机电刷架总成操作如下。

① 从启动机换向端架总成上拆下 2 个螺钉。

② 拆下卡夹卡爪，然后从启动机换向器端架总成上拆下电刷架总成。

（6）从启动机中间轴承离合器分总成上拆下 3 个行星齿轮。

（7）拆卸启动机中间轴承离合器分总成操作如下。

① 如图 5-20 所示，从启动机驱动端盖总成上拆下带启动机小齿轮驱动杆的启动机中间轴承离合器分总成。

② 拆下启动机中间轴承离合器分总成、橡胶密封件和启动机小齿轮驱动杆。

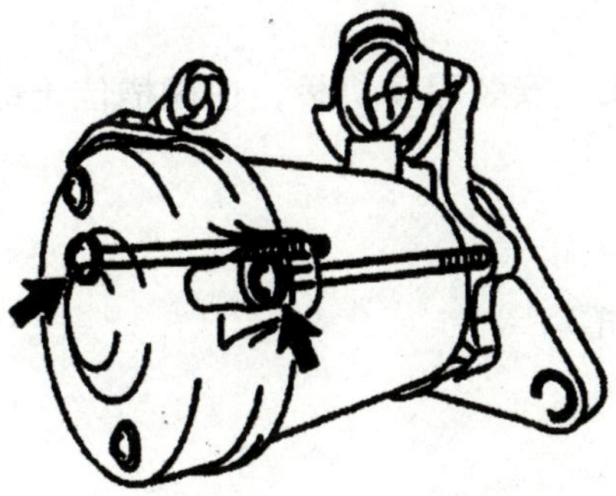

图 5-19　启动机的拆解（1）

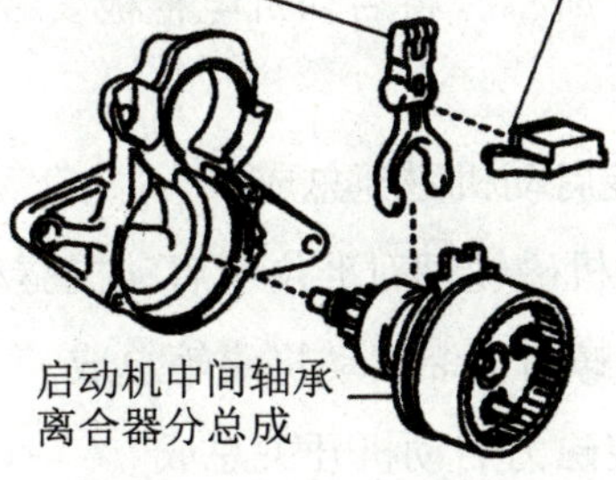

图 5-20　启动机的拆解（2）

三、启动机的重新装配

（1）安装启动机中间轴承离合器分总成

① 将润滑脂涂抹到启动机小齿轮驱动杆与启动机小齿轮驱动杆的启动机枢轴的接触部分。

② 将启动机小齿轮驱动杆和橡胶密封件安装至启动机中间轴承离合器分总成。

③ 将启动机中间轴承离合器和启动机小齿轮驱动杆一起安装至启动机驱动端盖总成。

（2）安装行星齿轮

在行星齿轮和行星轴销部位涂抹润滑脂，安装 3 个行星齿轮。

（3）安装启动机电刷架总成

① 安装电刷架。用螺丝刀抵住电刷弹簧，将 4 个电刷安装到电刷盖上。

② 如图 5-21 所示将密封垫插入正极（+）和负极（-）之间。

（4）安装启动机换向器端盖总成

① 将电刷架卡夹装配到启动机换向器端架总成上。

② 用 2 个螺钉安装换向器端架。

（5）安装启动机电枢总成

如图 5-22 所示将橡胶件对准启动机磁轭总成的凹槽。将带电刷架的启动机电枢安装到启动机磁轭总成上。

图 5-21　启动机的重新装配（1）

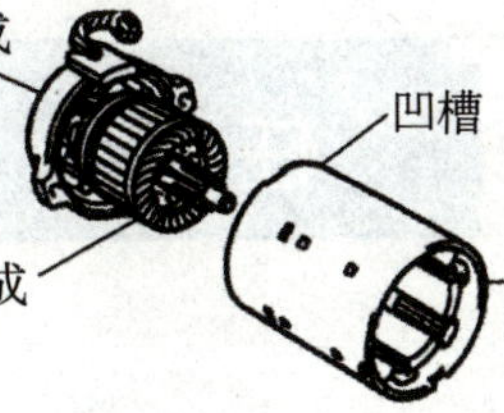

图 5-22　启动机的重新装配（2）

【提示】

支撑启动机电枢，以防启动机磁轭总成的磁力将其从启动机电刷架中拉出。

（6）安装启动机电枢板

如图 5-23 所示，将启动机电枢板安装至启动机磁轭总成。安装启动机板，使键槽位于键 A 和键 B 之间。

（7）安装启动机磁轭总成

① 将启动机磁轭键对准位于启动机驱动端盖总成上的键槽。

② 用 2 个螺钉安装启动机磁轭总成。

（8）安装磁力启动机开关总成

① 在铁芯挂钩上涂抹润滑脂。

② 将磁力启动机开关总成的铁芯从上侧接合到驱动杆上。

③ 用 2 个螺母安装磁力启动机开关总成。

④ 将引线连接至磁力启动机开关，然后用螺母紧固。

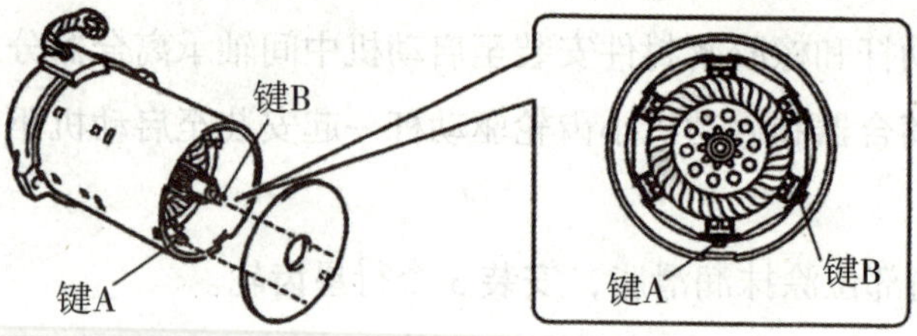

图 5-23　启动机的重新装配（3）

四、启动机的安装

（1）安装启动机总成，用 2 个螺栓安装启动机总成。连接连接器，用螺母连接端子 20，合上端子盖，用螺栓安装线束支架，安装 2 个线束卡夹。

（2）安装散热器上空气导流板。

（3）将电缆连接到蓄电池负极端子上。

任务三　点火系统的拆装

任务描述

一辆中型轿车因点火系统故障被送至汽车维修中心。车主反映在行驶过程中，车辆出现间歇性失火现象，导致发动机运转不稳，动力下降，且有时启动困难。初步诊断后，维修技师判断点火系统存在故障，可能是点火线圈、火花塞或相关电路问题。为准确诊断和解决问题，维修中心决定对点火系统进行全面拆装与检修。

任务分析

点火系统是汽车发动机正常工作的关键部分，负责在正确的时间产生高压电火花，点燃混合气，从而驱动发动机运转。本次故障主要是由于点火系统部件老化和积碳严重导致的。通过更换损坏的部件、清洁积碳以及详细的调试工作，成功恢复了点火系统的性能。这再次强调了定期维护和检查点火系统的重要性，以避免类似故障的发生。

任务重点

卡罗拉（1.6 L）轿车点火系统部件安装位置如图 5-24 和图 5-25 所示。

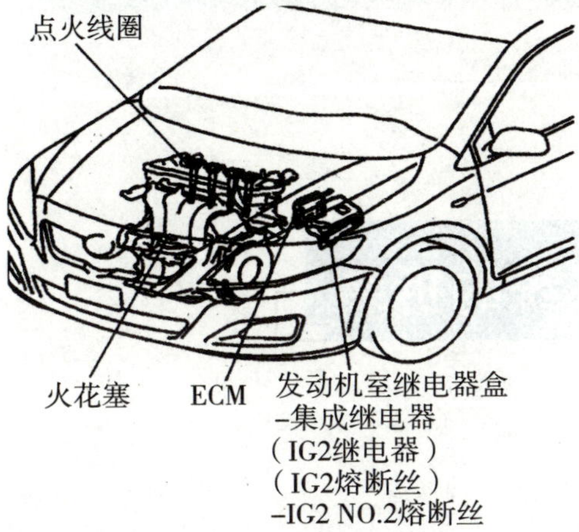

图 5-24　卡罗拉（1.6 L）轿车点火系统部件安装位置（1）

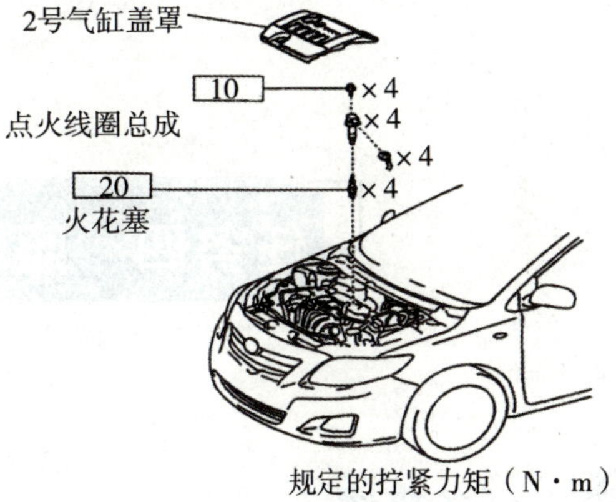

图 5-25　卡罗拉（1.6 L）轿车点火系统部件安装位置（2）

一、点火线圈和火花塞的拆卸

（1）拆卸 2 号气缸罩。

（2）拆卸点火线圈总成。

① 断开 4 个点火线圈连接器。

② 如图 5-26 所示拆下 4 个螺栓和 4 个点火线圈。

③ 用 14 mm 火花塞扳手和 100 mm 加长杆拆下 4 个火花塞。

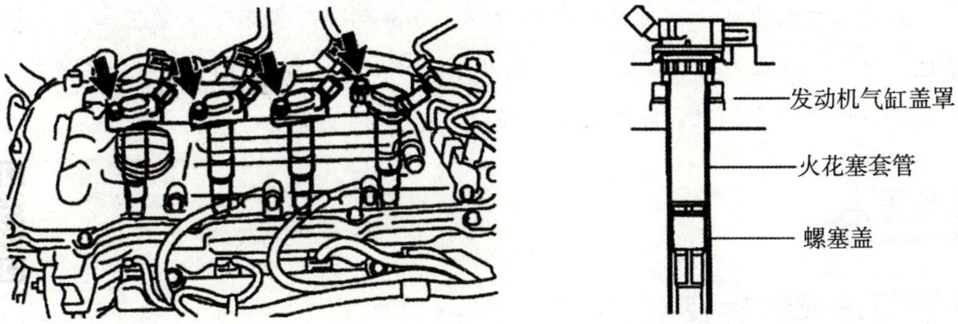

图 5-26　点火线圈和火花塞的拆卸

二、点火线圈和火花塞的安装

（1）安装火花塞。用 14 mm 火花塞扳手和 100 mm 加长杆安装 4 个火花塞。

（2）安装点火线圈总成。

① 用 4 个螺栓安装 4 个点火线圈。

② 连接 4 个点火线圈连接器。

（3）安装 2 号气缸罩。

【提示】

安装点火线圈时，不要损坏发动机盖罩开口上的火花塞盖或火花塞套管底部边缘。

任务四　照明与信号系统的拆装

任务描述

某汽车修理厂接收了一辆因照明与信号系统故障而来维修的 SUV。车主反映车头灯亮度不足，转向灯闪烁频率异常，且倒车灯和示宽灯不亮。为确保车辆行驶安全，维修技师决定对汽车的照明与信号系统进行全面拆装与检修。一辆 2008 款卡罗拉（1.6 L）轿车的一个前照灯不亮。经技术人员分析，可能为前照灯灯泡损坏或前照灯线路故障，需要对照明系统进行检查或维修。

任务分析

照明与信号系统是汽车安全行驶的关键组成部分，包括前大灯、转向灯、倒车灯、示宽灯等。该车辆的照明与信号系统由于长期使用和可能的电路故障，导致部分灯具无法正常工作。此次维修旨在全面检查和修复系统，确保灯具正常运行。经过全面的拆装与调试，车辆的照明与信号系统故障被成功排除。各个灯具工作正常，亮度符合标准，闪烁频率正常。

任务重点

汽车照明装置系统

一、前照灯总成的拆装

卡罗拉（1.6 L）轿车照明系统在车上的布置分别如图 5-27 至图 5-29 所示。

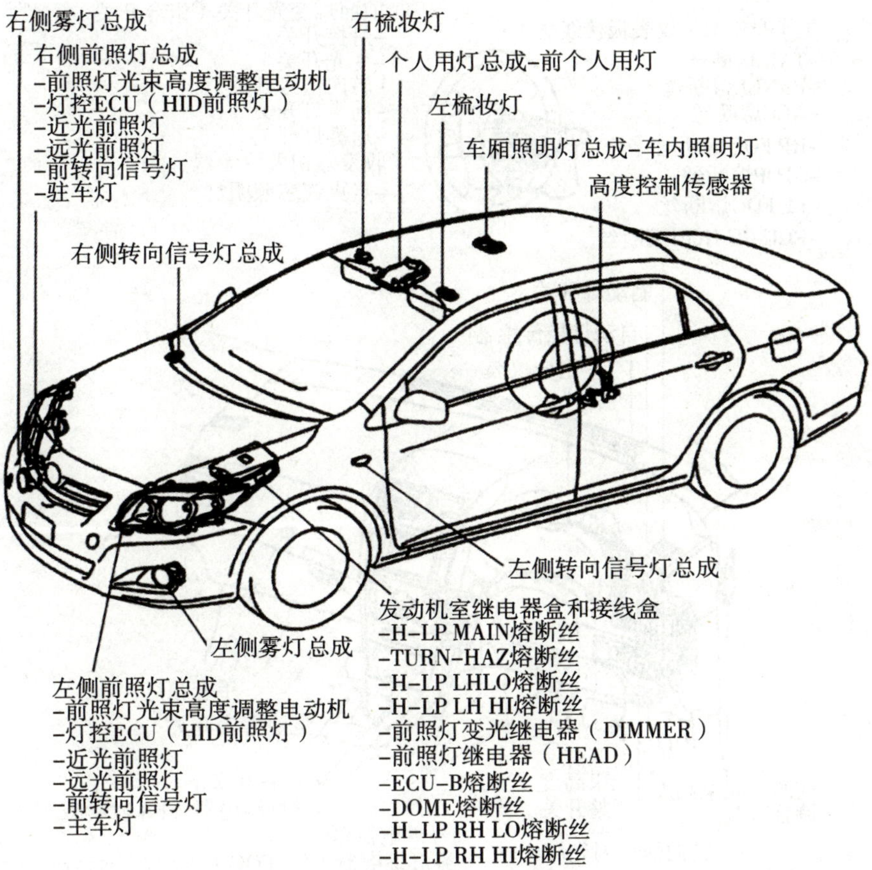

图 5-27　照明系统在车上的布置（1）

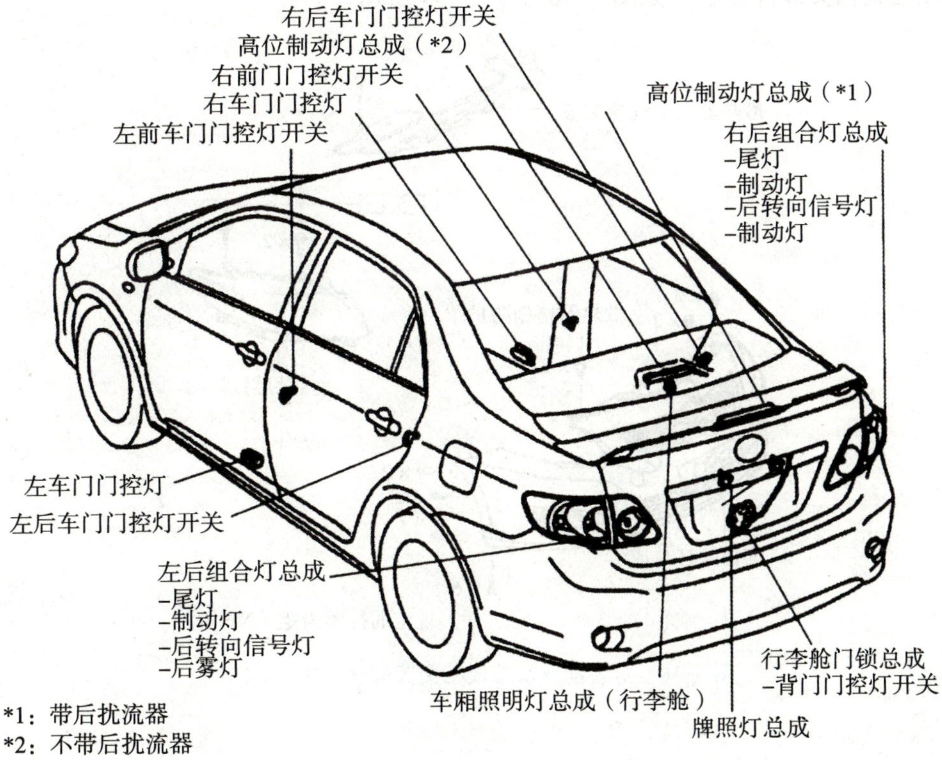

图 5-28　照明系统在车上的布置（2）

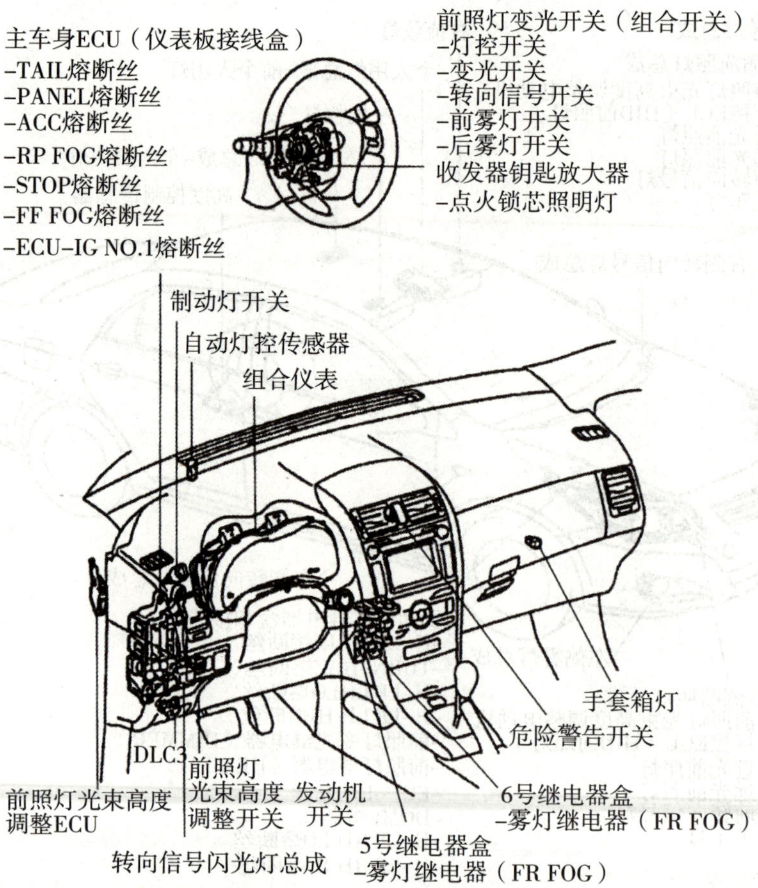

图 5-29　照明系统在车上的布置（3）

拆装前照灯总成相关部件分解图如图 5-30 至图 5-33 所示。

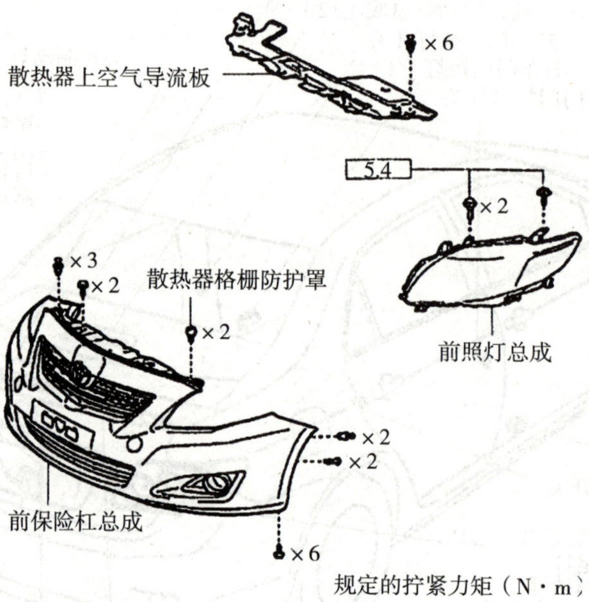

图 5-30　拆装前照灯总成相关部件分解图（1）

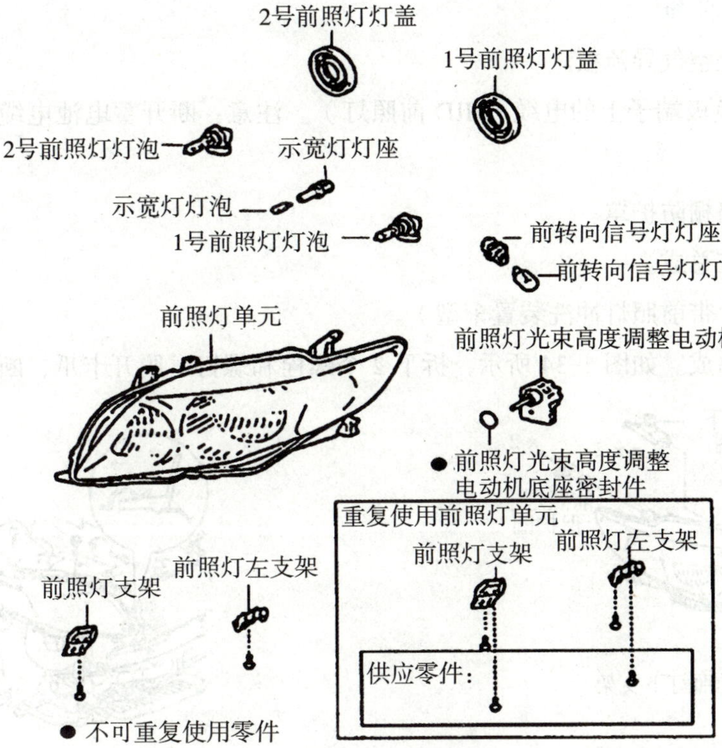

图 5-31　拆装前照灯总成相关部件分解图（2）

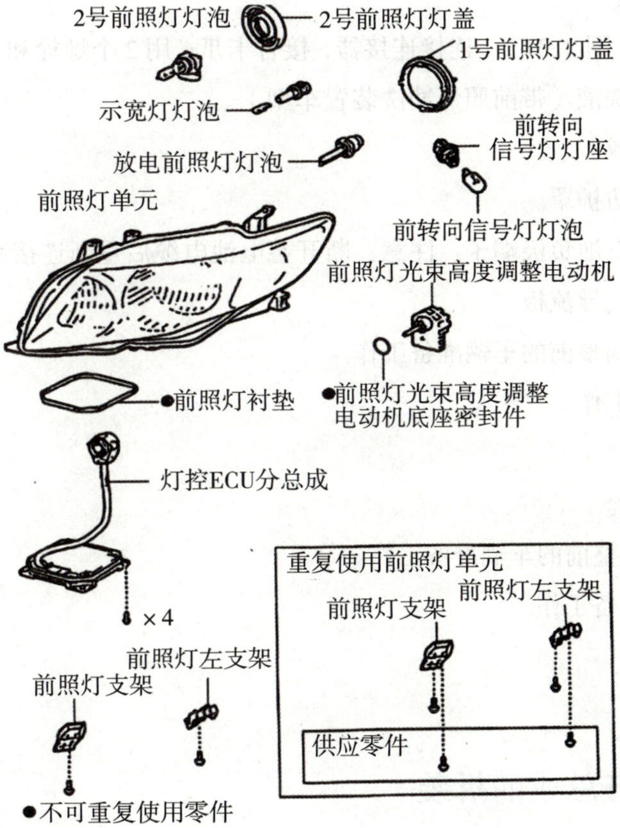

图 5-32　拆装前照灯总成相关部件分解图（3）

1. 前照灯总成的拆卸

（1）拆卸散热器上空气导流板。

（2）断开蓄电池负极端子上的电缆（HID 前照灯）。注意：断开蓄电池电缆后重新连接时系统需要初始化。

（3）拆卸散热器格栅防护罩。

（4）拆卸前保险杠总成。

（5）排空冲洗液（带前照灯冲洗装置车型）。

（6）拆卸前照灯总成。如图 5-34 所示，拆下 2 个螺栓和螺钉，脱开卡爪，断开连接器。

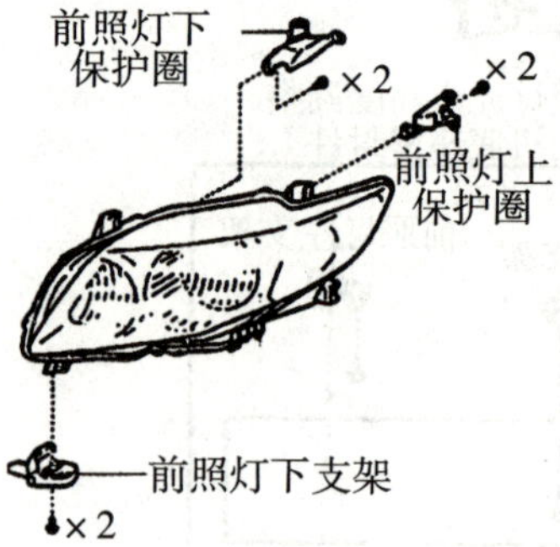

图 5-33　拆装前照灯总成相关部件分解图（4）

图 5-34　前照灯总成的拆卸

2. 前照明总成的安装

（1）安装前照灯总成（图 5-34）。连接连接器，接合卡爪，用 2 个螺栓和 1 个螺钉安装前照灯总成。

（2）将储水罐加满冲洗液（带前照灯冲洗装置车型）。

（3）安装前保险杠总成。

（4）安装散热器格栅防护罩。

（5）将电缆连接到蓄电池负极端子。注意：断开蓄电池电缆后重新连接系统需要初始化。

（6）安装散热器上空气导流板。

（7）进行前照灯对光调整前的车辆准备工作。

（8）前照灯对光准备工作。

（9）前照灯对光检查。

（10）前照灯对光调整。

（11）进行雾灯对光调整前的车辆准备工作。

（12）进行雾灯对光准备工作。

（13）雾灯对光检查。

（14）雾灯对光调整。

二、侧转向信号灯总成的拆装

侧转向信号灯总成安装位置如图 5-35 所示。

1. 侧转向信号灯总成的拆卸

如图 5-36 所示松开 2 个卡爪，断开侧转向信号灯总成：断开连接器，拆下侧转向信号灯总成。

2. 侧转向信号灯总成的安装

如图 5-37 所示连接连接器，接合 2 个卡爪，安装侧转向信号灯总成。

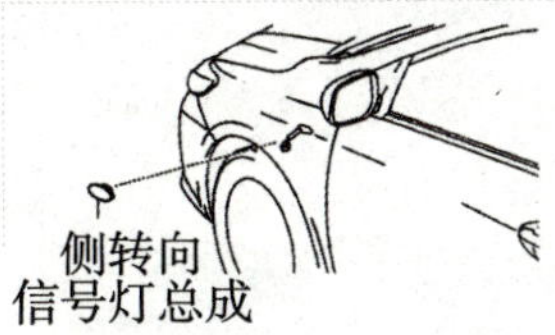

图 5-35 侧转向信号灯总成安装位置

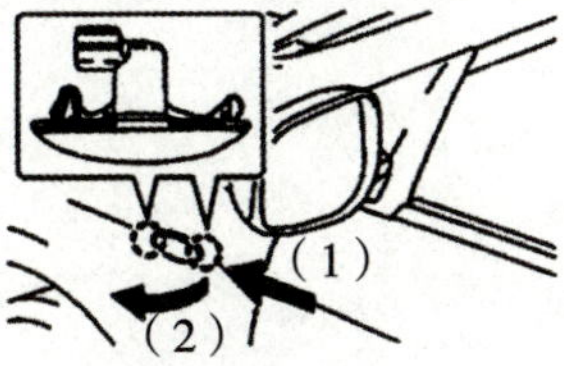

图 5-36 侧转向信号灯总成的拆卸

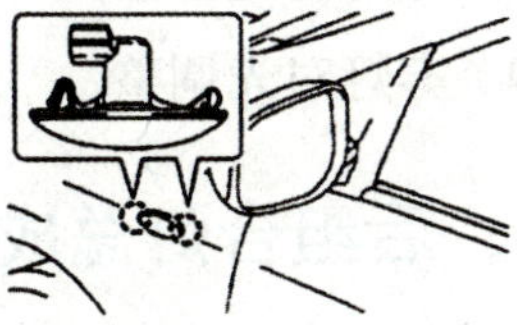

图 5-37 侧转向信号灯总成的安装

三、雾灯总成的拆装

拆装雾灯总成相关部件分解图如图 5-38 所示。

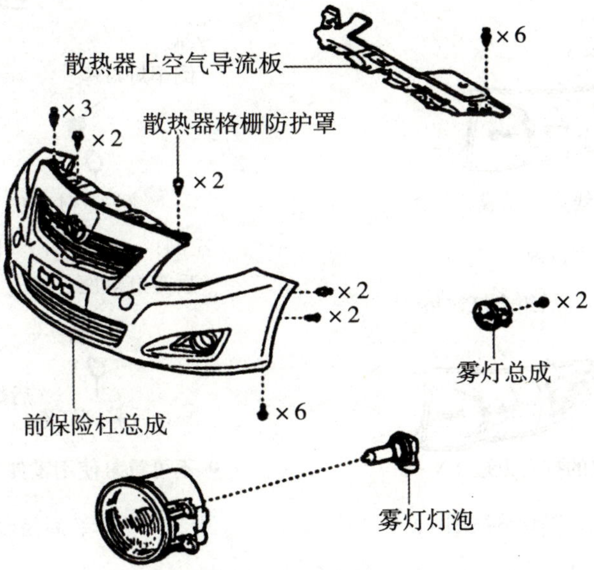

图 5-38 拆装雾灯总成相关部件分解图

1. 雾灯总成的拆卸

（1）拆卸散热器上空气导流板。

（2）拆卸散热器格栅防护罩。

（3）拆卸前保险杠总成。

（4）排空冲洗液（带前照灯冲洗装置车型）。

（5）拆卸雾灯总成，如图 5-39 所示，拆下 2 个螺钉和雾灯总成。

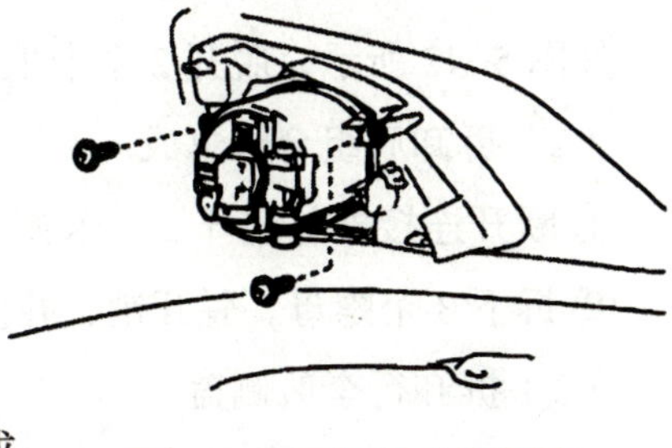

图 5-39 雾灯总成的拆卸

2. 雾灯总成的安装

（1）用 2 个螺钉安装雾灯总成（图 5-39）。

（2）将储水罐加满冲洗液（带前照灯冲洗装置车型）。

（3）安装前保险杠总成。

（4）安装散热器格栅防护罩。

（5）安装散热器上空气导流板。

（6）进行雾灯对光调整前的车辆准备工作。

（7）进行雾灯对光准备工作。

（8）雾灯对光检查。

（9）雾灯对光调整。

四、后组合灯总成的拆装

拆装后组合灯总成相关部件分解图如图 5-40 和图 5-41 所示。

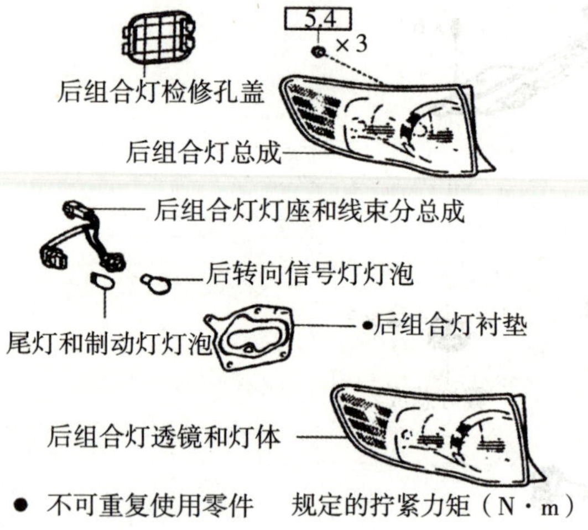

图 5-40　拆装后组合灯总成相关部件分解图（1）

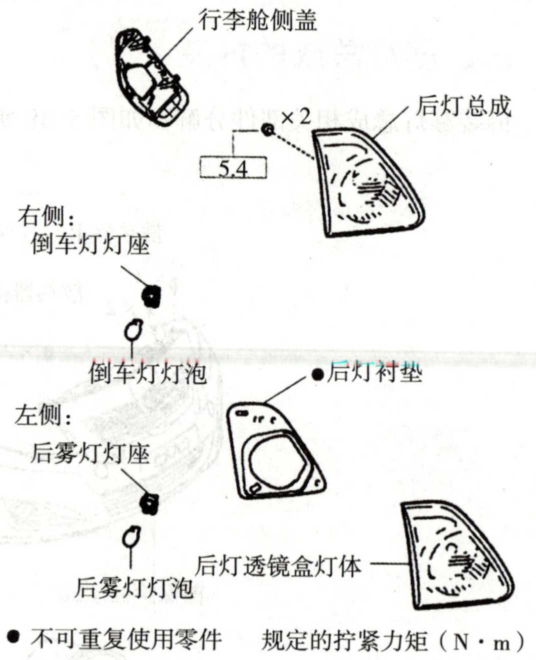

图 5-41　拆装后组合灯总成相关部件分解图（2）

1. 后组合灯总成的拆卸

（1）拆卸后组合灯检修孔盖

如图 5-42 所示，脱开 2 个卡爪，脱开 2 个导销，并拆下后组合灯检修孔盖。

（2）拆卸后组合灯总成

① 断开连接器并脱开 2 个卡夹。

② 拆下 3 个螺母，脱开销，并拆下后组合灯总成。

（3）拆卸行李舱侧盖

① 脱开 2 个卡爪，脱开 2 个导销。

② 拆下行李舱侧盖。

（4）拆卸后灯总成

① 断开连接器并拆下 2 个螺母。

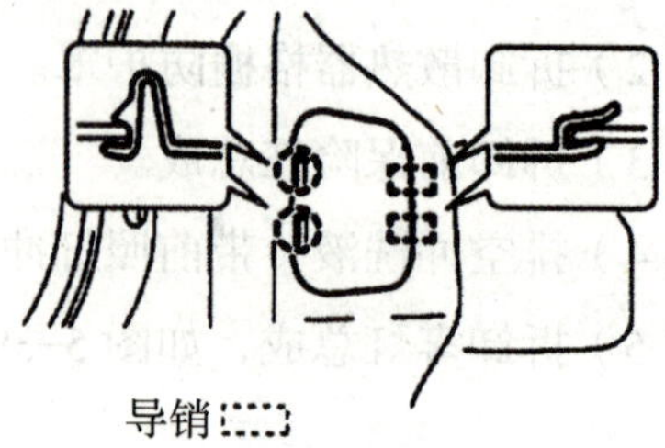

图 5-42　后组合灯总成的拆卸

②脱开卡子，拆下后灯总成。

2. 后组合灯总成的安装

（1）安装后组合灯总成

①接合销，用 3 个螺母安装后组合灯总成。

②连接连接器并结合 2 个卡夹。

（2）安装后组合灯检修孔盖

参考图 5-42，接合 2 个导销，接合 2 个卡爪，并安装后组合灯检修孔盖。

（3）安装后灯总成

①接合卡子如图 5-43 所示。

②用 2 个螺母安装后灯总成，连接连接器。

（4）安装行李舱侧盖

①接合 2 个导销。

②接合 2 个卡爪并安装行李舱后盖。

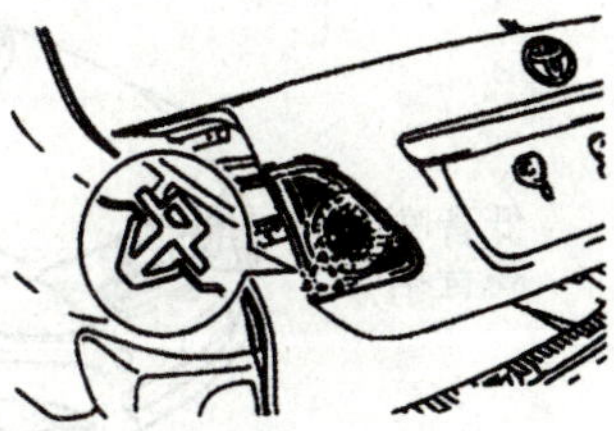

图 5-43　后组合灯总成的安装

五、制动灯开关的拆装

拆装制动灯开关相关部件分解图如图 5-44 所示。

1. 制动灯开关的拆卸

（1）拆卸仪表板 1 号底罩分总成

（2）拆卸制动灯开关总成

①断开连接器如图 5-45 所示。

②逆时针转动制动灯开关总成，将其拆下。

2. 制动灯开关的安装

（1）安装制动灯开关总成。

①插入制动灯开关总成，直到推杆触及缓冲垫。注意：插入制动灯开关总成时，从后面支撑踏板，否则踏板会被按进去。

②顺时针转动 1/4 圈，安装制动灯开关总成。注意：插入制动开关总成时，从后面支撑踏板，否则踏板会被按进去。

③连接连接器（参考图 5-45）。

④检查推杆的凸出部分如图 5-46 所示。推杆的凸出部分为 1.5 ~ 2.5 mm。如果凸出部分不在规定范围内，则进行调整。注意：不要踩下制动踏板。

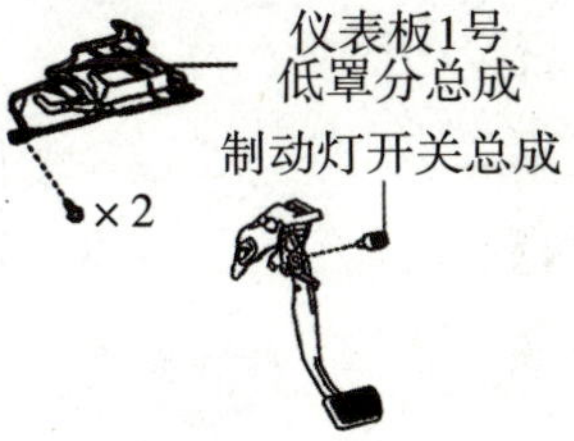

图 5-44　拆装制动灯开关相关部件分解图

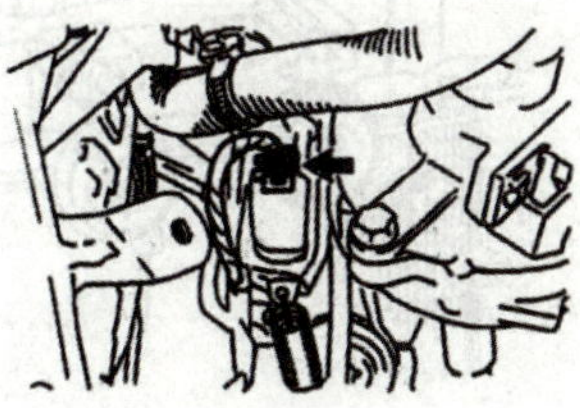

图 5-45　制动灯开关的拆卸

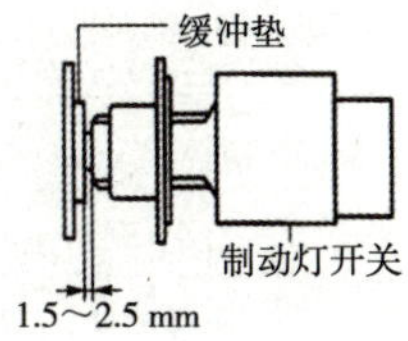

图 5-46　制动灯开关的安装

（2）安装仪表板 1 号底罩分总成。

六、喇叭的拆装

卡罗拉（1.6 L）轿车喇叭在车上的布置如图 5-47 所示。

1. 低音喇叭的拆装

拆装低音喇叭相关部件分解图如图 5-48 所示。

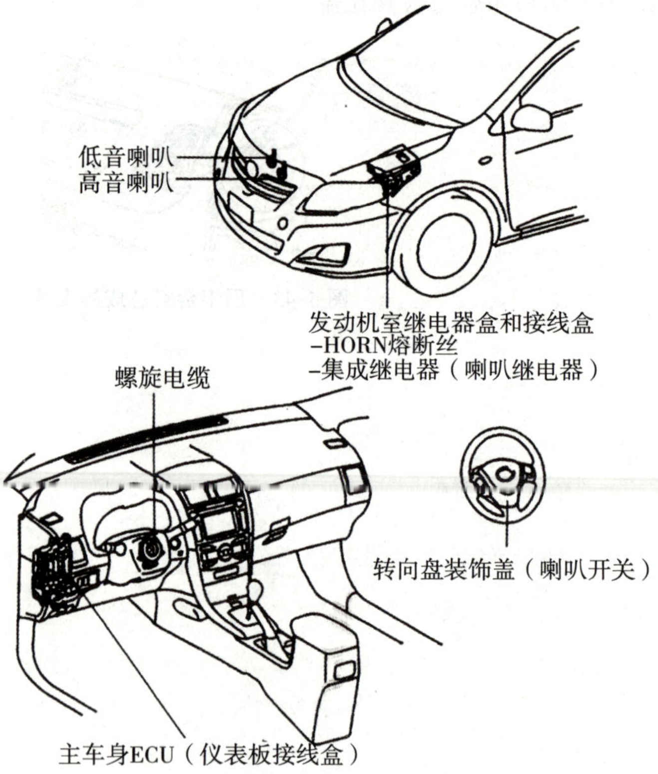

图 5-47　喇叭在车上的布置

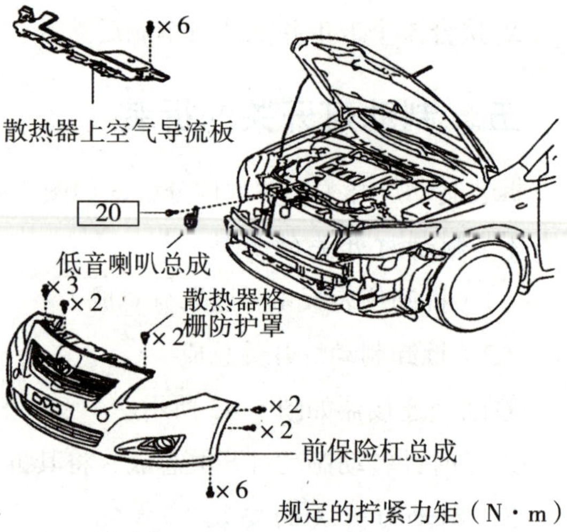

图 5-48　拆装低音喇叭相关部件分解图

（1）低音喇叭的拆卸

① 拆卸散热器上空气导流板。

② 拆卸散热器格栅防护罩。

③ 拆卸前保险杠总成。

④ 排空冲洗液（带前照灯冲洗装置车型）。

⑤ 拆卸低音喇叭总成。如图 5-49 所示，断开连接器，拆下螺栓和低音喇叭总成。

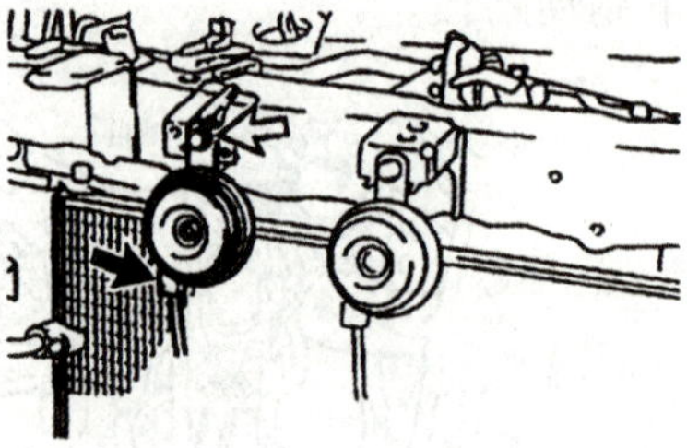

图 5-49　低音喇叭的拆装

（2）低音喇叭的安装

① 安装低音喇叭总成（图 5-49）。用螺栓安装低音喇叭总成，连接连接器。

② 将储水罐加满冲洗液（带前照灯冲洗装置车型）。

③ 安装前保险杠总成。

④ 安装散热器格栅防护罩。

⑤ 安装散热器上空气导流板。

2. 高音喇叭的拆装

拆装高音喇叭相关部件分解图如图 5-50 所示。

（1）高音喇叭的拆卸

① 拆卸散热器上空气导流板。

② 拆卸散热器格栅防护罩。

③ 拆卸前保险杠总成。

④ 排空冲洗液（带前照灯冲洗装置车型）。

⑤ 拆卸高音喇叭总成。如图 5-51 所示，断开连接器，拆下螺栓和高音喇叭总成。

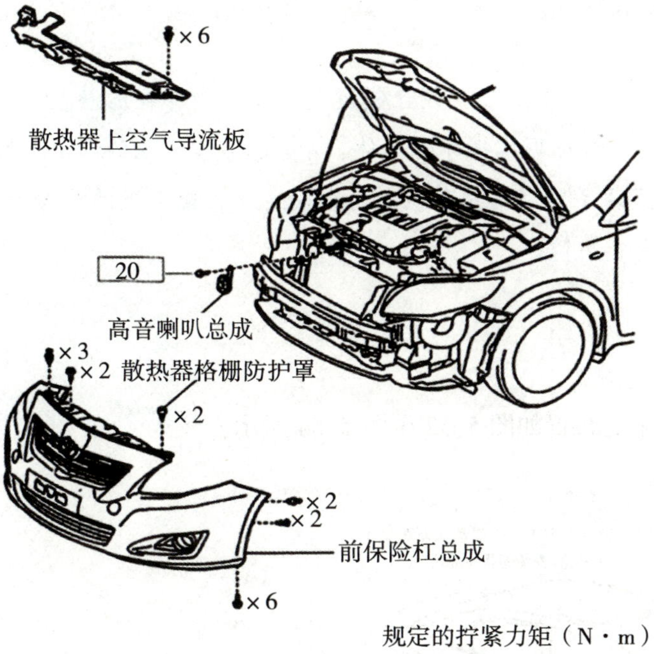

图 5-50　拆装高音喇叭相关部件分解图

图 5-51　高音喇叭的拆卸

（2）高音喇叭的安装

① 安装高音喇叭总成（参考图 5-51）。用螺栓安装高音喇叭总成，连接连接器。

② 将储水罐加满冲洗液（带前照灯冲洗装置车型）。

③ 安装前保险杠总成。

④ 安装散热器格栅防护罩。

⑤ 安装散热器上空气导流板。

任务五　组合仪表和报警装置的拆装

任务描述

一辆高档轿车被送至汽车维修中心，车主反映组合仪表显示异常，多个报警灯频繁亮起，包括发动机故障灯、ABS 故障灯和燃油不足报警等。由于仪表显示和报警装置对车辆安全至关重要，维修技师决定对汽车的组合仪表和报警装置进行全面拆装与检修。一辆 2008 款卡罗拉（1.6 L）轿车燃油表不工作。经技术人员分析，燃油表线路有故障或燃油表本身有故障，需要对仪表装置进行检查或维修。

任务分析

组合仪表是驾驶者获取车辆状态信息的主要来源，报警装置则用于提醒驾驶者可能存在的潜在问题。本次故障主要是由于电路故障和传感器问题导致的。通过更换损坏的部件、清洁电路和详细的调试工作，成功恢复了组合仪表和报警装置的性能。这再次强调了定期维护和检查组合仪表及报警装置的重要性，以避免驾驶过程中因信息误报或不显示而导致的潜在风险。

任务重点

卡罗拉（1.6 L）轿车组合仪表和报警装置在车上布置如图 5-52 至图 5-54 所示。

拆装组合仪表相关部件分解图如图 5-55 所示。

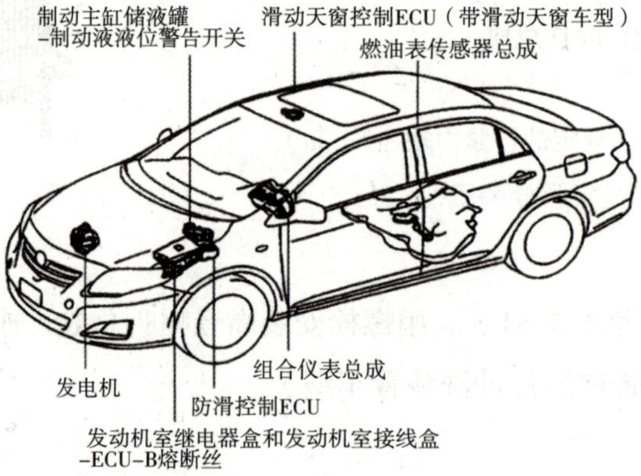

图 5-52　组合仪表和报警装置在车上布置（1）

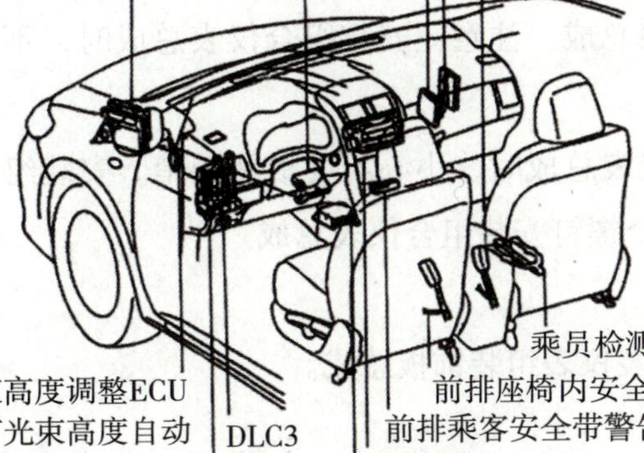

图 5-53 组合仪表和报警装置在车上布置（2）

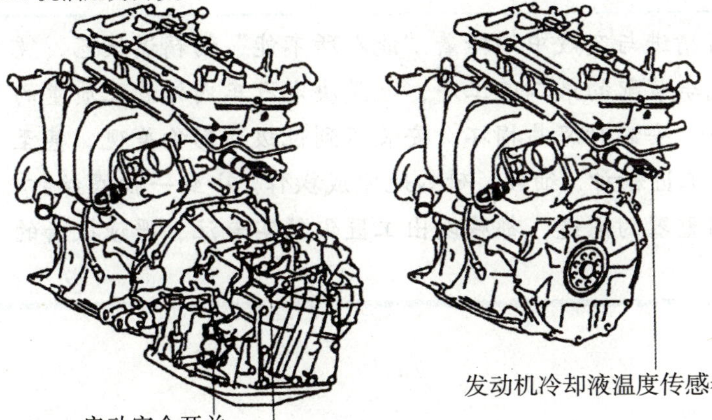

图 5-54 组合仪表和报警装置在车上的布置（3）

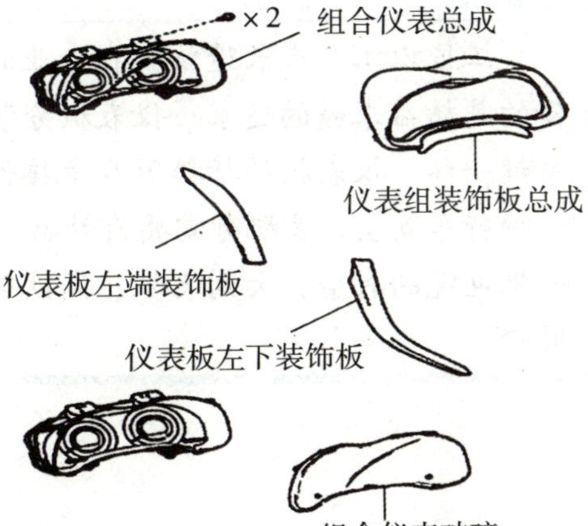

图 5-55 拆装组合仪表相关部件分解图

一、组合仪表的拆卸

（1）拆卸仪表板左下装饰板

（2）拆卸仪表板左端装饰板

（3）拆卸仪表组装饰板总成

① 操作倾斜度调节杆以降下转向盘总成。

② 如图 5-56 所示位置粘贴保护性胶带。

③ 脱开导销、卡爪和 3 个卡子，并拆下仪表组装饰板总成。

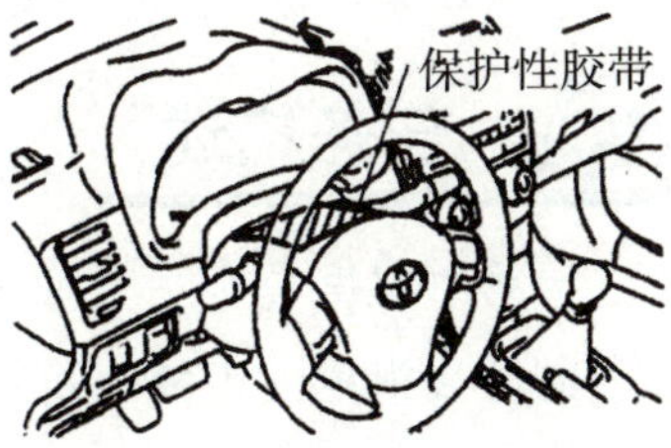

图 5-56 组合仪表的拆卸

（4）拆卸组合仪表总成

① 拆下 2 个螺钉，脱开 2 个导销。注意：拆下组合仪表总成时，小心不要损坏导销。

② 拉出组合仪表总成，断开连接器，并拆下组合仪表总成。注意：拆下组合仪表总成时，不要损坏仪表板分总成或组合仪表总成。

二、组合仪表的安装

（1）安装组合仪表总成。

① 连接连接器，并暂时安装组合仪表总成。注意：安装组合仪表总成时，不要损坏上仪表板分总成或组合仪表总成。

② 接合 2 个导销。注意：安装组合仪表总成时，小心不要损坏导销。安装组合仪表总成时，将导销牢固地插入仪表板分总成的孔内。用 2 个螺钉安装组合仪表总成。

（2）安装仪表组装饰板总成。

① 接合导销、卡爪和 3 个卡子，并安装仪表组装饰板总成。

② 清除转向柱罩上贴着的保护性胶带。

（3）安装仪表板左端装饰板。

（4）安装仪表板左下装饰板。

德育之窗

工匠以工艺专长造物，在专业的不断精进与突破中演绎着“能人所不能”的精湛技艺，凭借的是精益求精的追求。仪表板分装是汽车装配的第二道工序，也是决定汽车内饰装配质量的关键一环。仪表板的插接器和卡接件较多，安装时容易损坏，安装不到位极易影响美观，甚至影响行车安全。装配时需要有精益求精的工匠精神，细致、耐心地完成操作。小到一枚螺丝钉、一根电缆的打磨，大到飞机、高铁等大国重器的锻造，都展现出工匠们笃实专注、严谨执着的匠心。

任务六　辅助电器装置的装配与调试

任务描述

一辆新型电动轿车被送至汽车维修中心，车主反映在行驶过程中，车辆的辅助电器装置（如电动车窗、电动后视镜、中控锁等）频繁失灵，导致使用不便。为恢复这些辅助电器装置的正常功能，维修技师决定对车辆进行全面的辅助电器装置装配与调试。

任务分析

辅助电器装置是提升驾驶舒适性和便利性的重要组成部分，包括电动车窗、电动后视镜、中控锁等。本次故障主要是由于电路故障和控制模块问题导致的。通过更换损坏的部件、清洁电路和详细的调试工作，成功恢复了辅助电器装置的性能。这再次强调了定期维护和检查辅助电器装置的重要性，以避免因使用不当而影响驾驶体验。

任务重点

以卡罗拉（1.6 L）轿车为例，讲述汽车刮水器、电动座椅、电动车窗等辅助电器装置的装配与调试。

一、刮水器和洗涤器系统的拆装

卡罗拉（1.6 L）轿车刮水器和洗涤器系统在车上的布置如图 5-57 和图 5-58 所示。

1. 前刮水器电动机的拆装

前刮水器电动机拆装相关部件分解图如图 5-59 和图 5-60 所示。

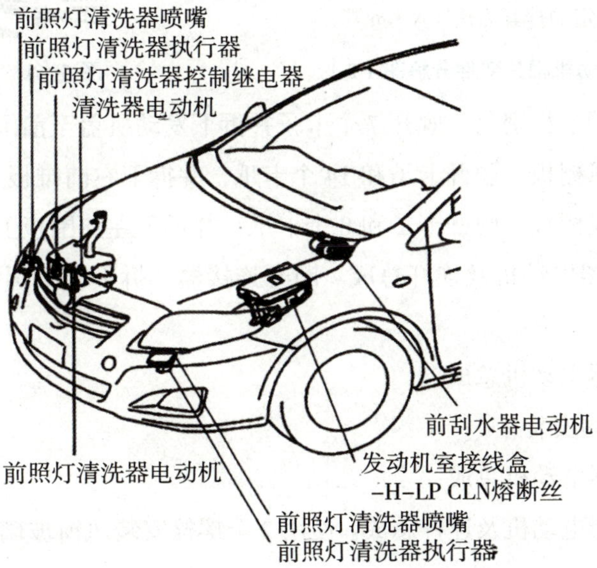

图 5-57　刮水器和洗涤器系统在车上的布置（1）

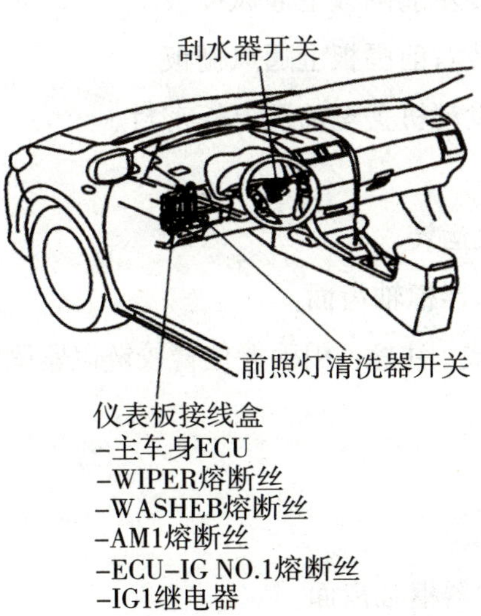

图 5-58　刮水器和洗涤器系统在车上的布置（2）

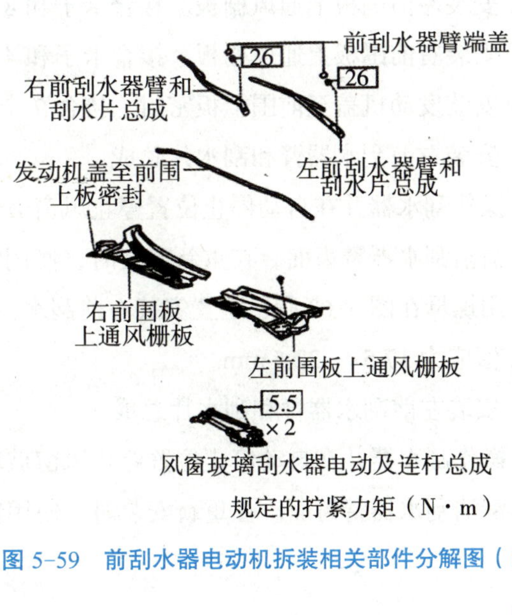

图 5-59　前刮水器电动机拆装相关部件分解图（1）

（1）前刮水器电动机的拆卸

① 拆卸前刮水器臂端盖。如图 5-61 所示，拆下 2 个盖。

② 拆下螺母及左前刮水器臂和刮水片总成。

③ 拆下螺母及右前刮水器臂和刮水片总成。

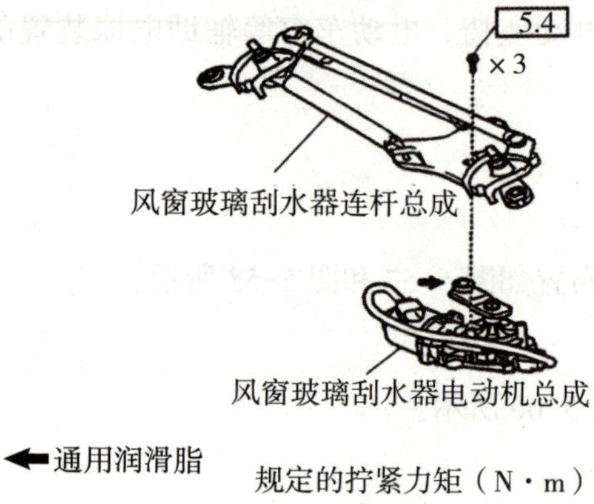

图 5-60　拆装前刮水器电动机相关部件分解图（2）

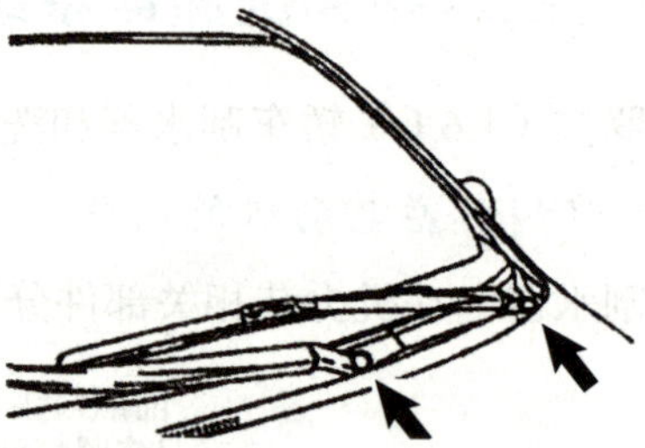

图 5-61　前刮水器电动机的拆卸

④ 拆卸发动机盖至前围上板密封。脱开 7 个卡子并拆下发动机盖至前围上板密封。

⑤ 拆卸右前围板上通风栅板。脱开卡子和 14 个卡爪，并拆下右前维板上通风栅板。

⑥ 拆卸左前围板上通风栅板。脱开卡子和 8 个卡爪，并拆下左前围板上通风栅板。

⑦ 拆卸风窗玻璃刮水器电动机及连杆总成。断开连接器，拆下 2 个螺栓和风窗玻璃刮水器电动机和连杆总成。

⑧ 拆卸风窗玻璃刮水器电动机总成。

（2）前刮水器电动机的安装

① 安装风窗玻璃刮水器电动机总成。

② 安装风窗玻璃刮水器电动机及连杆总成。使用 2 个螺栓安装风窗玻璃刮水器电动机和连杆总成，连接连接器。

③ 安装左前围板上通风栅板。接合卡子和 8 个卡爪，并安装左前围板上通风栅板。

④ 安装右前围板上通风栅板。接合卡子和 4 个卡爪，并安装右前围板上通风栅板。

⑤ 安装发动机盖至前围上板密封。接合 7 个卡子，并安装发动机盖至前围上板密封。

⑥ 安装右前刮水器臂和刮水片总成。

◆ 操作刮水器并在自动停止位置停止风窗玻璃刮水器电动机运转。

◆ 清洁刮水器臂齿面。在重新安装时，使用钢丝刷清洁刮水器枢轴齿面。

◆ 用螺母在图 5-62 所示位置安装右前刮水器臂和刮水片总成。注意：用手握住臂铰链以紧固螺母。图中 A 值应为 17.5 ～ 32.5 mm。

⑦ 安装左前刮水器臂和刮水片总成。

◆ 操作刮水器并在自动停止位置停止风窗玻璃刮水器电动机。

◆ 清洁刮水器臂齿面。在重新安装时，使用钢丝刷清洁刮水器枢轴齿面。

◆用螺母在图 5-63 所示位置安装左前刮水器臂和刮水片总成。注意：用手握住铰链以紧固螺母。图中 A 值应为 7.5 ～ 32.5 mm。

图 5-62　前刮水器电动机的安装（1）

图 5-63　前刮水器电动机的安装（2）

◆在风窗玻璃上喷射清洗液的同时，操作前刮水器。确保前刮水器功能正常，且刮水器不与车身接触。

⑧安装前刮水器臂端盖，安装 2 个盖。

2.　前刮水器橡胶条的拆装

前刮水器橡胶条分解图如图 5-64 所示。

（1）前刮水器橡胶条的拆卸

①拆卸前刮水器刮水片。脱开前刮水器刮水片的固定架。如图 5-65 所示，从前刮水器臂上拆下前刮水器刮水片。注意：拆下前刮水器刮水片后，不要弯曲前刮水器臂，因为刮水器臂的端部可能损坏风窗玻璃表面。

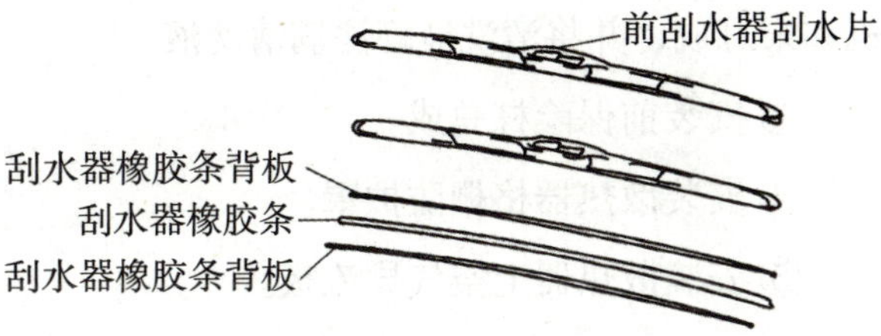

图 5-64　前刮水器橡胶条分解图

②拆卸刮水器橡胶条。

（2）前刮水器橡胶条的安装

①安装刮水器橡胶条。

②安装前刮水器刮水片，如图 5-66 所示。卡紧前刮水器刮水片的固定架。

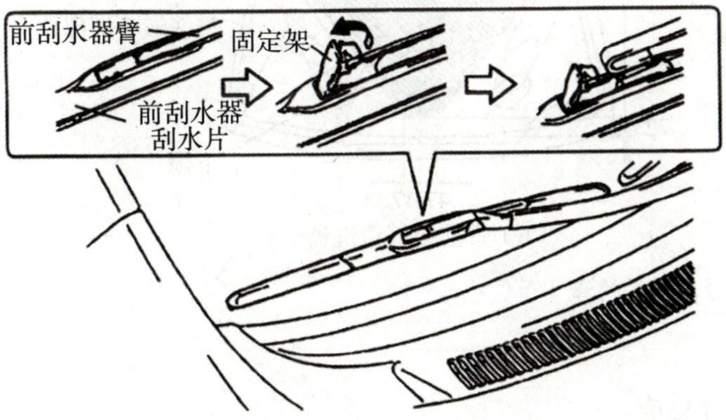

图 5-65　前刮水器橡胶条的拆卸

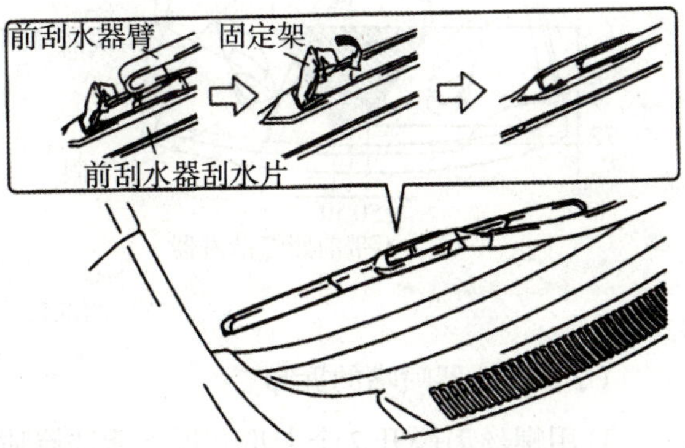

图 5-66　前刮水器橡胶条的安装

3.　清洗器电动机的拆装

拆装清洗器电动机相关部件分解图如图 5-67 所示。

（1）清洗器电动机的拆卸

① 拆卸散热器上空气导流板。

② 拆卸散热器格栅防护罩。

③ 拆卸前保险杠总成。

④ 排空清洗液。从风窗玻璃清洗器电动机和泵总成上断开清洗器软管，并排放清洗液。

⑤ 拆卸风窗玻璃清洗器电动机和泵总成。断开连接器，拆下风窗玻璃清洗器电动机和泵总成。

（2）清洗器电动机的安装

① 安装风窗玻璃清洗器电动机和泵总成，连接连接器。

② 将清洗器软管连接至风窗玻璃清洗器电动机和泵总成，并将清洗液罐注满清洗液。

③ 安装前保险杠总成。

④ 安装散热器格栅防护罩。

⑤ 安装散热器上空气导流板。

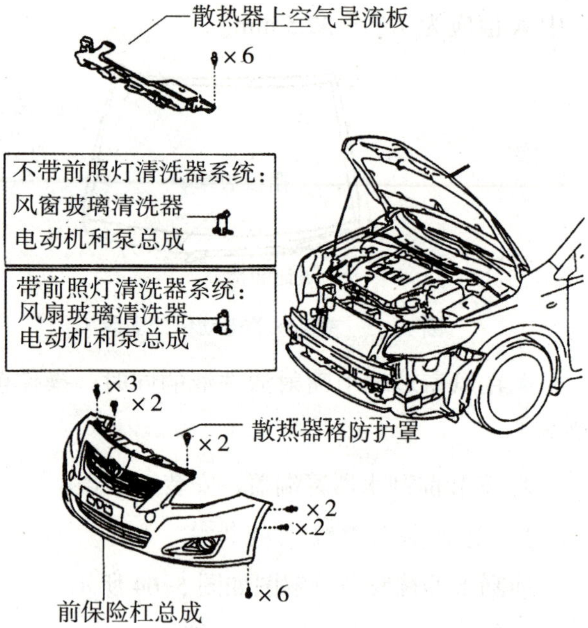

图 5-67　拆装清洗器电动机相关部件分解图

4. 清洗器喷嘴的拆装与检查

（1）车上检查

检查清洗器喷嘴分总成。发动机运转时，检查清洗液在风窗玻璃上的喷射位置。图 5-68 为清洗液在风窗玻璃上的正常喷射区域。如果检查结果不符合规定，则更换清洗器喷嘴。

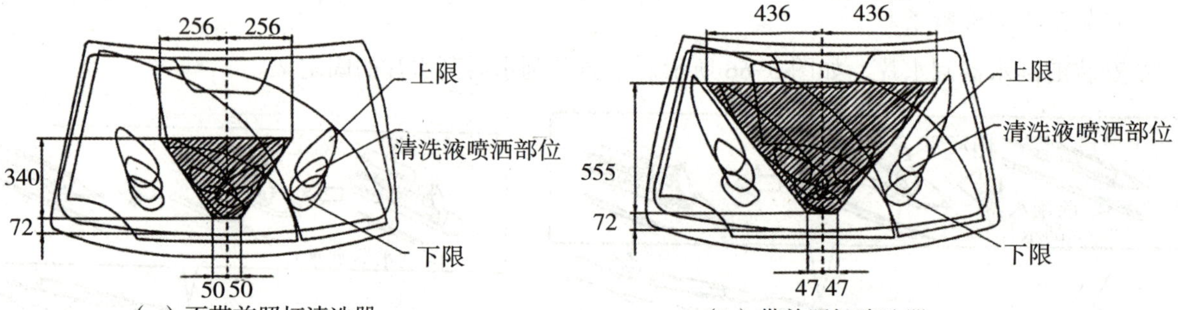

（a）不带前照灯清洗器　（b）带前照灯清洗器

图 5-68　清洗器喷嘴分总成的检查（单位：mm）

（2）清洗器喷嘴的拆卸

① 用螺丝刀脱开 2 个卡爪并拆下清洗器喷嘴分总成。

【提示】

不要损坏风窗玻璃。使用螺丝刀之前，请在螺丝刀头部缠上胶带。

② 从清洗器软管上断开清洗器喷嘴分总成。注意：清洗器喷嘴不能重复使用。

（3）清洗器喷嘴的调整

调整清洗器喷嘴分总成。如图 5-69 所示，选择一个清洗器喷嘴分总成，以保证清洗液的喷射区域符合标准。

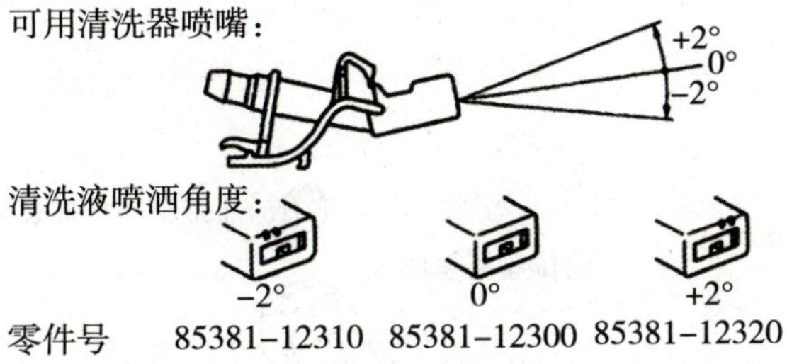

图 5-69　清洗器喷嘴的调整图

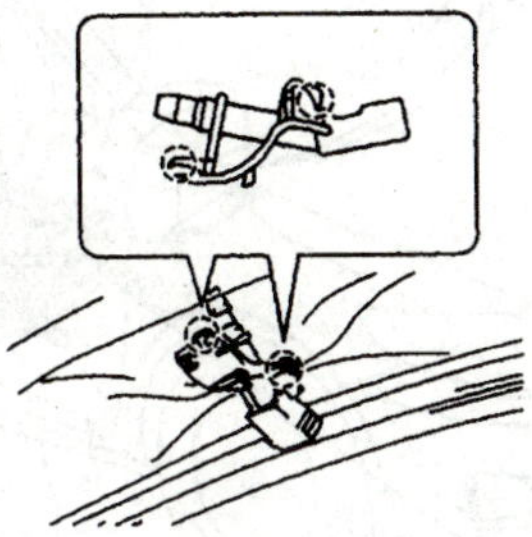

图 5-70　清洗器喷嘴的安装

（4）清洗器喷嘴的安装

① 将新的清洗器喷嘴分总成连接至清洗器软管。

② 如图 5-70 所示接合 2 个卡爪并连接清洗器喷嘴分总成。

德育之窗

刮水器虽然只是汽车上一个小小的装置，不会影响汽车的行驶性能，但却是不可或缺的。试想：假如汽车上没有刮水器，那么下雨天落在风窗玻璃上的雨水就会严重影响驾驶人视线，甚至严重影响行车安全。同样的，每个人的存在都是必要的，也能够发挥自己不可替代的作用。要立足于本职工作，刻苦钻研，做到“敬业”“勤业”，为团体、为社会贡献自己的一点力量。

二、电动座椅的拆装

卡罗拉（1.6 L）轿车前排座椅总成（电动座椅）在车上布置如图 5-71 和图 5-72 所示。拆装前排座椅总成（电动座椅）相关部件分解图如图 5-73 至图 5-74 所示。

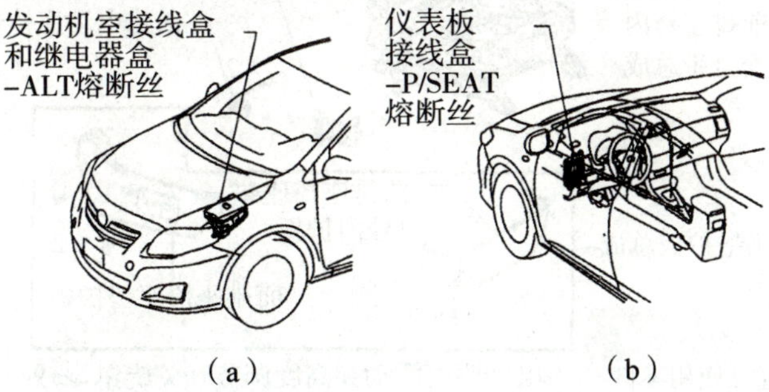

图 5-71　前排座椅总成（电动座椅）在车上的布置（1）

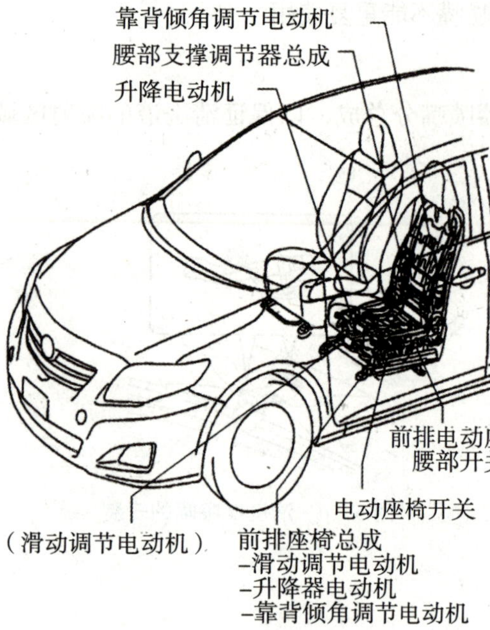

图 5-72　前排座椅总成（电动座椅）在车上的布置（2）

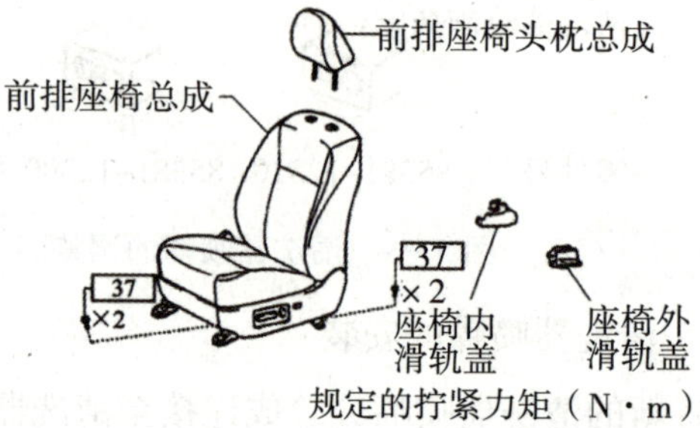

图 5-73　拆装前排座椅总成（电动座椅）相关部件分解图（1）

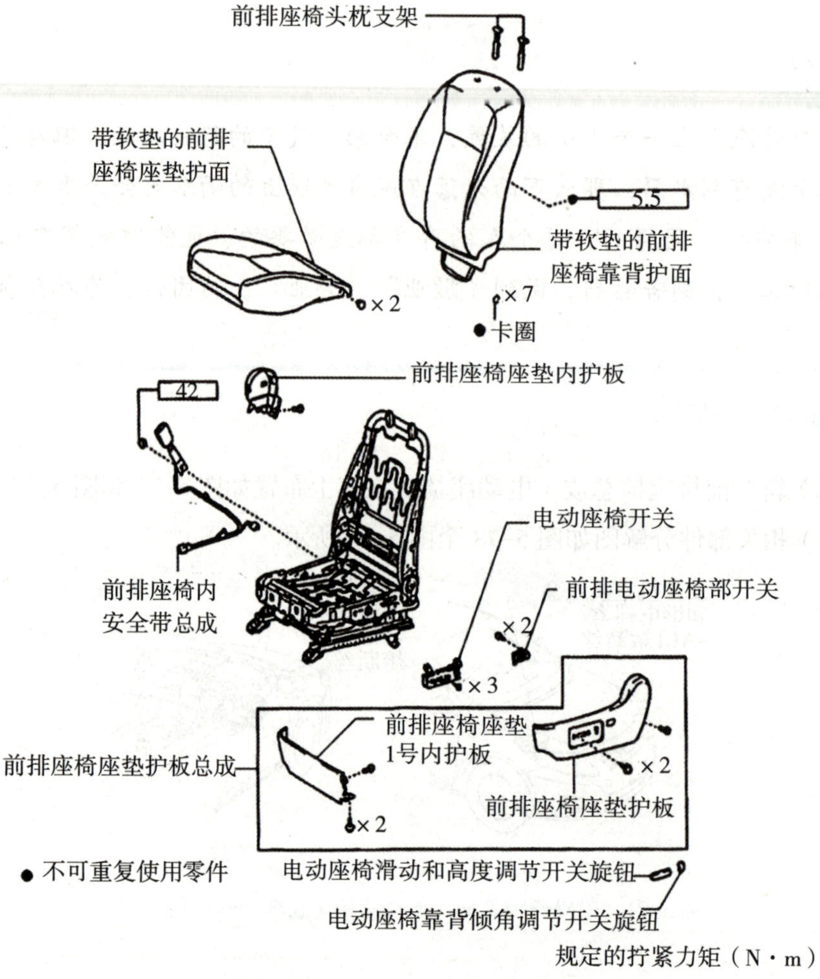

图 5-74　拆装前排座椅总成（电动座椅）相关部件分解图（2）

1. 电动座椅的拆卸

（1）拆卸前排座椅头枕总成。

（2）拆卸座椅外滑轨盖。

① 操作电动座椅开关旋钮并将座椅移动到最前位置。

② 脱开 2 个卡爪并拆下座椅外滑轨盖。

（3）脱开卡爪，脱开导销并拆下座椅内滑轨盖。

（4）拆卸前排座椅总成。

① 拆下座椅后侧的 2 个螺栓。

② 操作电动座椅开关旋钮并将座椅移动到最后位置。

③ 如拆下座椅前侧的 2 个螺栓。

④ 操作电动座椅开关旋钮并将座椅移动到中间位置；同时，操作电动座椅开关旋钮并将座椅靠背移动到直立位置。

⑤ 将电缆从蓄电池负极（-）端子上断开。注意：断开电缆后等待 90 s，以防止气囊展开。注意：断开蓄电池电缆后重新连接时，某些系统需要初始化。

⑥ 断开座椅下面的连接器。

⑦ 拆下座椅。注意：不要损坏车身。

2. 电动座椅的安装

（1）安装前排座椅总成。

① 将前排座椅总成放入车厢内。注意：不要损坏车身。

② 连接座椅下面的连接器。

③ 将电缆连接到蓄电池负极（-）端子上。注意：断开蓄电池电缆后重新连接时，某些系统需要初始化。

④ 用 4 个螺栓临时安装前排座椅总成。

⑤ 操作电动座椅开关旋钮并将座椅移动到最后位置。

⑥ 按如图 5-75 所示顺序紧固座椅前侧的 2 个螺栓，拧紧力矩为 37 N · m。

⑦ 操作电动座椅开关旋钮并将座椅移动到最前位置。

⑧ 按如图 5-76 所示顺序紧固座椅后侧的 2 个螺栓，拧紧力矩为 37 N · m。

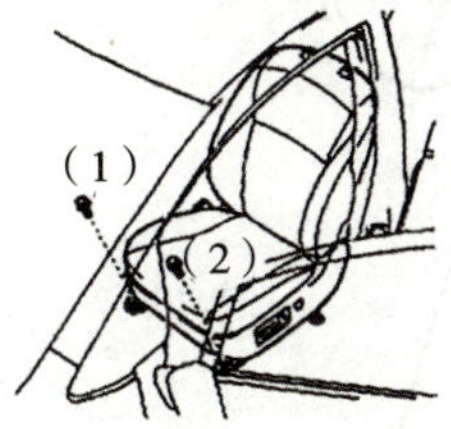

图 5-75 电动座椅的安装（1）

图 5-76 电动座椅的安装（2）

（2）安装座椅内滑轨盖。接合导销，接合卡爪并安装座椅内滑轨盖。

（3）安装座椅外滑轨盖。接合 2 个卡爪并安装座椅外滑轨盖。

（4）安装前排座椅头枕总成。

（5）检查前排座椅总成。检查电动座椅工作情况。

（6）检查 SRS 警告灯。

任务七　空调系统的拆装

任务描述

一辆中型家用轿车因空调系统制冷效果不佳被送至汽车维修店。车主反映，在开启空调后，车内温度下降缓慢，且偶尔伴有异味。为彻底排查并解决问题，维修技师决定对汽车空调系统进行全面的拆装与检修。

任务分析

汽车空调系统是现代车辆中不可或缺的舒适性设备，其主要功能是为车内提供适宜的温度和空气质量。本次故障主要是由于空调滤清器堵塞、制冷剂泄漏和蒸发器污染等原因导致的。通过更换滤清器、修复泄漏点和清洁蒸发器等措施，成功恢复了空调系统的性能。这再次强调了定期维护和清洁空调系统的重要性，以确保其长期稳定运行和提供优质的驾乘环境。

任务重点

桑塔纳 2000 GSi 型轿车空调系统布置如图 5-77 所示。

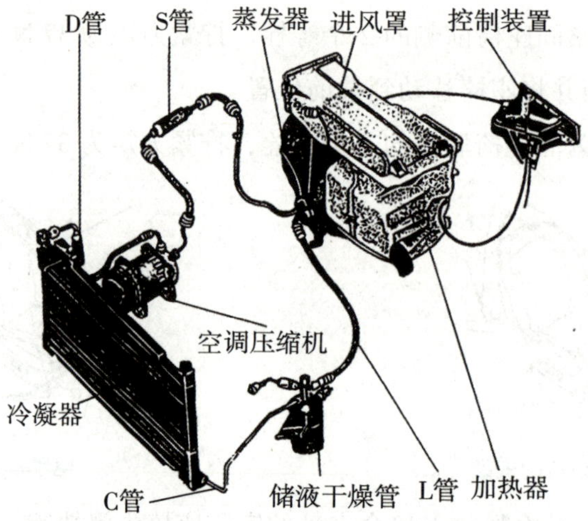

图 5-77　桑塔纳 2000 GSi 型轿车空调系统布置

一、充注制冷剂

在充注制冷剂之前必须清除制冷系统中的空气，即抽真空。若系统中有空气，会降低热交换率，致使空气中的水蒸气在膨胀过程中凝结，腐蚀制冷系统的金属部件。

1. 抽真空及充注制冷剂的工具

（1）真空泵

真空泵容量必须超过 18 L/min（2.67 kPa）。

（2）歧管压力计

歧管压力计是汽车空调检修操作中的主要工具，在抽真空、加注制冷剂和检查制冷循环压力情况时都要用到。歧管压力计结构如图 5-78 所示，主要由高压表（计）、低压表（计）、阀体、止回阀（史特拉阀）、高低压侧手动阀和连接软管等组成。

（3）检漏仪

检漏仪是用以检查空调制冷系统有无泄漏部位的主要工具，是一种丙烷气燃烧喷灯，利用制冷剂气体进入安装在喷灯的枪测管（吸入管）内，会使喷灯的火焰按漏气的多少相应地改变颜色这一特性来判断制冷剂的泄漏部位及泄漏程度，其结构如图 5-79 所示。

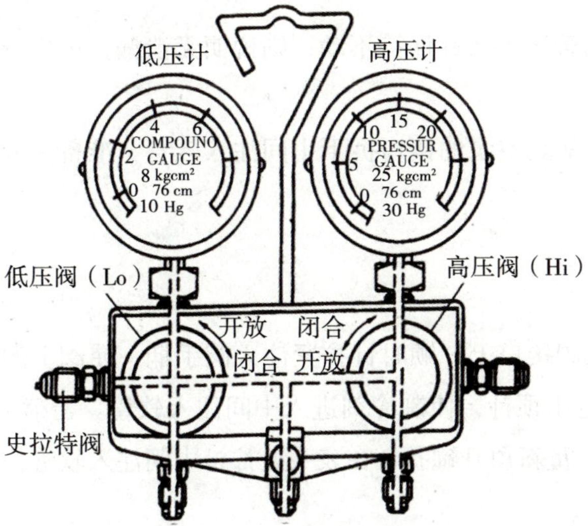

图 5-78　歧管压力计结构

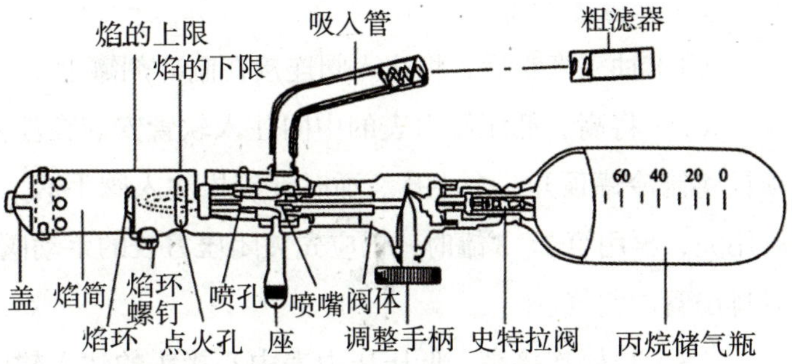

图 5-79　检漏灯式检漏仪

（4）制冷剂注入阀和计量工具

若充注的制冷剂为小罐，则还需备有制冷剂注入阀，如图 5-80 所示；若为大瓶制冷剂，则必须备有制冷剂计量工具。

2. 抽真空

（1）分别将高压表接入储液干燥器的维修阀，低压表接入自蒸发器至压缩机低压管路上的维修阀，中间注入软管安装于真空泵接口，如图 5-81 所示。

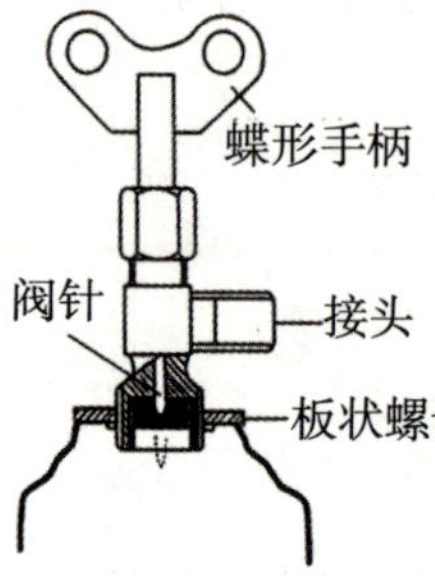

图 5-80　注入阀结构

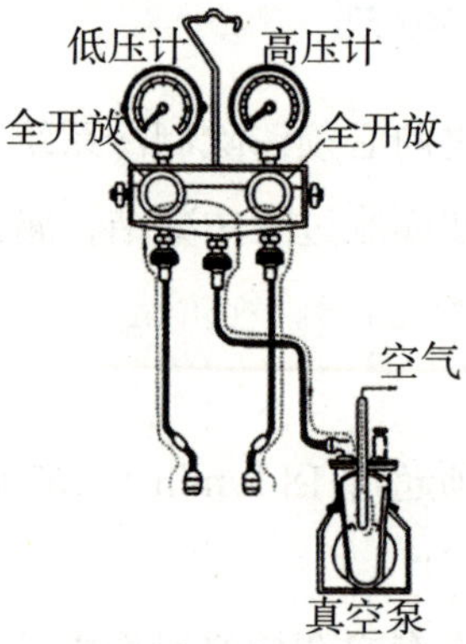

图 5-81　抽真空连接

（2）启动真空泵，打开歧管表高低压手动阀。

（3）系统抽真空，使低压表所示的真空度达 0.1 MPa，抽真空时间为 5 ～ 10 min。

（4）关闭真空泵手动阀，真空泵继续运转，打开制冷剂罐，让少量 R134 a 制冷剂进入系统（压力为 0 ～ 49 kPa），关闭罐阀。

（5）放置 5 min，观察压力表。若指针继续上升，则说明真空下降，系统有泄漏之处，应使用检漏仪进行泄漏检查，并修理堵漏。

（6）继续抽真空 20 ～ 25 min，并重复步骤（5）。若压力指针保持不动，则说明无泄漏，可进行下一步工作。

（7）关闭高、低压压力表的手动阀，停止抽真空，从真空泵的接口拆下中间注入软管，准备注入制冷剂。

3. 加注制冷剂

（1）抽完真空后，将注入阀连接在制冷剂罐上。

（2）将高、低压压力表的中间注入软管安装在注入阀接口上，顺时针拧紧注入阀手柄，使阀上的顶针将制冷罐顶开一个小孔。逆时针旋松注入阀手柄，退出顶针，使制冷剂进入中间注入软管。当第 1 罐用完，再用第 2、3 罐时，仍应先关闭压力表的手动阀，重新顶开罐孔，在表头处拧松中间注入软管，以排出管内空气。

（3）拧松连接高、低压压力表中心接头的注入软管螺母，如看到白色制冷剂气体外溢，或听到嘶嘶声，说明注入软管小的空气已排出，可以拧紧该螺母。桑塔纳 2000 GSi 型轿车制冷剂充注量为（1 150 ± 50）g。

（4）旋开高压表侧手动阀，将制冷剂罐倒立，使制冷剂以液态注入制冷系统。在充注时不得启动发动机和打开空调，以防制冷剂倒灌，如图 5-82 所示。

（5）旋开低压表侧手动阀，以气态形式通过低压侧注入制冷剂。此时要防止液态注入，以免造成液击现象而损坏压缩机。

（6）若制冷剂不足，则可按如图 5-83 所示关闭高压侧手动阀，开启低压侧手动阀，将制冷剂罐直立。启动发动机接合压缩机快速运转，让气态制冷剂从低压侧吸入压缩机。

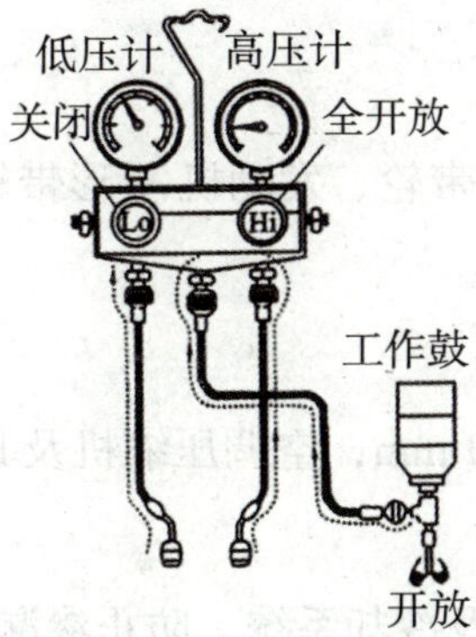

图 5-82 液态制冷剂的加注

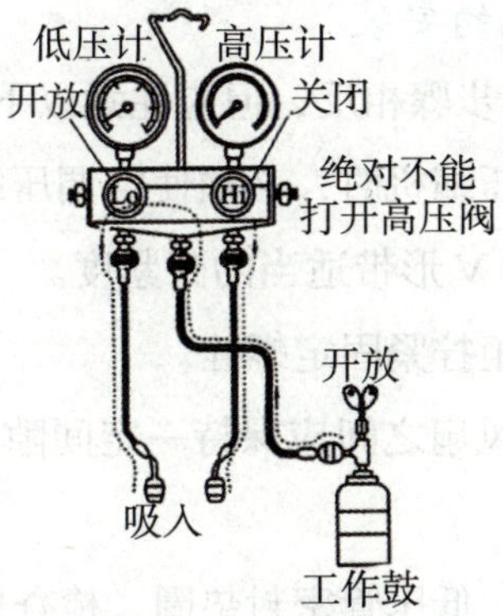

图 5-83 气态制冷剂的加注

（7）向系统充注规定质量的制冷剂后，停止发动机运转，关闭高、低压力表的两个手动阀和制冷剂罐上的注入阀，拆除低压侧维修阀软管，待高压侧压力下降后，方可从高压侧维修阀拆下高压表软管。

二、空调压缩机的拆装

空调压缩机和离合器的主要部件分解图如图 5-84 和图 5-85 所示。

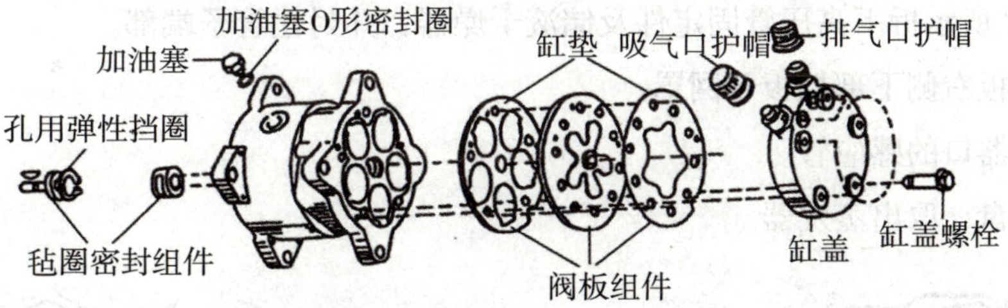

图 5-84 空调压缩机部件分解图

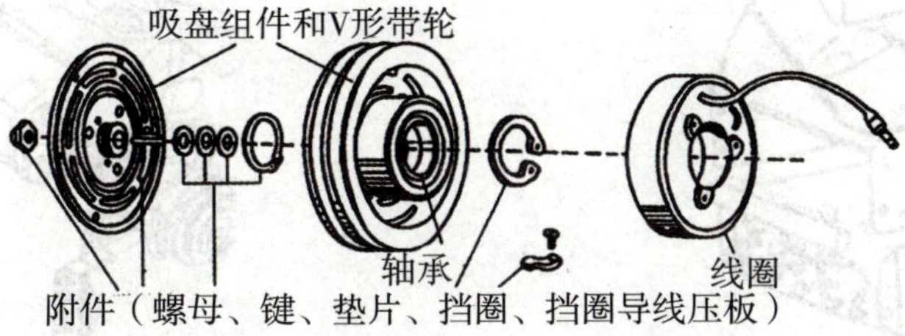

图 5-85 离合器部件分解图

1. 空调压缩机的拆卸

（1）拔下蓄电池导线。

（2）排放制冷剂。

（3）拆卸高、低压管，封闭管口，防止异物侵入。

（4）拆卸电磁离合器导线。

（5）拆卸空调压缩机固定螺栓，取下空调压缩机。

2. 空调压缩机的安装

安装步骤与拆卸步骤相反，但应注意以下几点。

（1）安装空调压缩机时，必须使空调压缩机离合器V形带轮、发动机V形带轮的带槽对称面处在同一平面内，并保持V形带适当的张紧度。

（2）以规定力矩拧紧固定螺栓。

（3）冷凝器与风扇之间应保持一定间隙，一般不少于20 mm，空调压缩机及其托架和软管之间的间隙为15 mm。

（4）应更换高、低压管密封垫圈，检查发动机供油系统及冷却系统，防止渗漏。

三、蒸发器的拆装

1. 蒸发器的拆卸

（1）排放制冷系统的制冷剂。

（2）拆下新鲜空气风箱盖。

（3）拆下蒸发器外壳。

（4）如图5-86所示拆下低压管固定件及压缩机管路，并封住管子端部。

（5）如图5-87所示拆下高压管固定件及储液干燥器，并封住管子端部。

（6）拆下仪表板右侧下部挡板及网罩。

（7）拆下蒸发器口的感应管。

（8）拆下蒸发盘，取出蒸发器。

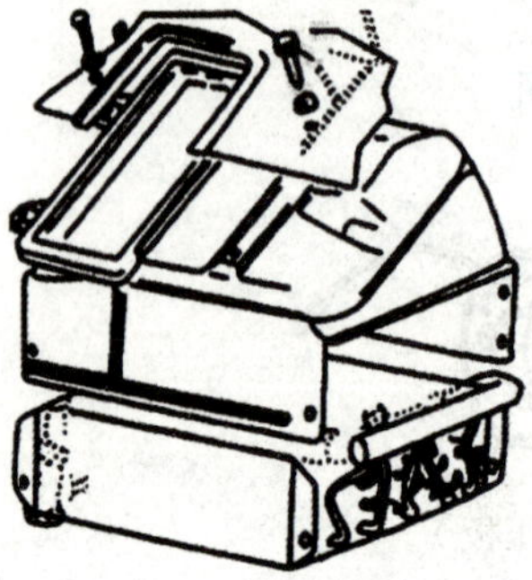

图5-86　蒸发器的拆卸（1）

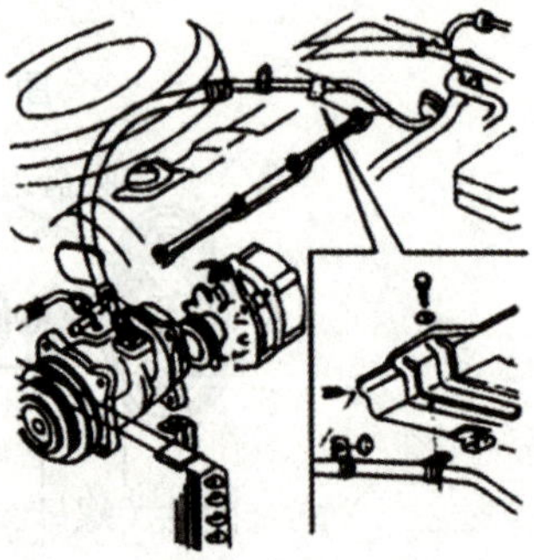

图5-87　蒸发器的拆卸（2）

2. 蒸发器的安装

（1）蒸发器外壳下方有排水孔，应保证排水孔通畅，不被阻塞或遮挡。

（2）连接电线与发动机机体之间的距离至少为50 mm，和燃油管的间隙最小为100 mm。

（3）安装蒸发盘时，应将边缘安置在横向盘网的凸缘上。

（4）将感应管插入蒸发器。注意：切勿将感应管扭曲或折叠。

（5）蒸发器上插有带感温开关的毛细管，安装时切勿将感温管扭曲。为防止将感温管拔出，应将其夹紧。

项目小结

本项目主要介绍了电气系统的装配与调试，首先介绍了充电系统的拆装，其次介绍了启动系统的拆装，再次介绍了点火系统的拆装，接着介绍了照明与信号系统拆装，随后介绍了组合仪表和报警装置的拆装，然后介绍了辅助电器装置的装配与调试，最后介绍了空调系统的拆装。通过本项目的学习，读者将深入理解汽车电气系统各组成部分的功能和工作原理，掌握其拆装和调试的基本技能，为将来从事汽车电气维修与服务打下扎实的基础。

项目工单

实践任务	1. 完成发电机的拆解与重新装配，确认充电系统工作正常并记录测试数据
	2. 按照操作手册逐步完成启动机的拆卸与安装，确认启动性能符合标准，记录测试结果
	3. 准备点火系统组件，完成点火线圈和火花塞的拆卸与安装，确认点火性能符合标准，记录测试数据
	4. 按照操作步骤，完成前照灯总成及侧转向信号灯总成的拆装，确保灯光与信号正常
	5. 完成组合仪表的拆卸与安装，确认功能正常，记录测试结果
	6. 完成清洗器喷嘴的拆装与检查，记录测试数据，确保各项功能符合标准
	7. 按照操作步骤，拆卸制冷齐、压缩机和蒸发器等
注意事项	1. 在开始拆装前，务必断开电池负极，防止短路和电击危险
	2. 使用合适的工具，并确保它们处于良好状态，避免损坏部件或造成伤害
	3. 在拆卸和安装过程中，要小心处理发电机和调节器等敏感部件，避免撞击或刮擦
	4. 在装配时，确保所有电线连接正确、紧固，并符合电路图要求
	5. 在安装时，确保各部件位置正确，螺丝紧固适中，避免过紧或过松

项目负责人：________________

参与成员：__________________

日期：________________

课后练习

一、思考题

1. 简述启动机的重新装配。
2. 如何拆卸前照灯总成？
3. 如何拆卸前排座椅总成？
4. 如何拆卸与安装空调压缩机？

二、看图填空题

1. 填写启动机总成结构各部件的名称至空白处。

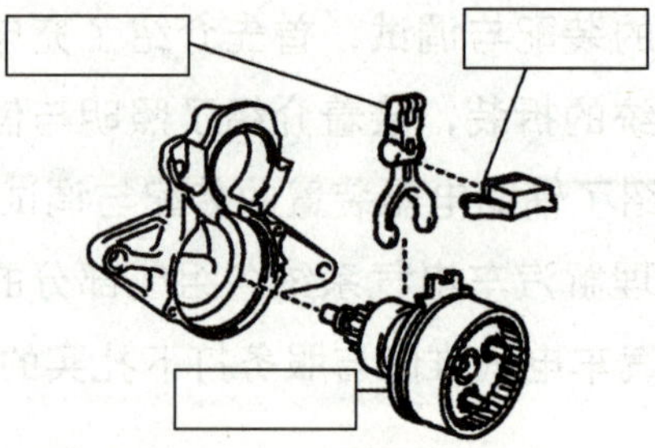

2. 填写组合仪表总成结构相关部件的名称至空白处。

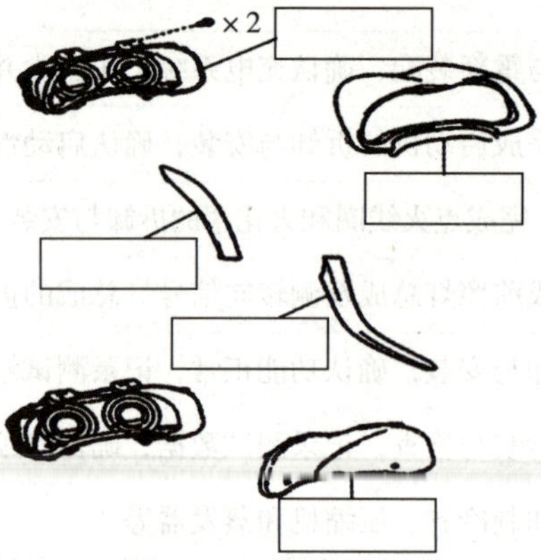

3. 填写制冷剂注入阀各零件的名称至空白处。

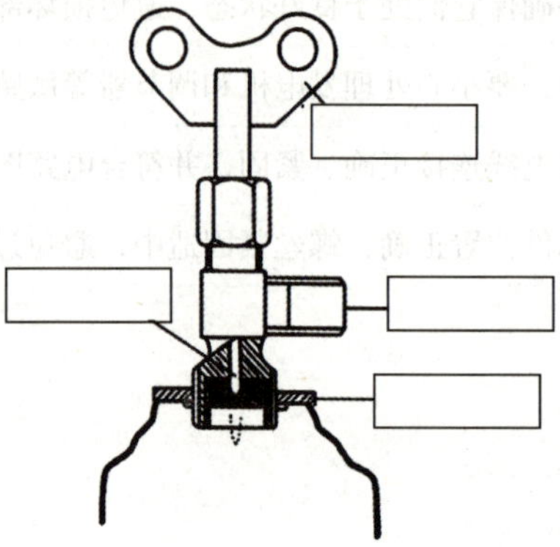

项目六

尾线的装配与调试

项目导读

汽车尾线装配与调试是汽车制造过程中的重要环节，涉及多个关键部件的组装与整合。本项目将围绕汽车尾线装配的核心任务展开，包括行李舱系统总成装配、方向盘总成装配、汽车座椅装配、车门总成装配以及车轮总成装配。

学习目标

知识目标

1. 了解行李舱的作用和结构，掌握汽车行李舱系统的装配过程。
2. 熟悉汽车方向盘的结构，掌握方向盘的安装方法。
3. 了解汽车座椅的结构和工作原理，掌握汽车座椅的装配方法。
4. 熟悉车门及其附件的结构和工作原理，掌握车门附件及车门总成的装配方法。
5. 了解轮胎总成的基本理论知识，掌握轮胎的装配方法。

能力目标

1. 能够独立完成行李舱系统的装配工作，确保其结构稳固、功能正常。
2. 能够准确装配方向盘总成，保证方向盘操作灵活、安全可靠。
3. 能够熟练完成汽车座椅的装配，确保座椅舒适度和安全性。
4. 能够独立完成车门的装配与调试，保证车门开关顺畅、密封性良好。
5. 能够准确装配车轮总成，确保车轮运转平稳、安全可靠。

素质目标

1. 增强学生的职业责任感，严格遵守安全规范，防范潜在风险。
2. 培养学生发现问题、分析问题和解决问题的能力，确保装配过程中遇到的问题得到及时妥善处理。

思政目标

1. 引导学生在装配工作中遵循行业规范，树立诚信意识。
2. 鼓励学生关注汽车装配技术的最新发展，培养创新思维和创新能力。

任务一　行李舱系统总成的装配

任务描述

一辆新型 SUV 被送至汽车制造厂进行最后的装配与调试。在装配过程中，车间的质检人员发现行李舱系统（包括行李舱门、行李舱盖、电动开启装置和行李舱照明系统等）存在装配不良，影响其正常使用和外观美观。为确保车辆在出厂前达到高标准，装配团队决定对行李舱系统总成进行重新装配与调试。

任务分析

汽车行李舱系统是现代车辆中重要的功能性组件，影响着车辆的实用性和用户体验。该系统的装配需要在严格的质量控制下进行，以确保可靠性、安全性和美观性。本次故障主要是由于初始装配不当和部分部件质量问题导致的。通过重新装配和细致调试，成功解决了行李舱系统的所有问题。这再次强调了严格按照装配工艺手册操作和定期质检的重要性，以确保每辆车出厂前都达到高质量标准。

任务重点

一、汽车行李舱系统总成概述

汽车行李舱是装载物品的空间，由行李舱组件与车身地板钣金件构成。行李舱基本位于轿车车身的后部，因此又俗称为后备箱。三厢车的乘客室与行李舱是分开的，而两厢车的行李舱则与乘客室合二为一。

1. 汽车行李舱使用的注意事项

（1）如果在没有关闭行李舱门的情况下驾驶车辆，可能会导致行李舱门气压举升器和其他部件的损坏。如果在行李舱门处于开启状态驾驶车辆，会导致危险废气进入车内，严重伤害车内乘客甚至导致死亡。假设必须在行李舱门处于开启的状态下驾驶车辆，应保持通风口和所有车窗处于开启状态，以便车外新鲜空气进入车内。

（2）如果电动行李舱门打开约 6 小时，ECU 会进入睡眠模式以保存蓄电池电能，且行李舱门不会自动关闭。此时需手动关闭行李舱门，再用电动操作系统操作行李舱门。

（3）发动机不运转时可以操作电动行李舱门。但电动操作消耗大量的车辆电能。为了避免蓄电池放电，不要过度操作电动行李舱门，例如：重复操作电动行李舱门约 10 次以上。为了避免蓄电池放电，电动行李舱门也不要长时间停留在打开位置。

（4）顶起车辆进行更换轮胎或维修车辆作业时，不要操作电动行李舱门。这会导致电动行李舱门不能正常工作。

2. 行李舱门的机械结构

行李舱开启器装在行李舱门上，结构如图 6-1 所示，主要由轭铁、插棒式铁心、电磁线圈和支架组成。轴连接行李舱门锁，当电磁线圈通电时，插棒式铁心将轴拉入并打开行李舱门。线路断路器用以防止电磁线圈因电流过大而过热。

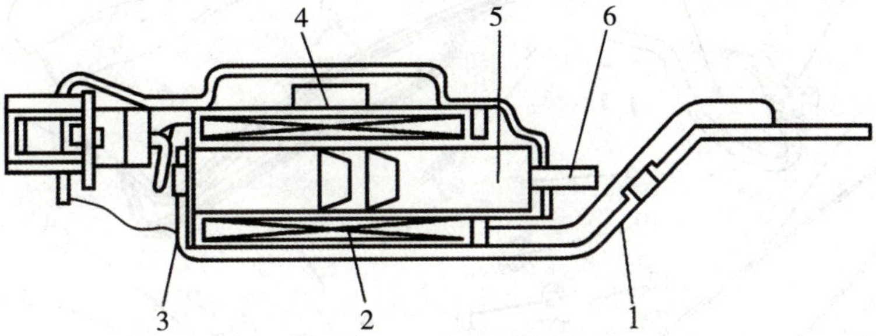

1—支架；2—电磁线圈；3—轭铁；4—线路断路器；5—插棒式铁心；6—轴。

图 6-1　行李舱门开启器

行李舱门开启器开关一般来说位于仪表板下面，拉动此开关便能打开行李舱门。不同车的行李舱门开启器开关有所不同，图 6-2 中的行李舱门开启器开关操作时，先用钥匙顺时针旋转打开行李舱门开启器主开关，再使用行李舱门开启器开关打开行李舱。

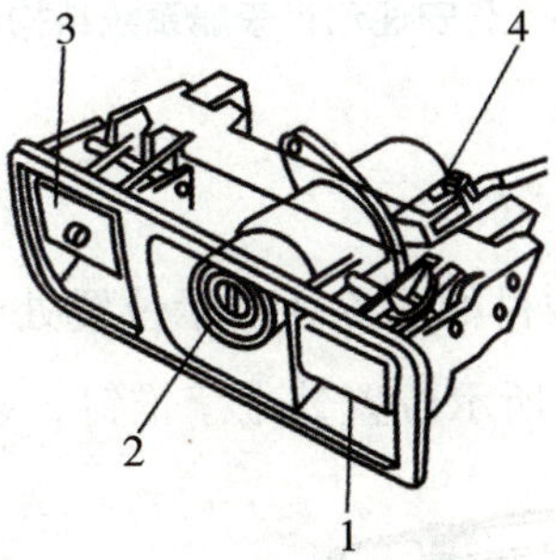

1—行李舱门开启器开关；2—钥匙门；3—燃油箱盖开启器开关；4—行李舱门开启器主开关。

图 6-2　行李舱门开启器开关安装位置

3. 行李舱门的电控结构

使用钥匙、遥控器或中央门锁操纵开关闭锁所有车门时，行李舱门也被闭锁或开锁。如果按下遥控器上的行李舱门开锁按钮，仅行李舱门开锁。一旦行李舱门在打开后被关闭，行李舱门会自动闭锁。如果行李舱门被开锁，可通过按压把手开关并向上拉打开行李舱门。

4. 行李舱照明灯

打开行李舱盖时，行李舱照明灯同时亮灯，便于在夜间确认物品。为了防止蓄电池亏电，一般来说，在约 30 min 后，行李舱灯自动熄灭。

二、汽车行李舱系统的装配

1. 长安逸动行李舱的结构

长安逸动行李舱系统的结构如图 6–3 所示。

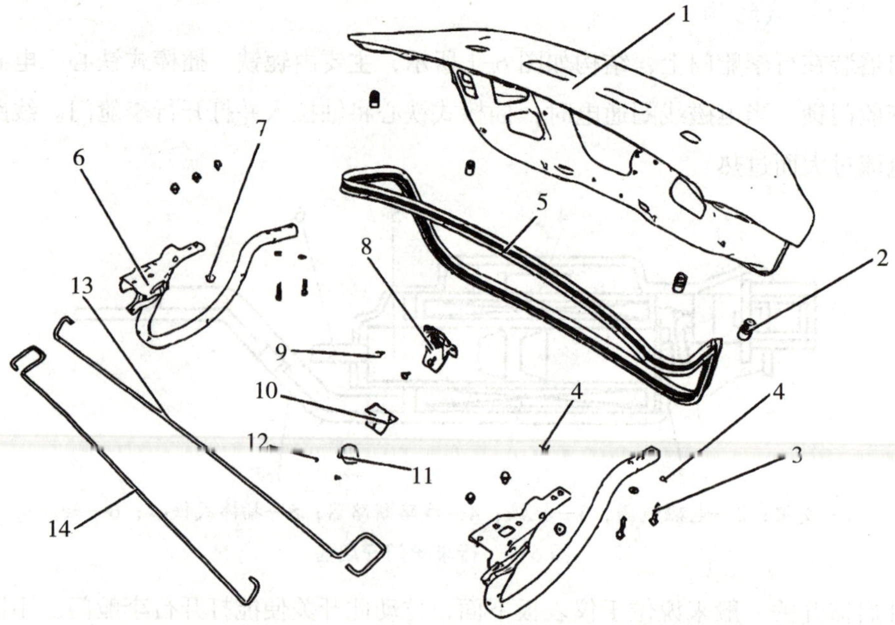

1—行李舱盖焊接总成；2—前罩缓冲垫；3—六角法兰面螺栓；4—平垫圈；5—行李舱密封条；6—行李舱铰链总成；7—行李舱铰链缓冲垫；8—行李舱锁总成；9—内六角花大盘头螺栓；10—行李舱锁体总成；11—行李舱锁销总成；12—内六角花形半沉头螺钉；13—行李舱扭簧（左）；14—行李舱扭簧（右）。

图 6–3　长安逸动行李舱系统结构示意图

2. 行李舱铰链的安装

（1）打开行李舱至最大开度。

（2）用十字螺钉旋具安装行李舱内衬如图 6-4 所示位置处十字推钉，装配行李舱盖内衬。

（3）用十字螺钉旋具安装如图 6-5 所示位置处十字推钉，装配铰链装饰盖板 1、2。

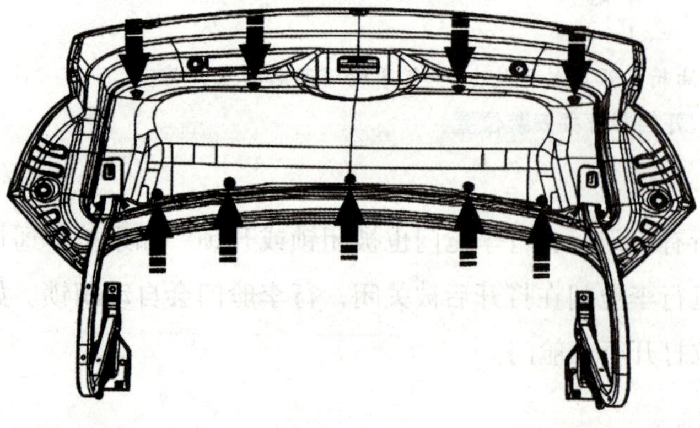

图 6–4　安装行李舱盖内衬示意图

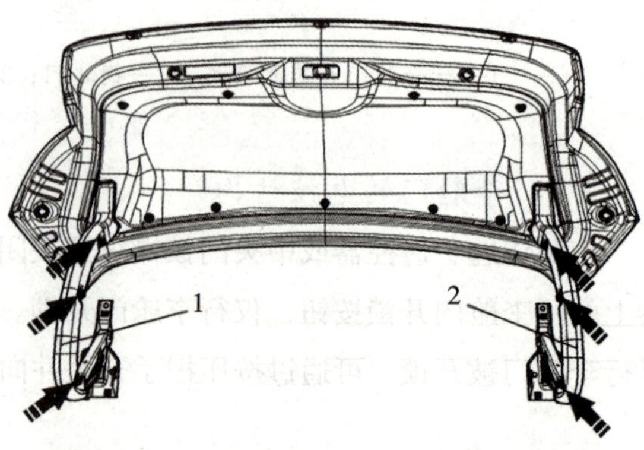

图 6–5　安装行李舱铰链装饰件示意图

（4）使用棘轮扳手安装六角法兰面螺栓以及平垫圈组合件，如图 6-6 所示。

（5）右侧安装同左侧。

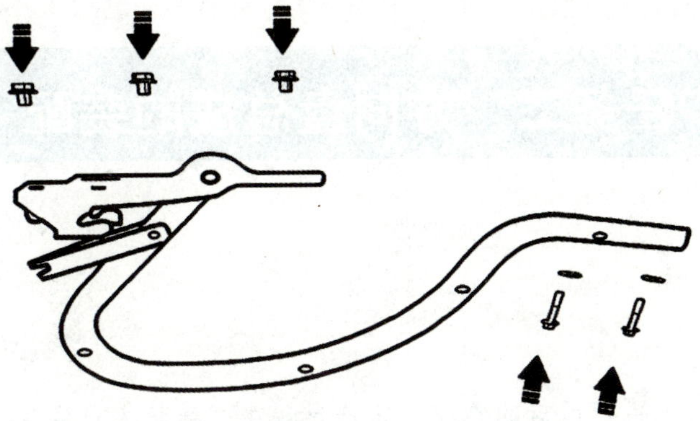

图 6-6　安装行李舱铰链

3. 行李舱扭簧安装

（1）打开行李舱至最大开度。

（2）先安装行李舱扭簧（左），将扭簧（左）的右侧固定端挂入行李舱铰链总成（右）的固定支架孔中。

（3）将扭簧左端卡入左侧行李舱铰链固定支架，使用一字螺钉旋具卡住左侧扭簧，下压螺钉旋具使扭簧转动一定角度，移动铰链活动支架，卡住扭簧。

（4）右侧行李舱扭簧安装同左侧。

（5）将两根扭簧卡入中间扭簧卡子。

4. 安装行李舱锁

（1）打开行李舱至最大开度。

（2）使用内六角螺钉旋具安装 2 颗螺栓。

5. 行李舱密封条安装

（1）打开行李舱至最大开度。

（2）对齐行李舱密封条装配标记点与车辆中心位置，从中间向两侧开始装配行李舱密封条。

（3）将行李舱密封条与车身紧密接合。

德育之窗

尾线装配是对汽车质量的最后把关，学生应当具有自主创新的精神，理解科学技术是第一生产力，激发学生的创造热情。高新科技对经济的迅速崛起有巨大的推动作用。高科技领域内的任何突破，都能够带动经济向前迈动一大步。20 世纪 70 年代以来，微电子技术、新能源技术、计算机软件技术、海洋技术、生物工程技术、新良种培育技术这一系列高新技术产业蓬勃兴起，规模日益增大。这些技术有着很多的优点，推动社会经济迅速向前发展。

任务二　方向盘总成的装配

任务描述

一辆新款轿车在生产线上进行最后的装配。生产过程中，质检人员发现方向盘总成存在装配不当的情况，导致方向盘在转动时感觉松动，并伴有异响。这影响了车辆的操作安全性与驾驶体验，因此需要对方向盘总成进行全面的装配与调试。

任务分析

方向盘总成是汽车操控系统的核心部分，其设计与装配的精确度直接影响驾驶的安全性和舒适性。方向盘的松动不仅会影响驾驶操控，还可能导致事故的发生。本次问题主要是由于初始装配不当和连接件未按规定扭矩拧紧导致的方向盘松动。通过详细的检查和精确的装配，成功消除了所有隐患，确保方向盘总成安全、正常运行。这强调了严格按照操作规范进行装配和定期检查的重要性。

任务重点

方向盘是车中与驾驶人接触时间最长、被使用频率最高，也是反映使用者需求最密集的地方。它的设计直接影响使用者的情绪、操作和安全。

方向盘转向原理

一、方向盘总成概述

1. 方向盘造型概述

方向盘为汽车、轮船、飞机等操纵行驶方向的轮状装置。通过花键与转向轴相连，将驾驶人作用到方向盘边缘上的力转变为转矩后传递给转向轴。驾驶人通过方向盘控制车辆直行或改变方向。方向盘上装有喇叭按钮、车速控制开关和安全气囊，具备安全功能，保护驾驶人。方向盘内部由成形的金属骨架构成，外面包覆柔软材料。汽车碰撞时，方向盘骨架应该发生变形，以吸收碰撞的能量。

（1）造型

方向盘的造型一般为圆形，高端运动车型会把底部的圆弧改平，这种设计形式目前也被应用到了普通车型上。

方向盘的设计需适应人体生理特点，如按压面凸型，握把背面凹凸设计，适宜的硬度及粗糙度。

（2）方向盘尺寸

尺寸的设计标准应是驾驶人的手掌能全部握住方向盘。太大的直径会减少手的夹持力，降低灵活性。

直径过细也对操作者有影响，一般来说，盘径为 365 ～ 385 mm，握把直径为 30 ～ 50 mm。

（3）方向盘色彩

色调协调，颜色缓和，易辨识，色彩简单。常见方向盘多以灰色，黑色和银白色为主色调，配以镀铬装饰。

2. 方向盘的构成

方向盘属于转向操纵机构。由骨架、发泡、缝皮及附件构成。如图 6-7 所示。

3. 方向盘的骨架

方向盘骨架由轮缘、轮辐、轮毂构成如图 6-8 所示。轮毂细牙花键与转向轴连接。

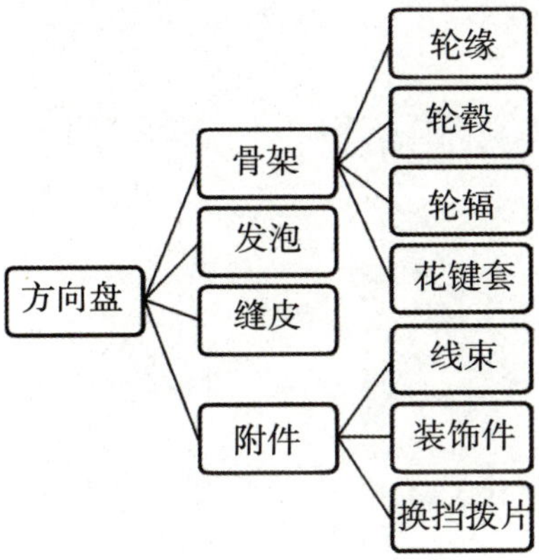

图 6-7　方向盘的构成

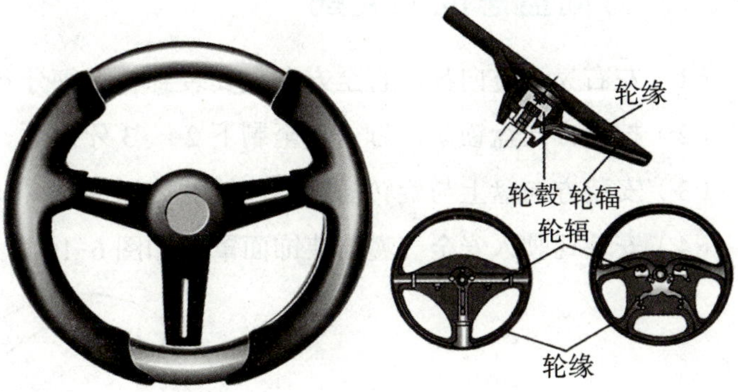

图 6-8　方向盘的骨架

不同方向盘使用的骨架是不同的。有二辐条骨架、三辐条骨架、四辐条骨架等。骨架主体多采用镁铝合金材质一次压铸成型。

4. 方向盘的发泡

方向盘生产的发泡工艺，是在金属骨架外面，用反应注射成形方法形成一层具有自结皮的聚氨酯发泡材料，这种发泡结构能够形成带有天然皮革花纹及韧性的表皮，在这层表皮下逐渐过渡到具有弹性的泡沫体。这种方向盘即为 PU 方向盘，是目前主流的方向盘生产技术。发泡工艺过程如图 6-9 所示。

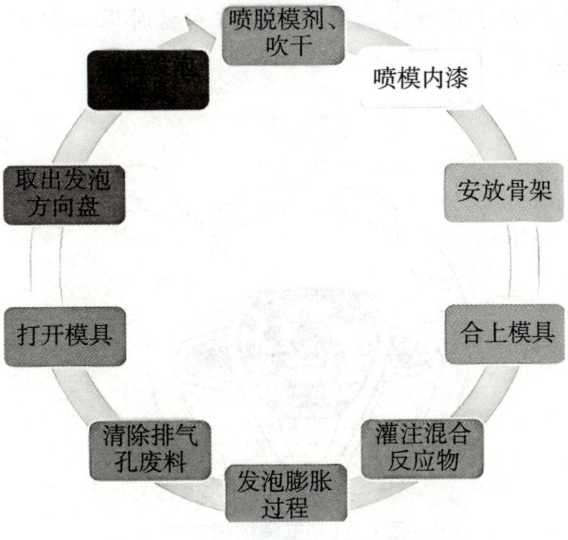

图 6-9　方向盘生产发泡工艺过程

5. 方向盘的缝皮

方向盘的缝皮按包覆材料可分为全皮方向盘、皮木混合方向盘、带内衬和加热丝方向盘。

方向盘加热的原理是靠电阻丝发热。通常情况下是在包裹方向盘的真皮里面垫一层电阻丝，电源线通过方向盘下方与转轴相连接的部位给电阻丝供电，进行加热，并且大部分带有方向盘加热功能的车型都重点为方向盘 3 点和 9 点方向，也就是手握的区域加热。这样既简化了技术，又节约了成本。

方向盘缝皮按辐条数量和功能分为 3 辐普通型缝皮、4 辐普通型缝皮、3 辐多功能缝皮、4 辐多功能缝皮等。

方向盘缝皮按线迹形式分为 TL 法、半机械法、“一字”形法、“人字”形法、特殊法等。

二、方向盘总成的装配

（1）左右晃动方向盘，直至方向盘安装到轮毂细牙花键上。

（2）拧紧方向盘锁紧螺母，直至剩下 2 ～ 3 牙螺纹。

（3）安装方向盘上与旋转插接器连接的接插件。

（4）安装驾驶人安全气囊与装饰面罩，如图 6-10 所示。

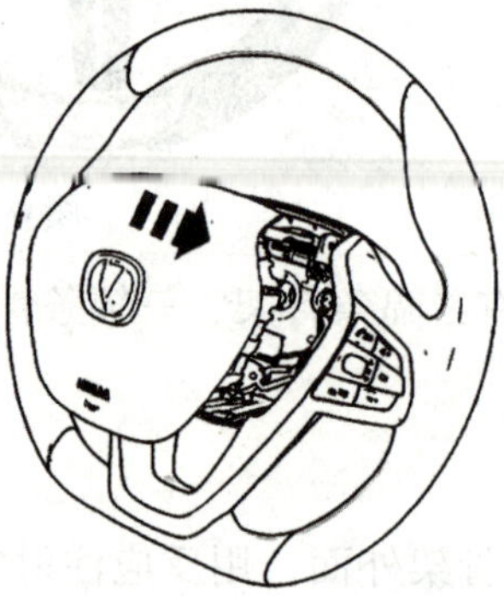

图 6-10　安装安全气囊和装饰面罩

【提示】

安装方向盘前，确保车轮处于正前方位置。安装方向盘时保证方向盘三角标识指向转向管柱上的标记位置。如图 6-11 所示。

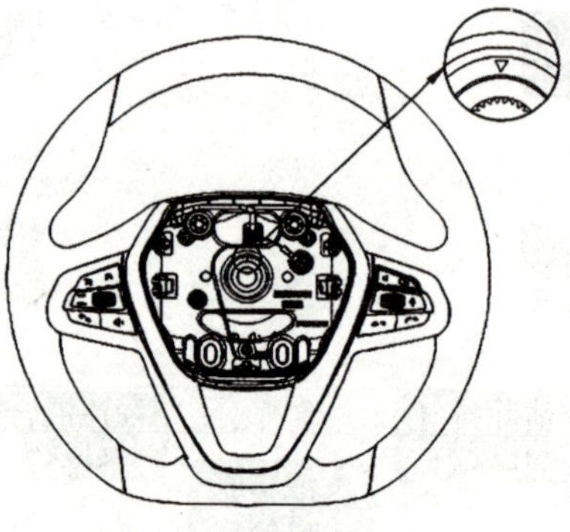

图 6-11　三角标识对齐

任务三 汽车座椅的装配

任务描述

一辆新款豪华轿车在出厂前进行最后的装配与调试。在工厂装配线上，质检人员发现部分座椅存在装配不良的情况，如座椅滑动不畅、调节功能失效以及安全带装配不正确等问题。为确保车辆的质量和用户体验，需要对座椅进行全面的装配与调试。

任务分析

汽车座椅是直接影响驾驶舒适性和安全性的重要组件。本次问题主要是由于初始装配不当和连接件未按规定扭矩拧紧导致的座椅装配不良。通过详细的检查和精确的装配，成功消除了所有隐患，确保座椅系统安全、正常运行。这强调了严格按照操作规范进行装配和定期检查的重要性。

任务重点

一、汽车座椅概述

汽车座椅是汽车内部的重要组成部分，不仅为驾驶员和乘客提供乘坐的舒适性，还在车辆的安全性和操控性方面起到关键作用。

1. 座椅的功能

（1）对乘员提供支撑

① 让乘员在乘坐期间保持固定的位置。

② 适应不同体重和高矮的乘员乘坐。

③ 座椅调节装置能够使座椅在每一个位置都可以为乘员提供支撑。

（2）确定乘员的乘坐位置

① 调整到良好的驾驶视野。很多驾驶人在开车之前，经常会忽略先行调整驾驶人座椅的位置。其实，正确的驾驶姿势可以有效保护驾驶人的安全，若是座椅位置不合适，就会影响驾驶人视线和操控的灵敏度，甚至导致交通事故，伤害到自己和他人。

② 方便操作仪表及头部、腿部等有合适的空间。此外，左右脚的位置要在将踏板踩到底时，还必须能使腿保持弯曲。如果你踩踏板到底时，两腿是伸直的情况，一定要把座椅拉前一点。

【提示】

不要让膝盖顶在转向柱上，要保持一定的距离，否则会使脚的动作受到影响，导致反应不及时。

（3）让乘员感觉舒服

提供舒适的三要素：座椅泡沫硬度、座椅固有的振动频率、座椅静态的压力分布。

（4）对乘员提供安全保护

安全带是一个非常有效的安全设施，能有效地缓解人向前的冲力。一旦发生撞击，不至于使冲击力过于集中在某个位置而伤害到乘客。

（5）附加功能

① 座椅上装加热垫，根据人的温度调节。

② 头枕带 DVD 视频。

③ 前排左右座椅带安全气囊。

④ 更先进的可以带写字台、笔记本电脑等。

2. 座椅分类

（1）按位置可以分为前排、后排座椅。

（2）按调节方式可以分为手动和电动。

（3）按面料可以分为真皮、针织、织绒等。

（4）按结构形式可以分为靠背折叠式、分离式、长条以及独立座椅等几种。

（5）靠背折叠式座椅坐垫是整体式或分开的，靠背可以折叠，这个功能可以增加后排行李舱的空间，使体积大或长的行李放入车中。

3. 座椅的组成

一般汽车座椅的结构组成主要有骨架、泡沫、面套、附件等四部分。汽车驾驶人座椅的结构如图 6-12 所示，前排乘员座椅的结构与之基本相同。汽车后排座椅的结构如图 6-13 所示。

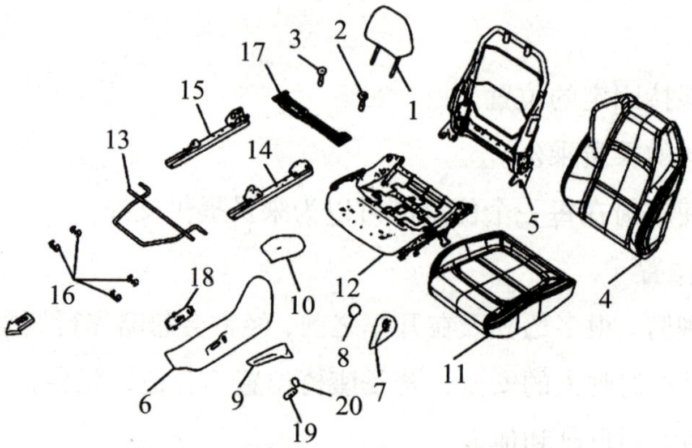

1—头枕；2，3—头枕导管；4—靠背泡沫；5—靠背骨架；6—驾驶人外侧护板；7—调角器手柄；8—调角器手柄盖；9—高度调节器手柄；10—座椅内侧护板；11—坐垫泡沫；12—座椅骨架；13，14，15—座椅滑轨；16—滑轨装饰件；17—电动滑轨过桥总成；18—电动 6 向开关本体；19—滑轨电动调节按钮盖；20—靠背电动调节按钮盖。

图 6-12　汽车驾驶人座椅结构

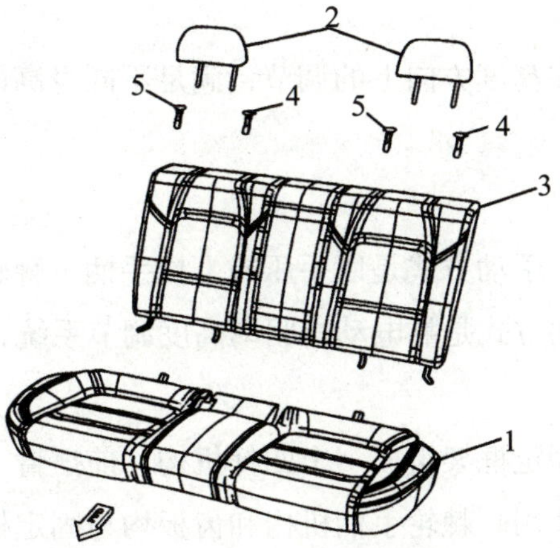

1—三人座椅坐垫总成；2—头枕总成；3—座椅靠背泡沫；4，5—头枕导管。

图 6-13　汽车后排座椅结构

4. 座椅滑轨装置

座椅滑轨是指调节座椅前后位置的装置。

（1）座椅滑轨装置的分类

按执行方式的不同可以分为电动滑轨和手动滑轨。

（2）座椅滑轨的结构与工作原理

① 手动滑轨。通过手动操纵锁止机构使上下轨分离，借用外力实现前后调节的装置。

② 电动滑轨。通过手动操纵控制元件，借助电动机传动部件实现前后调节的装置。电动滑轨分为记忆式和非记忆式。

5. 调角器装置

（1）调角器装置的作用

调角器装置使座椅的靠背沿固定的轴线角度旋转。

（2）调角器主要的种类

① 按锁止方式分为单锁止和双锁止调角器。

② 按操纵方式分为电动和手动调角器，如图 6-14 所示。

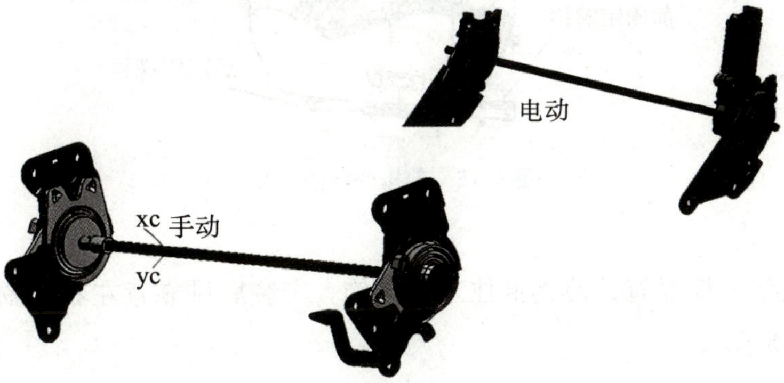

图 6-14　调角器示意图

6. 座椅高度调节装置

高度调节装置主要用于座椅在高度方向上的调节，满足不同身高的驾驶人及乘员舒适性要求的一种装置。

（1）分类

按操纵方式分为手动和电动。手动方式是以手压或上拉手柄（棘轮手柄式）实现高度方向的调节或旋转调节旋钮调节高度方向。电动方式是靠电动机驱动高度调节系统，实现座椅高度方向的调节。

（2）工作原理

齿板、传动连杆、后摆臂和固定框架组成一个四杆机构，前摆臂、固定框架、后摆臂及滑轨组成另外一个四杆机构，其中后摆臂为共用。棘轮手柄机构和齿板均与固定框架构成铰接副，棘轮手柄机构齿与齿板啮合为一组齿轮副，动作原理如下。

当下压或上拉棘轮手柄，齿轮副使齿板也摆动一定角度，在传动连杆的作用下，后摆臂摆动一定角度，后摆臂的摆动成为另一四杆机构的原动件，其摆动使该四杆机构做出相应动作，从而该四杆机构中的固定框架形成一定运动轨迹，达到高度调节的作用。

二、汽车座椅的装配

1. 前排座椅的装配

（1）将座椅底部的接插件与车身上的插接器连接，放下前排座椅，对准安装孔。

（2）沿导轨移动座椅到最后位置，安装座椅前固定螺栓，力矩为 25 N·m，如图 6-15 所示。

（3）沿导轨移动座椅到最前位置，安装座椅后固定螺栓，力矩为 25 N·m。

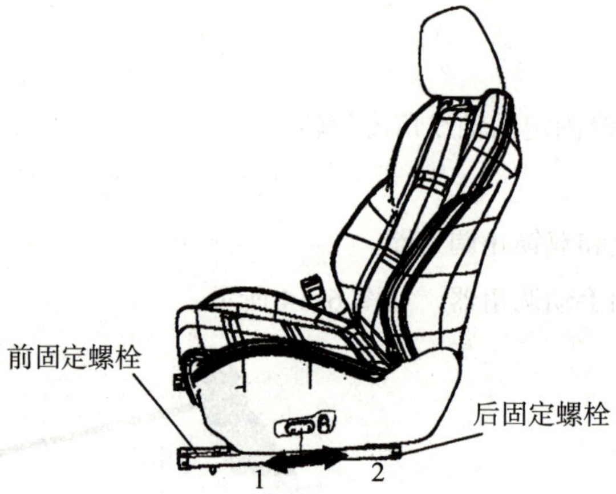

图 6-15　前排座椅的安装

2. 后排座椅的安装

（1）从上往下安装座椅靠背，使其卡住车身挂钩。安装后排靠背左右四颗固定螺栓，紧固力矩 20 N·m，如图 6-16 所示。

（2）将坐垫沿如图 6-17 所示箭头方向慢慢向下用力使其安装在左右卡扣上，然后将坐垫压下。

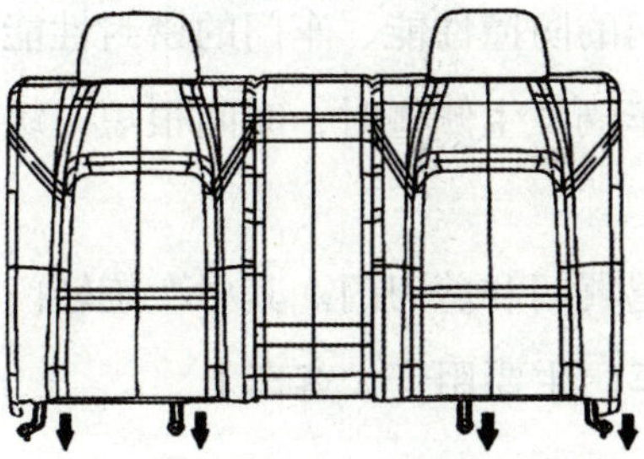

图 6-16　座椅靠背安装

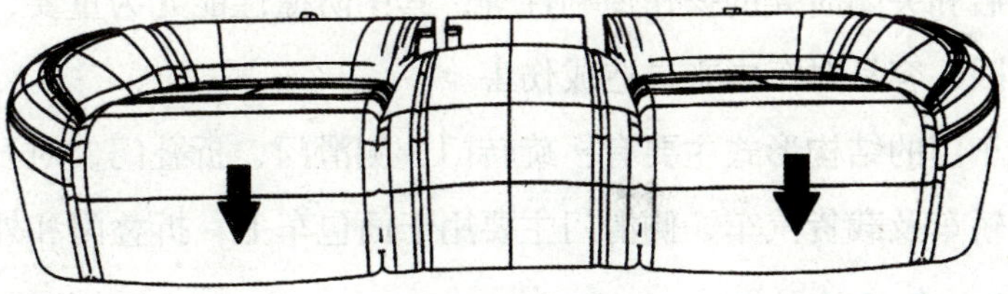

图 6-17　坐垫安装

任务四　车门总成的装配

任务描述

一辆新型电动汽车在生产线的最终装配阶段，质检人员发现部分车辆的车门总成存在装配问题，包括车门关闭不严、车门铰链松动、车窗升降不畅以及车门电子锁失效等。这些问题直接影响车辆的安全性、使用舒适性和整车的外观美观。

任务分析

车门总成装配需要严格的质量控制，确保每个部件都能够正常工作并且与车身完美匹配。本次问题主要是由于车门铰链和锁扣的装配不当，以及车门密封条和车窗升降器存在安装问题。通过重新装配、调试和更换故障部件，成功解决了车门总成的各种问题。这再次强调了在车门总成装配过程中，严格的质量。

任务重点

一、车门总成概述

汽车的车门主要是为驾驶人和乘客提供进出车辆的路径，并通过一定的结构设计和隔声材料隔绝车外环境的干扰，以及通过一定结构的设计，降低车辆在受到撞击时所产生的加速度和侵入量，从而减少和避免车内乘员受到伤害。

1. 车门的类型

随着消费者对汽车的美观要求的提升，各主机厂对汽车的造型要求越来越高，其中车门的造型与整车的造型有着很大的关系。车门结构和性能的好坏，主要体现在车门的防撞性能、车门的密封性能、车门开启和关闭时候的操作便利性等，其中防撞性能尤为重要，因为车辆发生侧碰时，时间很短，缓冲空间有限，容易对车内乘员造成伤害。

车门的结构形式主要有：旋转门、侧滑门、折叠门、对开门、鸥翼门和剪刀门。其中，旋转门主要用于轿车及载货汽车，侧滑门主要用于面包车上，折叠门和外摆式车门主要用于大客车上。

2. 车门的结构

常用的车门主要是旋转式车门，车门主要是由车门内板冲压成型件、外板冲压成型件、窗框辊压工艺成型件以及嵌在内外板间的窗框导轨等组成，通过包边工艺以及焊接合成为白车门，这种结构的优点是：车门内外板主体部分均是整体冲压件，外观品质好，成型精度高，强度及刚度易满足要求；且窗框是分体式结构，窗框宽度不受冲压和焊接工艺的限制，因而可以设计得比较窄，有利于车身造型和驾驶人视野，由于辊压窗框的截面形状受工艺影响较小，可以自由地根据密封条或者造型需要进行设计。

车门结构组成（图 6-18）主要包括三角窗、车门内板、车门外板、车门玻璃、车门密封条、车门锁、内饰板、车门内手柄、内门锁操作手柄、玻璃升降操作手柄、车门开度限位器、车门铰链，另外在门内、外板之间还装有玻璃导轨及玻璃升降器等。

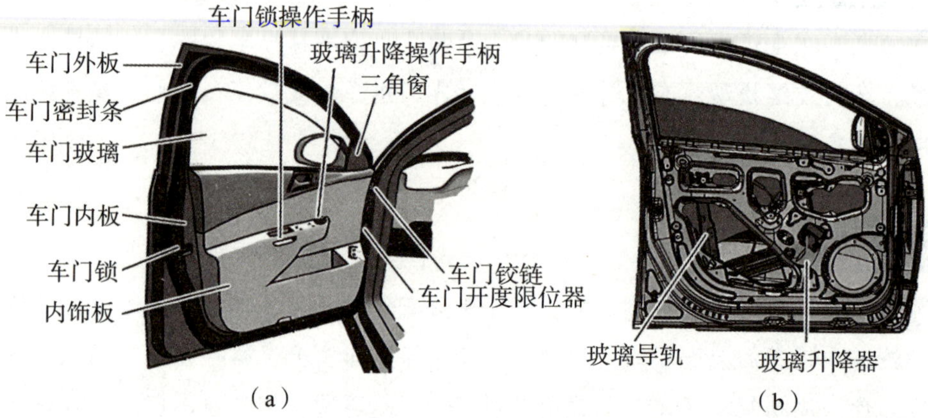

图 6-18　车门结构组成

3. 车门的主要部件功能

（1）玻璃升降器

玻璃升降器是车门系统中实现车门玻璃升降运动的车门附件，是调节车门玻璃窗开度大小的专用部件，其功能是保证车门窗玻璃平稳升降，并顺利地开启和关闭；玻璃升降器分为绳轮式玻璃升降器与齿板式玻璃升降器。

① 绳轮式玻璃升降器的工作原理。绳轮式玻璃升降器是指由直流电动机驱动，通过卷丝筒、绳索等的转动，使车窗玻璃上升或下降到所需位置的一种装置。升降器系统的系统图如图 6-19 所示。升降器的导轨总成 1 通过上下部分的安装支架分别固定在门内钣金上，卷丝机构 4 连同电动机 5 也固定在车门内钣金上，车窗玻璃通过自攻螺钉固定在滑块 2 上。

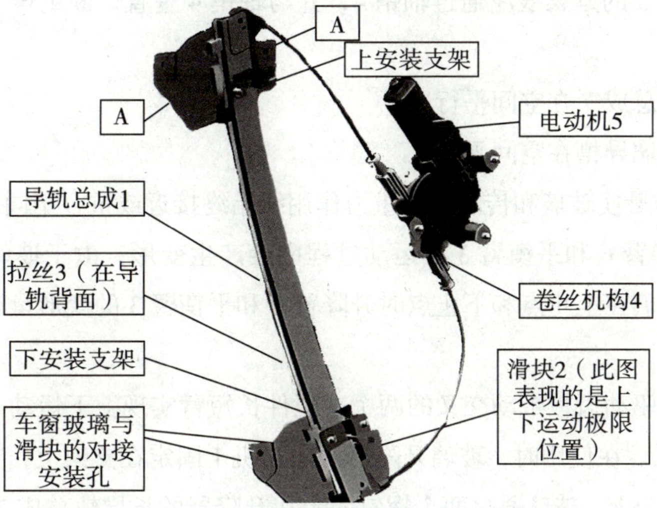

图 6-19　绳轮式玻璃升降器结构示意图

前 / 后玻璃导向槽是空间的平行曲线，导轨总成 1 的曲线与前 / 后玻璃导向槽的曲线平行，导轨总成 1 的延长线应通过玻璃重心，且玻璃的重心作用线与导轨总成 1 的夹角不应过大；电动机接收控制系统传递的信号做正或反转，使卷丝机构中丝筒旋转，收缩或放长拉丝 3，使滑块沿导轨总成上下运动，从而带动车窗玻璃沿前后玻璃导向槽作上下运动。如图 6-20 所示。

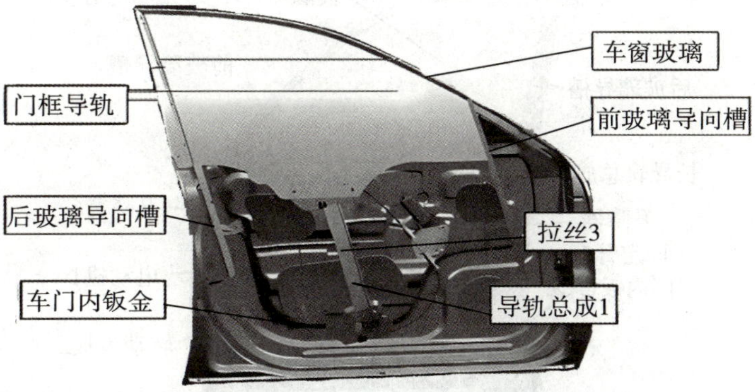

图 6-20　绳轮式玻璃升降器工作原理示意图

② 齿板式玻璃升降器的工作原理。齿板式电动玻璃升降器是指由直流电动机驱动，通过电动机内齿轮、外部传动齿板以及由升降臂、固定臂、平衡臂组成的四杆机构的运动，使车窗玻璃上升或下降到所需位置的一种装置，结构如图 6-21 所示。

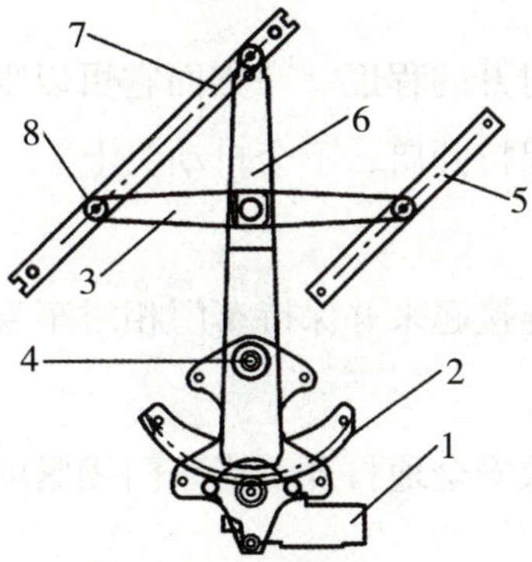

1—电动机；2—转动齿板；3—平衡臂；4—轴销；5—固定臂；6—升降臂；7—长导轨总成；8—滑轮组件。

图 6-21　齿板式电动玻璃升降器结构示意图

◆在车身上，固定臂 5 的延长线应通过轴销 4，并与轴销 4 垂直，固定臂 5 两个固定点的轴线与轴销 4 平行。

◆固定臂 5 与长导轨总成 7 在空间平行。

◆前玻璃导槽与后玻璃导槽在空间平行。

◆在 X 轴方向，应尽量使玻璃和传动臂的重力作用线始终接近或重合于同一条直线上。

◆在 Y 轴方向，升降臂 6 和平衡臂 3 在运动过程中会产生变形，由于玻璃在上止点和下止点的频率较高，可在设计时把玻璃在上止点和下止点时升降臂 6 和平衡臂 3 的变形量调到较小，而在中间位置时变形量较大。

使用齿轮出轴电动机驱动齿板带动交叉的两个冲压件长短臂实现上下运动（类似于剪刀交叉臂的工作原理），如图 6-22 所示。在使用时，玻璃升降器的电动机 1 固定在支架上，支架固定在门内钣金上，固定臂 5 水平固定在门钣金上，玻璃通过两个螺钉固定在升降器的长导轨总成 7 上。通过电动机的转动，带动转动齿板 2 旋转，使升降臂 6 围绕轴销 4 正向、反向旋转一定角度；同时平衡臂以中轴为转动点，滑轮组件 8 在固定臂和长导轨总成 7 中作往返运动，使长导轨总成作上下运动，带动玻璃沿前后端的导向槽上下运动（运动的周边环境与绳轮式玻璃升降器是一样的，只是升降器自身类别不一样）实现玻璃升降功能。

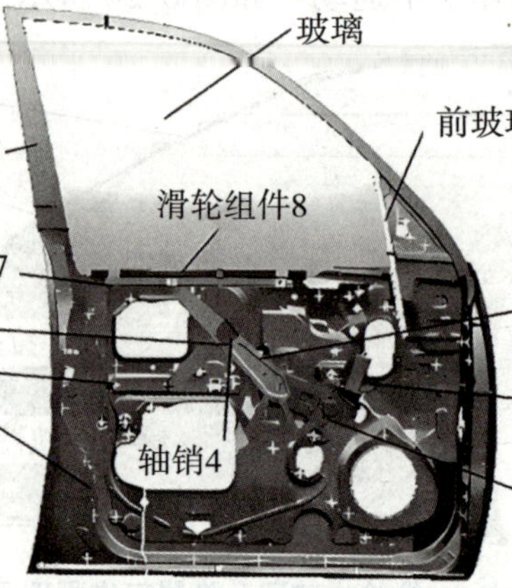

图 6-22　齿板式电动玻璃升降器工作原理示意图

（2）车门密封条

车门密封条主要用于车门的固定、防尘及密封。

（3）车门开度限位器

车门开度限位器主要是限制车门打开的程度。一方面它可以限制车门的最大开度，防止车门开得过大，另一方面，它可在需要时使车门保持开启，不会自动关上。

（4）车门铰链的功能

车门铰链的功能是将车门和车身连接起来并保持车门相对车身的位置，便于车门的开合。

（5）车门锁功能

车门锁功能是将车门可靠地锁紧或安全地打开，当车门锁紧的时候不会因汽车振动、碰撞或者其他情况而将车门打开，导致意外发生。

二、车门总成的装配

1. 玻璃升降器总成的安装

（1）把玻璃导轨放置于车门内板上，并与车门内板安装孔对齐，然后拧紧固定螺栓，其中螺栓拧紧力矩为（9±2）N·m。

（2）把玻璃升降器放置于车门内板上，并与车门内板安装孔对齐，然后拧紧玻璃升降器固定螺栓和固定螺母，其中螺栓拧紧力矩为（9±2）N·m。

2. 车门玻璃的安装

在安装车门玻璃之前，首先安装玻璃泥槽，然后旋转车门玻璃，放入车门内板和外板之间，并用固定螺栓拧紧，其中螺栓拧紧力矩为（9±2）N·m。

3. 车门密封条的安装

如图 6-23 所示，将车门密封条按照图 6-23（a）门框的所示位置进行安装，并用力按压，然后按照图 6-23（b）箭头所示位置安装密封条固定卡扣，并把车门限位器通过固定螺栓 B 安装到车身上，其中螺栓拧紧力矩为（23±3）N·m。

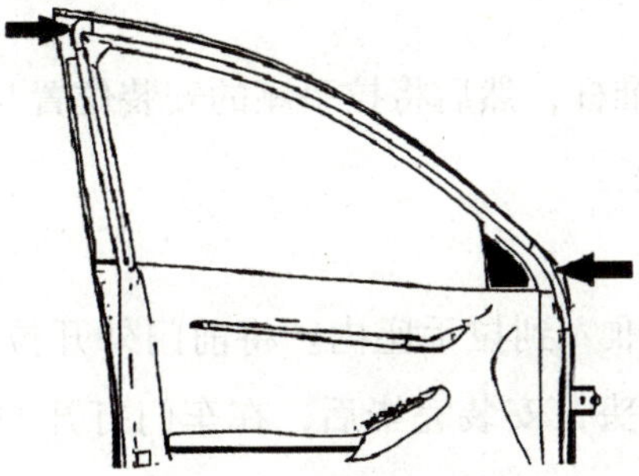

（a）车门密封条安装

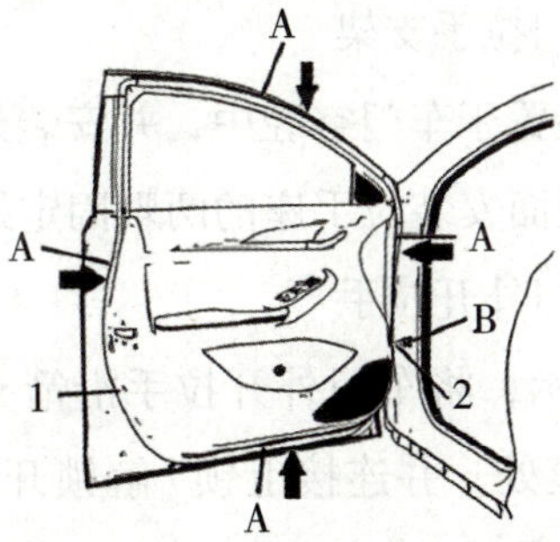

A—玻璃泥槽；B—螺母；1，2—密封条。

（b）安装车门密封条固定卡扣

图 6-23　车门密封条安装示意图

4. 门框密封条和车门内、外夹条的安装

（1）把门框密封条卡在车身凸缘上，并用力压紧。

（2）安装把车门内夹条，并用力压紧。

（3）安装车门外夹条，并用力压紧，然后安装车门外夹条端头卡子。

5. 车门锁扣和锁总成的安装

（1）将车门锁扣与车身侧围安装面贴合，并将两个固定螺栓进行拧紧，其中螺栓拧紧力矩为（23±3）N·m。

（2）将车门锁总成置于车门空腔中；并将车门锁的安装位置与车门内板 3 个安装孔对齐。

（3）固定螺栓将车门锁总成固定在车门内板上，并用力拧紧，其中螺栓拧紧力矩为（8±1）N·m。

6. 车门外开拉手总成和锁芯的安装

车门锁总成如图 6-24 所示。

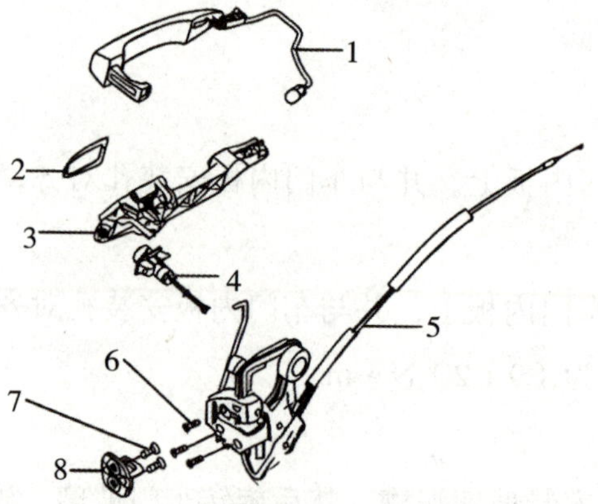

1—左侧前门外拉手；2—左侧前门密封垫；3—左侧门把手座总成；4—左侧前门锁芯总成；5—左侧前门锁总成；6—螺栓 M6×16，力矩（8±2）N·m（共 3 个）；7—螺栓 M8×20，力矩（22±2）N·m（共 2 个）；8—侧门锁扣。

图 6-24　车门锁总成

（1）锁芯的安装

将锁芯与车门外开拉手的手柄盖卡在一起。使用工具安装车门外开拉手安装孔盖，并固定和拧紧锁芯安装螺栓。

（2）安装前门拉手支架

将车门拉手座置于车门空腔中，并安装外开拉手推杆；然后将拉手座的安装位置与车门外板安装孔对齐，从车门外表面安装拉手座的两颗固定螺栓并拧紧。

（3）安装前门外开拉手

如图 6-25 所示，将车门外开拉手沿箭头 B 方向推入到拉手座内。将前门外开拉手沿箭头 A 方向推入支撑杆的定位处，并连接上锁 / 解锁开关连接插头，安装完毕后，在车门打开的状态下进行功能检查。

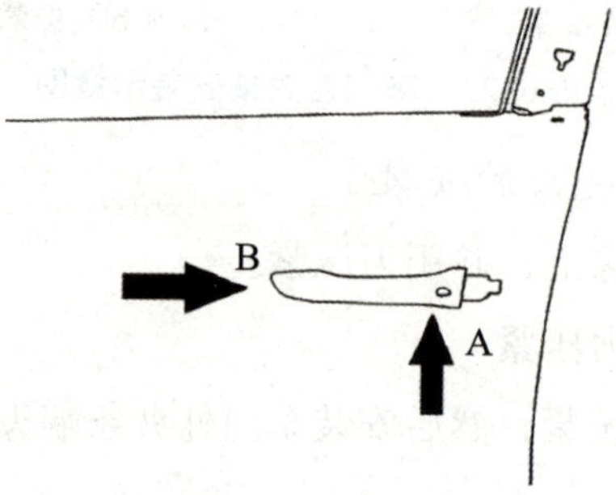

图 6-25　车门外开拉手安装

7. 车门内饰板的安装

（1）在安装车门内饰板之前，确保车门里面的电动车窗开关线束插头已经连接完好以及前门内拉手拉索已经安装完好。

（2）车门内饰板主要是通过内饰板上的卡扣与车身内板的钣金上的卡槽进行卡紧固定。

（3）将扣手盒底部用螺钉固定，并放入扣手盒螺钉盖板；安装车门内开拉手固定螺钉，并卡入固定螺钉装饰盖板；卡入三角内饰板。

8. 车门后视镜的安装

如图 6-26 所示，按照图 6-26（a）中箭头所示方向放置外后视镜，然后再按图 6-26（b）所示，使用 10 mm 内六角套筒顺时针拧紧外后视镜的 3 颗螺母。

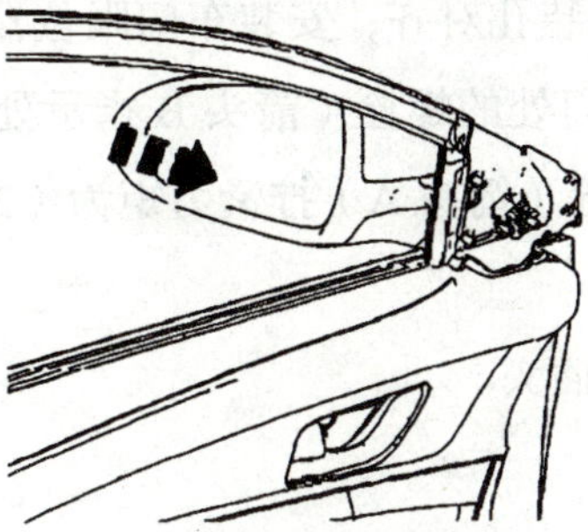

（a）放置后视镜

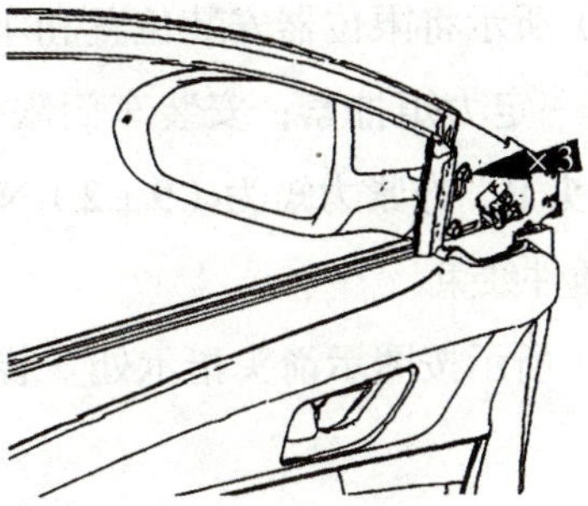

（b）紧固后视镜

图 6-26　车门后视镜安装示意图

9. 车门限位器和车门铰链的安装

（1）车门的安装

如图 6-27（a）所示，将车门铰链（车门处）安装面与车门内板贴合，并保证安装位置与车门安装孔对齐，然后安装车门铰链固定螺栓并拧紧（“箭头”指示处），螺栓拧紧力矩为（33 ± 3）N·m。

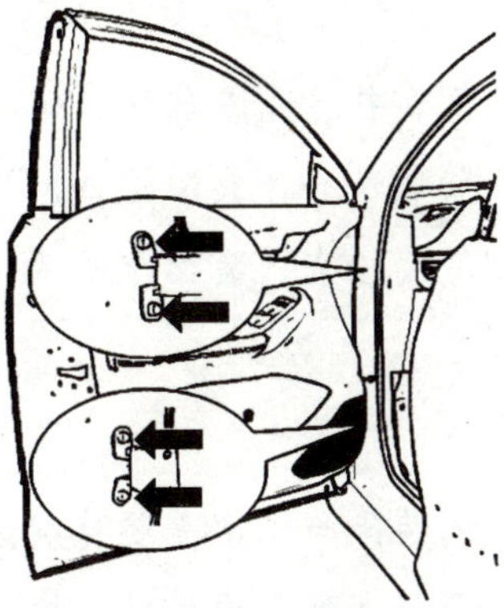

（a）车门铰链与车门内板安装

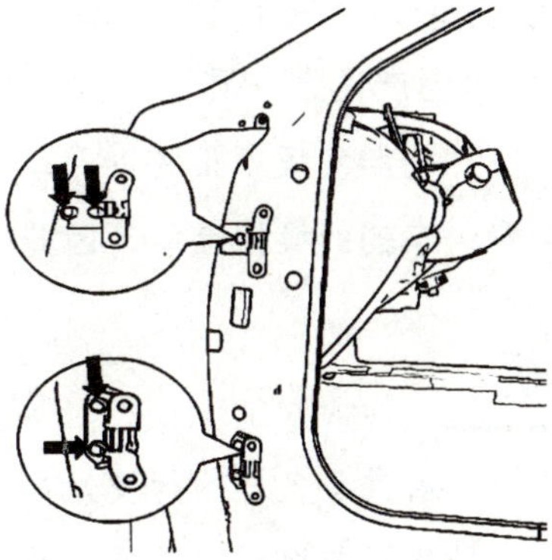

（b）车门铰链与车身安装

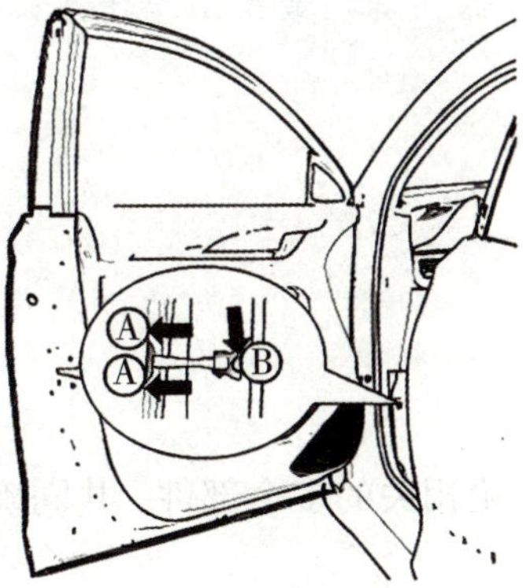

（c）安装车门限位器

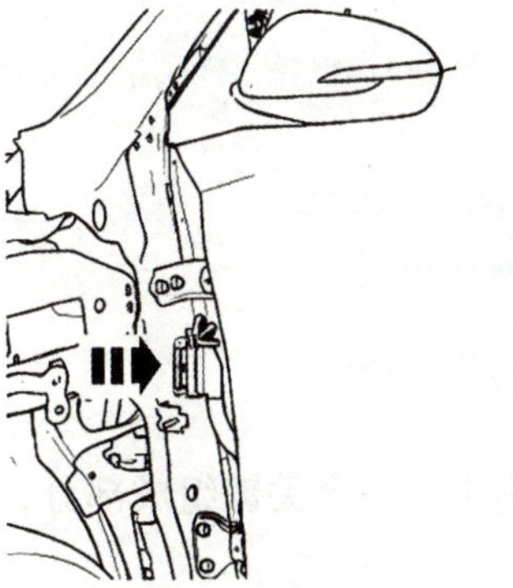

（d）线束安装

图 6-27　车门铰链和限位器装配示意图

如图 6-27（b）所示将车门铰链（侧围处）与安装位置贴合并和安装孔对齐（“箭头”指示处），然后用固定螺栓拧紧，螺栓拧紧力矩为（33±3）N·m。在安装过程中，实时对车门进行调整。

（2）车门限位器的安装

如图 6-27（c）所示将限位器安装位置和车身处的安装孔对齐，安装车门限位器固定螺栓（箭头 B 指示处），并按照一定力矩拧紧；安装车门限位器和车门处的螺栓（箭头 B 指示处），并按照一定力矩拧紧。螺栓（箭头 B）拧紧力矩为（9±2）N·m。螺栓（箭头 A）拧紧力矩为（23±3）N·m。

（3）安装接插件线束

如图 6-27（d）所示按图示箭头指示处安装线束连接插头。

任务五　车轮总成的装配

任务描述

在一辆新型 SUV 的生产线上，质检人员在最后的检验环节中发现该车的车轮总成存在多个问题，包括车轮螺母紧固不足、轮胎气压不正常以及车轮与刹车系统的配合不良。这些问题不仅可能影响车辆的行驶安全性，还会影响车辆的操控性能，因此必须进行彻底的检查、装配与调试。

任务分析

为确保每辆车在出厂前具备良好的行驶性能，车轮总成的装配与调试需要特别注意。本次问题主要由于初始装配不当、轮胎气压未按标准设置和刹车系统调整不足所致。通过详细检查和规范装配，再次强调了轮胎和刹车系统的重要性，确保了车轮系统的各个部件均在最佳工作状态。严格遵循装配标准和定期检查，对于确保车辆安全性和行驶性能至关重要。

任务重点

一、车轮总成概述

车轮总成是车辆中的一个关键组成部分，包括了与车轮相关的多个部件，共同确保车辆的正常行驶、转向和制动。

1. 车轮总成的作用

汽车车轮总成由车轮和轮胎两大部分组成，是汽车行驶系统的重要部件，其主要功用如下。

（1）支撑整车重量。

（2）缓和由路面传递的冲击载荷。

（3）通过轮胎和路面之间的附着作用为汽车提供驱动力和制动力。

（4）产生平衡汽车轴向离心力的侧向力，以便顺利转向，并通过轮胎产生的自动回正力矩，使车轮具有保持直线行驶的能力。

车轮的组成如图 6-28 所示。

2. 车轮的分类

（1）辐板式和辐条式

车轮按轮辐的构造分为辐板式和辐条式。辐板式车轮的结构如图 6-29 所示。

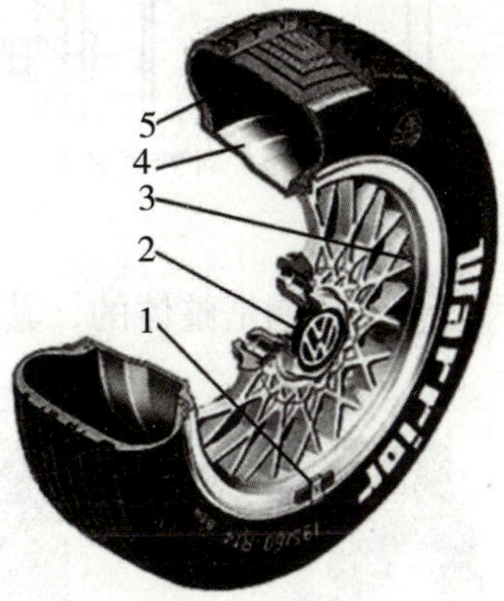

1—平衡块；2—饰盖；3—气门芯；4—轮辋；5—轮胎。

图 6-28　车轮的组成

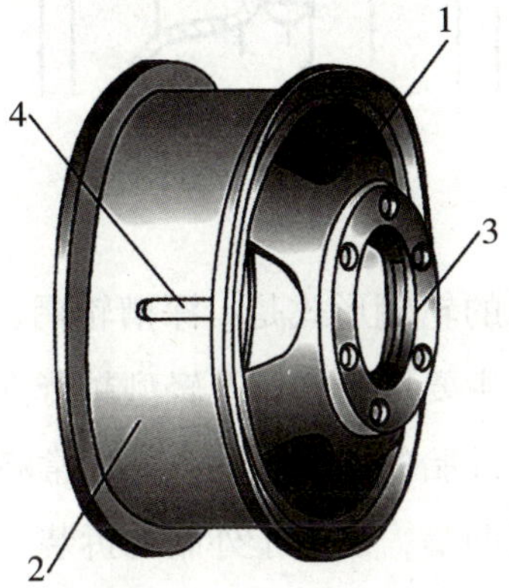

1—辐板；2—轮辋；3—轮毂；4—气门嘴伸出孔。

图 6-29　辐板式车轮

轮辐是钢丝辐条或是和轮毂铸成一体的铸造辐条。前者仅用于赛车和高级轿车。后者应用于轿车和重型汽车。其结构如图 6-30 所示。

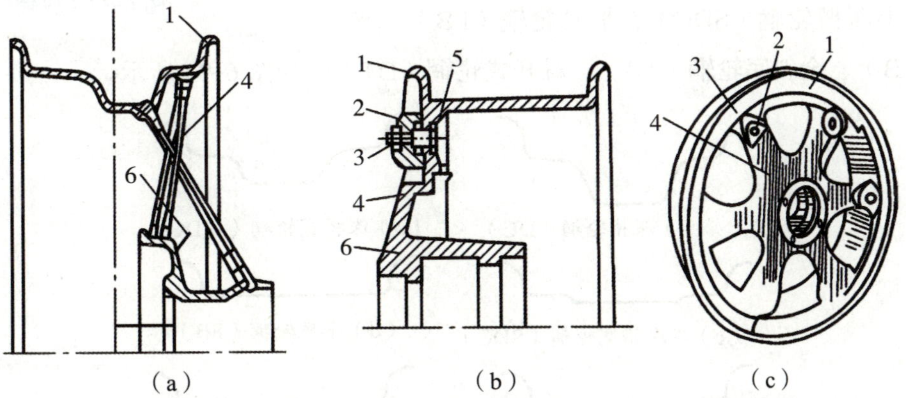

（a）　（b）　（c）

1—轮辋；2—衬块；3—螺栓；4—辐条；5—配合锥面；6—轮毂。

图 6-30　辐条式车轮

（2）单式和双式

车轮按车桥一端安装的轮胎数目分为单式和双式。双式是采用同一轮毂安装两套轮辐和轮辋的一种方式。

3. 车轮轮辋结构形式及规格代号

（1）轮辋的结构

车轮轮辋俗称轮圈，是在车轮上周边安装和支撑轮胎的部件，与轮辐组成车轮。轮辋和轮辐可以是整体式、永久连接式或可拆卸式。轮辋按结构可分为：深槽轮辋、平底轮辋、对开式轮辋、半深槽轮辋、深槽宽轮辋、平底宽轮辋、全斜底轮辋等，如图 6-31 所示。

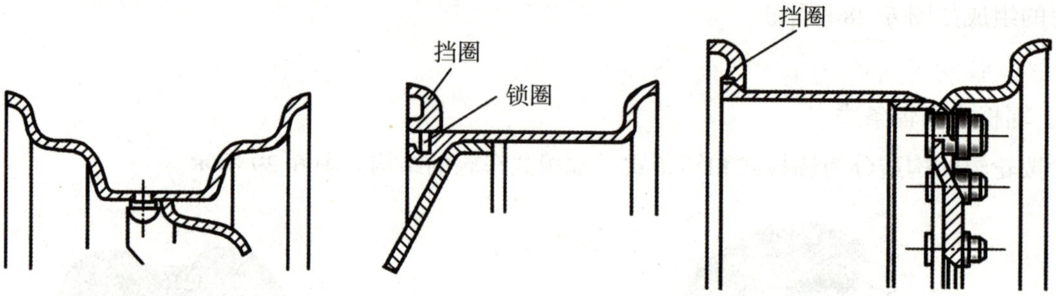

（a）深槽轮辋　（b）平底轮辋　（c）对开式轮辋

图 6-31　轮辋断面

常见的轮辋形式是：深槽轮辋、平底轮辋，如图 6-32 所示。深槽轮辋是整体的，其断面中部为一深凹槽，主要用于轿车及轻型越野汽车。它有带肩的凸缘，用以安放外胎的胎圈，其肩部通常略向中间倾斜，断面的中部制成深凹槽，以便于外胎的拆装。深槽轮辋的结构简单，刚度大，质量较小；平底轮辋也是整体的，结构形式很多，是我国载货汽车常用的一种形式。

（a）深槽轮辋　（b）平底轮辋

图 6-32　轮辋形式

（2）车轮轮辋的轮廓类型

车轮轮辋的轮廓类型包括深槽轮辋（DC）、深槽宽轮辋（WDC）、半深槽轮辋（SDC）、平底轮辋（FB）、平底宽轮辋（WFB）、全斜底轮辋（TB）、对开式轮辋（DT）。如图 6-33 所示。

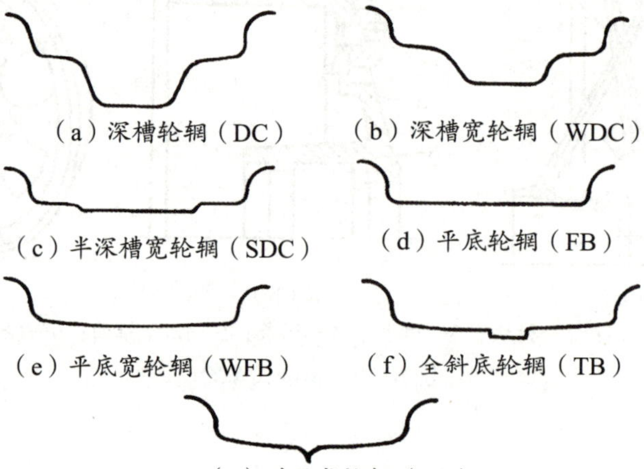

（a）深槽轮辋（DC）　（b）深槽宽轮辋（WDC）
（c）半深槽宽轮辋（SDC）　（d）平底轮辋（FB）
（e）平底宽轮辋（WFB）　（f）全斜底轮辋（TB）
（g）对开式轮辋（DT）

图 6-33　轮辋轮廓类型

（3）车轮轮辋的结构类型

车轮轮辋的结构类型包括一件式轮辋、两件式轮辋、三件式轮辋、四件式轮辋、五件式轮辋，其结构如图 6-34 所示。

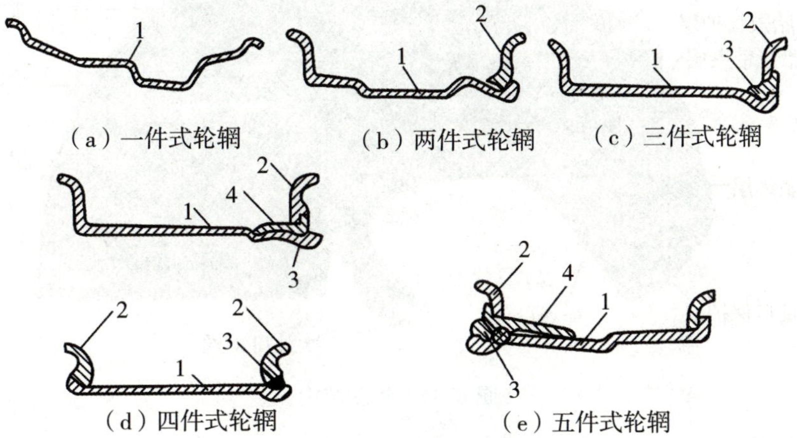

1、2、3、4– 轮辋。

图 6-34　轮辋结构类型

（4）车轮轮辋的规格代号

我国轮辋规格代号基本上与国际接轨。其名义宽度和名义直径用英寸表示。中间的联结符号（* 或 –）表示是否整体轮辋。例如，4.50 E × 16 表示名义宽度为 4.5 英寸，名义直径为 16 英寸，轮缘代号为 E 的整体轮辋；6.5–20 表示名义宽度为 6.5 英寸，名义直径为 20 英寸的多件式平底宽轮辋。在使用时，汽车的轮辋规格是很重要的。它决定汽车可以装用哪些轮胎。

4. 轮胎

（1）轮胎的作用

① 和汽车悬架系统一起缓冲轮面的冲击，并衰减其振动，保证车辆具有良好的舒适性和平顺性。

② 保证车轮和地面之间有良好的附着性，提高车辆的动力性、制动性。

③ 承受汽车的重量、动载荷和来自各方向的力和力矩，提高车辆的操纵稳定性。

④ 提高车辆的通过性。

（2）对轮胎的要求

① 轮胎必须具有适宜的弹性、阻尼和承载能力。

② 胎面部分具有增强附着能力的花纹。

③ 具有热稳定性、耐磨等。

（3）轮胎的类型

① 按结构分类：子午线轮胎、斜交轮胎。

② 按花纹分类：条形花纹轮胎、横向花纹轮胎、混合花纹轮胎、越野花纹轮胎。

③ 按种类分类：轿车轮胎、轻型载货汽车轮胎、载货汽车及大客车轮胎等。

（4）轮胎的结构及其作用

① 轮胎结构主要由胎面、胎肩、胎侧、气密层、胎体及其他部件组成，如图 6-35 所示。

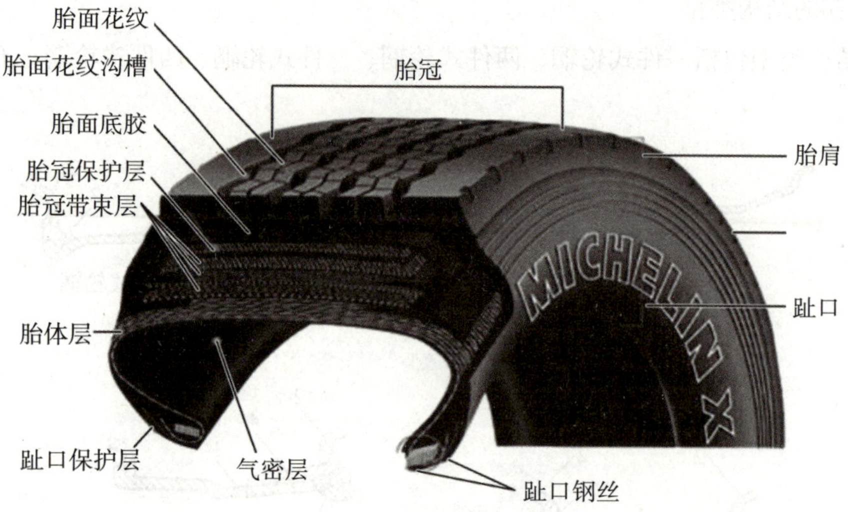

图 6-35　轮胎结构

② 轮胎各组成部分的作用如下。

◆胎面：指轮胎与地面接触的轮胎行驶面。其作用是传递车辆牵引力和制动力、缓冲轮胎在行驶过程中所承受的冲击。要求具有良好的耐磨、耐刺扎性能，好的弹性和对地面的抓着性能。

◆胎肩：胎冠与胎侧之间的过渡区。胎肩厚度一般不超过胎面厚度的 1.35 ～ 1.60 倍，胎肩过厚容易产生肩空、肩裂问题。为此，通常在该部位制成各种花纹，并与胎面花纹沟槽连通，以便散热。胎肩花纹还能在汽车转弯时承受超负荷的压力，并有助于提高抓着力。

◆胎侧：胎肩至胎圈的部分。通常是指覆盖在外胎侧壁的橡胶。它主要是承受屈挠变形作用，保护胎体帘线不受损伤，因此应具有很好的耐屈挠、耐刺扎和耐老化性能。

◆气密层：保持轮胎的气密性，维持正常胎压，负责存放空气，相当于自行车的内胎。

◆胎体：轮胎中的帘布层。是轮胎的主要受力部件，给轮胎提供一定的刚性，耐冲击，在行驶中具有良好的耐屈挠性。

（5）普通斜交轮胎与子午线轮胎

① 普通斜交轮胎。帘布层和缓冲层的各相邻层帘线交叉，且与胎面中心线呈小于 90° 角排列的充气轮胎如图 6-36 所示。

② 子午线轮胎。帘布层线与胎面中心线呈 90° 角或约 90° 角排列的充气轮胎如图 6-37 所示。

图 6-36　斜交轮胎

图 6-37　子午线轮胎

（6）轮胎的磨损

磨损分为正常磨损和使用不当磨损。如图 6-38 所示。

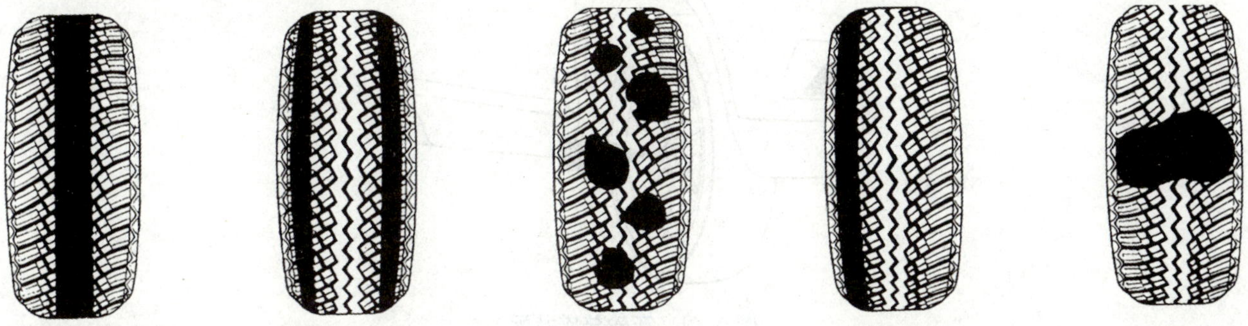

（a）气压太高或行驶条件苛刻　（b）气压太低　（c）车轮运行不平稳　（d）悬架失效或定位参数不对　（e）车轮发卡后强制制动

图 6-38　轮胎磨损形式及原因

（7）轮胎的换位

为了让轮胎均匀磨损，汽车行驶一段里程（6 000 ～ 8 000 km）后，应进行换位。一般采用对角线换胎路线如图 6-39 所示。

5. 轮胎规格的表示方法

我国执行的轮胎标准规定了轮胎的规格、基本参数、主要尺寸、气压负荷对应关系等。轮胎的扁平率表征轮胎的断面宽度与断面高度的比值（百分比），如图 6-40 所示。常用的有 80、75、70、65、60、55。

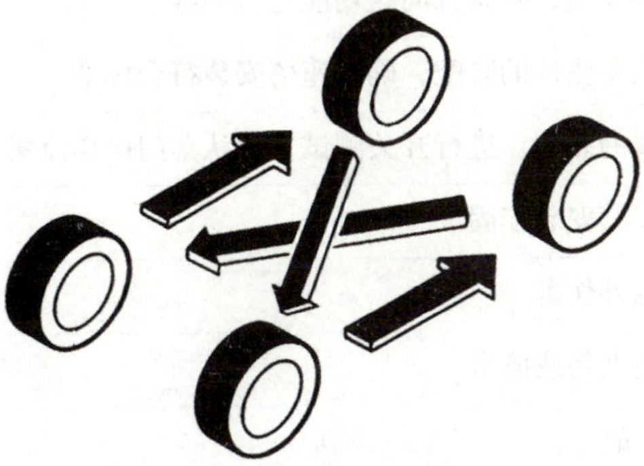

图 6-39　轮胎换位示意图

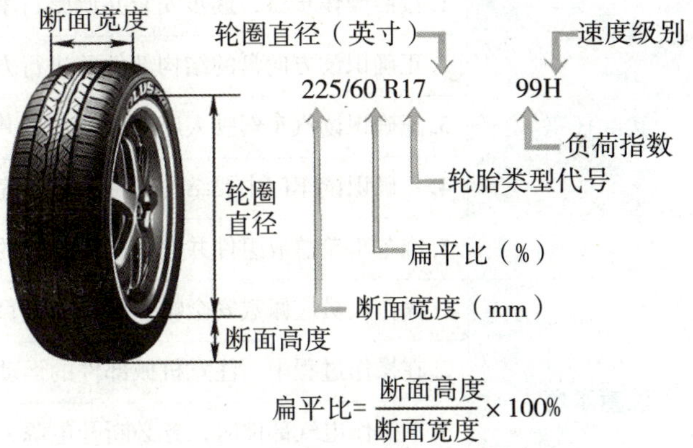

图 6-40　轮胎扁平率及规格表示方

二、车轮总成的装配

在装配车轮总成时，首先要举升车辆，其次将轮胎总成平稳地放在法兰盘上，按照对角方式以及顺时针方向拧紧螺栓，力矩大小为（110 ± 10）N · m，如图 6-41 所示。

【提示】

在安装过程中，不能一次性拧紧螺栓，要按对角的方式分几次拧紧。

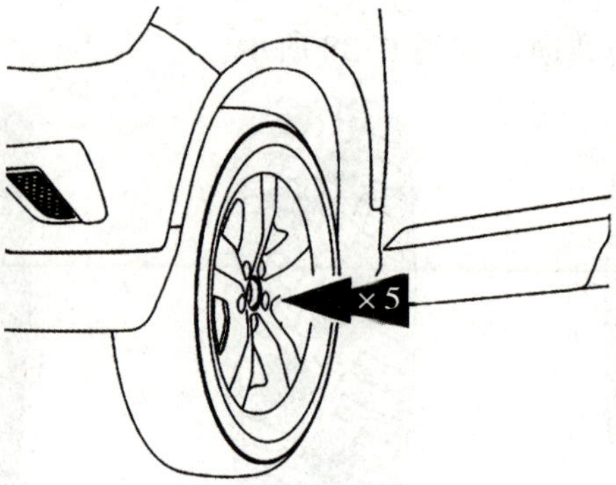

图 6-41　车轮总成装配

项目小结

本项目主要介绍了汽车尾线装配与调试的各项技能，首先介绍了行李舱系统，其次介绍了方向盘总成，最后介绍了汽车座椅、车门总成和车轮总成的装配。通过本项目的学习与实践，读者不仅提升了专业技能水平，还提高了职业素养、团队协作能力和问题解决能力。

项目工单

实践任务	1. 按照操作步骤，逐步安装并调整行李舱盖上的锁具和铰链，确保行李舱盖的密封性良好
	2. 正确识读方向盘的结构部件并进行方向盘总成的装配，确认方向盘功能符合标准
	3. 正确识读汽车驾驶人座椅结构部件并完成前排汽车座椅的装配，确认座椅安装符合标准
	4. 正确识读车门主要结构部件，逐步完成车门总成的装配。进行开关测试，确认车门操作流畅
	5. 准备车轮总成组件并完成车轮总成的装配，确保其安装牢固
注意事项	1. 操作人员应佩戴安全帽、手套和护目镜，避免意外伤害
	2. 在操作过程中，注意机械部件的运动范围，避免夹伤或撞击
	3. 在操作电气部件时，务必断开电源，防止触电事故
	4. 定期对装配工具和设备进行清洁和维护，确保其处于良好状态

项目负责人：________________

参与成员：________________

日期：________________

课后练习

一、思考题

1. 如何进行行李舱密封条安装?
2. 简述方向盘总成的装配。
3. 简述座椅滑轨的结构与工作原理
4. 车轮总成有哪些作用?
5. 简述车轮总成的装配。

二、看图填空题

1. 请将方向盘的构成在空白处补充完整。

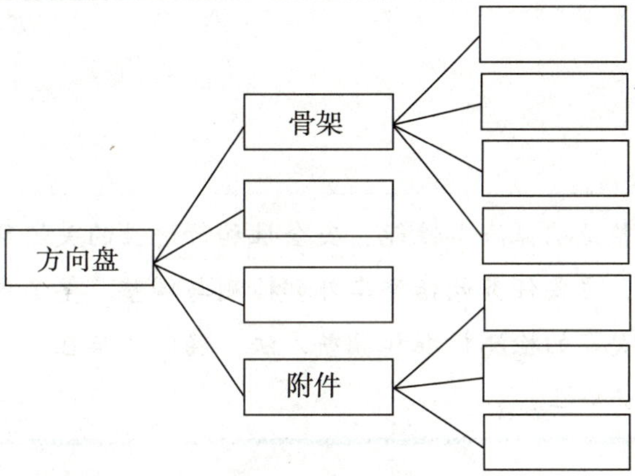

2. 填写齿板式电动玻璃升降器结构的零件名称至空白处。

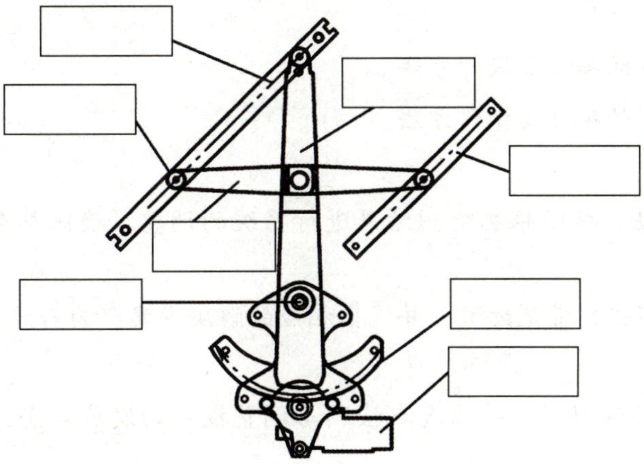

项目七 整车装配检测与调整

项目导读

汽车整车装配检测与调整是确保汽车性能、安全性和舒适性的关键环节。本项目将围绕整车装配后的检测与调整任务展开，主要任务包括整车外部检测与调整、整车内部检测与调整。通过系统的学习和实践，学生将掌握整车的检测标准和调整方法，确保汽车在交付给用户前达到质量要求，从而提升整车的整体性能和安全性。

学习目标

知识目标

1. 掌握车身外部检查的项目及操作方法。
2. 掌握车身内部检查的项目及操作方法。

能力目标

1. 掌握多种调整方法，能够根据检测结果进行系统的调整，确保整车各部分协调工作，提高整车性能。
2. 在检测过程中能够识别常见故障，并提出相应的解决方案，为后续的检修提供依据。

素质目标

1. 培养学生主动学习的习惯，关注汽车检测与调整技术的发展动态，不断提升自身的专业知识水平。
2. 提高学生团队协作能力，能够与团队成员进行有效沟通，共同完成复杂的检测与调整任务。

思政目标

1. 强调以用户为中心的服务意识，引导学生认识到检测与调整工作对用户安全和满意度的重要性。
2. 引导学生认识到自己在汽车装配检测中的重要责任，培养其对质量和安全的责任担当精神。

任务一　整车外部检测与调整

任务描述

一辆新款中型轿车在生产线的最终检测阶段，质检人员发现该车的外部存在几处需要调整和修复的问题，包括车身漆面有轻微划痕、前后保险杠装配不对称、车灯照射角度偏差以及车门缝隙不均匀。这些问题不仅影响车辆的外观，还可能影响车辆的照明效果和行驶安全性。为确保车辆在交付前达到最佳状态，必须对整车外部进行全面的检测与调整。

任务分析

整车外部检测与调整对车辆的质量和用户体验至关重要。本次问题主要集中在车身漆面、保险杠装配、车灯照射角度和车门缝隙等方面，这些问题不仅影响车辆外观，还可能影响车辆的功能性和安全性。通过全面的检测和精细的调整，成功消除了所有缺陷，确保车辆的外部质量和行驶安全性。这强调了整车外部检测与调整在车辆出厂前的重要性。

任务重点

整车外部检测与调整是确保汽车性能、安全和可靠性的重要环节。它通常包括对车辆外部各个关键部件的检查和调整，以保证车辆的整体状况。定期进行整车外部检测与调整，不仅能保持车辆外观良好，还能确保驾驶的安全性和舒适性。

发动机型号参数

一、整车符合性检验

1. 发动机型号及编号复核

复核发动机型号及编号，铭牌上各内容应清晰且无误。发动机的铭牌如图 7-1 所示。

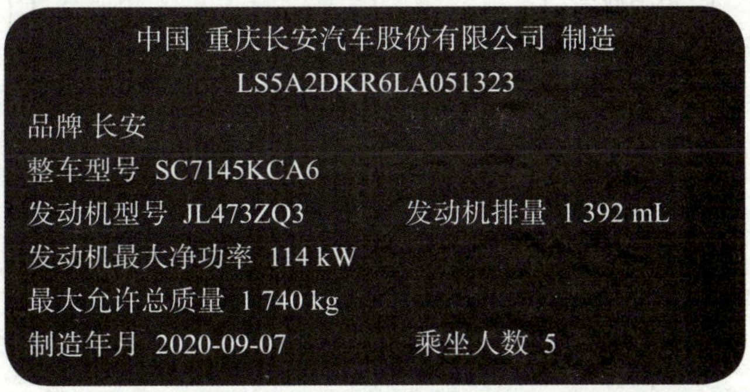

图 7-1　发动机铭牌

2. 车辆识别代号 VIN 码复核

VIN 码位于车架右前部和前风窗玻璃处。打印字高不小于 10 mm，深度不小于 0.3 mm，字迹清晰、完整，且易于拓印。

3. 车辆技术参数符合性检查

车辆技术参数符合性检查的目的是为了确认生产的汽车是否符合制造规格、确认汽车是否与公告参数相符合。用卷尺测量车身的长度、宽度、高度、轴距等参数，注意测量时应在目测最大数值处开始测量。

二、车辆外观检查

1. 车辆协调性检查

（1）车身对称性检查

① 观察车身是否有严重的横向或纵向歪斜现象，再用高度尺（或钢卷尺）、水平尺检测是否超过规定值。车体外缘左右对称部位高度差不得大于 40 cm，如图 7-2 所示，$|A-B| \leqslant 40$ cm。同时检查车架和车身是否变形、悬架是否断裂，如有异常，应予以调整，否则，车身歪斜会越来越严重，引起操纵不稳、行驶跑偏等问题。

图 7-2　车身周正性检查方法

② 检查车轮的气压是否正常，轮胎的气压要符合规定值，如有异常，应予以调整。轮胎的型号不同，充气压力不同，车轮在满载和空载的情况下其充气压力也不同。一般来说，车轮的充气压力在车身门框处有标识牌，查看标识牌后进行轮胎气压的调节。标识牌如图 7-3 所示。

轮胎充气气压　kPa（psi）

CHARGE PRESSURE FOR TIRE

轮胎型号 TIRE SIZE	185/65R15	205/60R16	215/50R17
空载 NO LOAD	250（36）	210（30）	210（30）
满载 MAX LOAD	250（36）	230（33）	230（33）

3903011-W01-AB

图 7-3　轮胎充气气压标准

③ A、B、C、E、F 等系列车型驾驶室整体倾斜不超过 20 mm，车架上的前钢板吊耳处左右高度差不超过 10 mm。

④ 其他车型驾驶室整体倾斜不超过 30 mm，前钢板吊耳处左右高度差不超过 15 mm。

⑤ 驾驶室左右不对称度：A、F 型及以下平头车型小于等于 20 mm；B、G 型及以上平头车型小于等于 25 mm。

⑥ 护栏装配情况以货厢边梁下端测量允许误差小于等于 15 mm 为准。

（2）从车辆前、后方 45° 角位置观察车身线条是否整齐。

2. 整车清洁情况检查

检查车身是否有污渍。

3. 漆面检查

（1）检查方法

① 近距离查看车身漆面有无划痕、刮伤、锈蚀、掉漆、生锈、流挂等现象。

② 对于补漆范围超过 10 mm^2 的部件，该部件应拆卸进行返漆处理。

（2）作业路径

① 车身周正性检查——车身对称性检查。

② 车身周正性检查——车辆前、后方 45° 角位置查看车身线条。

③ 车辆发动机舱盖、车顶、翼子板漆面检查。

④ 车辆左侧车门漆面检查。

⑤ 车辆后部漆面检查。

⑥ 车辆右侧漆面检查。

漆面检查作业路径如图 7-4 所示。

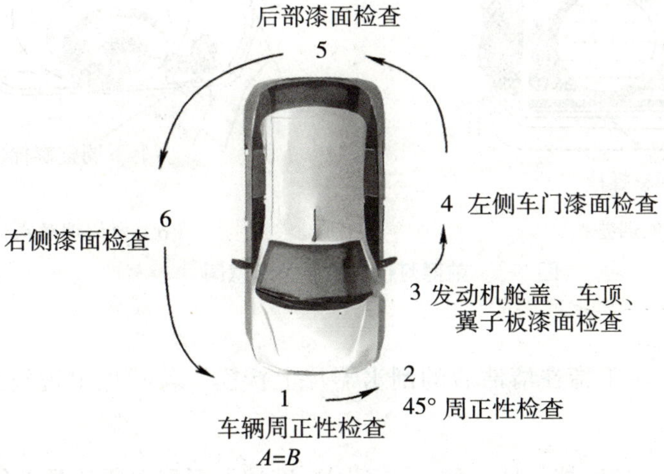

图 7-4　车身漆面检查作业路径

4. 装配间隙检查

近距离查看车身前照灯、发动机舱盖、前围、车门等部件的装配间隙是否均匀对称。

德育之窗

汽车检测是整车装配完成后对汽车装配质量的控制。人常说物竞天择，适者生存。当今世界，是一个开放的世界，发展浪潮波涛汹涌，创业意识势不可挡，一个企业要在竞争中乘风破浪，立于不败之地，必然依靠的是企业优良的产品质量。企业要生存和发展下去，首先务必以产品或工作的质量取胜，以高质量的产品树立起社会上的信誉。因此，应当追求一丝不苟、精益求精的工匠精神，始终持续优质高效，只有这样，才能在激烈的竞争中立于不败之地。

三、外部元件安装检查

1. 前照灯检查

（1）查看车辆左、右前照灯面罩有无色差，若有需更换。

（2）查看前照灯外观有无破损、裂痕等。

（3）查看前照灯安装是否紧固。

（4）车辆点火，查看前照灯发光是否有异常。使用前照灯校正仪检测发光强度和光轴偏斜量。

（5）若前照灯发光有异常，则需返修、校正。

根据检测标准，调整光束照射位置时，以调整近光光束为主，因为质量合格的灯泡，在近光光束调整合格后，远光光束一般也会合格。若经过复核，此时远光光束照射方向不合格，则应更换灯泡。

对前照灯进行调整时，可拧动前照灯的上下、左右调整螺栓，或转动前照灯亮体，进行4个方向的调整。图7-5为前照灯的调整部位。

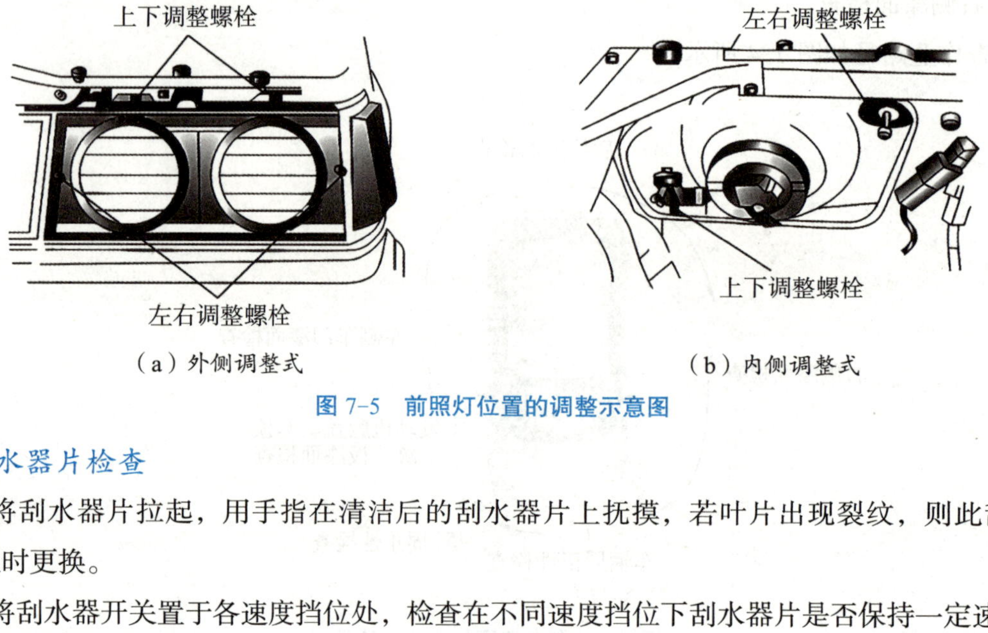

（a）外侧调整式　　（b）内侧调整式

图7-5　前照灯位置的调整示意图

2. 刮水器片检查

（1）将刮水器片拉起，用手指在清洁后的刮水器片上抚摸，若叶片出现裂纹，则此刮水器片不合格，需及时更换。

（2）将刮水器开关置于各速度挡位处，检查在不同速度挡位下刮水器片是否保持一定速度。

（3）刮水器关闭时，刮片应能自动返回到初始位置。

（4）如果刮水器片在刮拭时出现左右摆动不均匀、有噪声、不正常跳动、刮水器胶条没有完全贴合风窗玻璃面、刮拭不干净、出现水膜、细小条纹和线状残留等现象，都表示刮水器片受损或不合格，需要更换刮水器片。刮水器片常见故障及原因如表 7-1 所示。

表 7-1　刮水器片常见故障及可能原因

故障现象	故障示意图	可能原因
细长的弧形条纹，影响视线	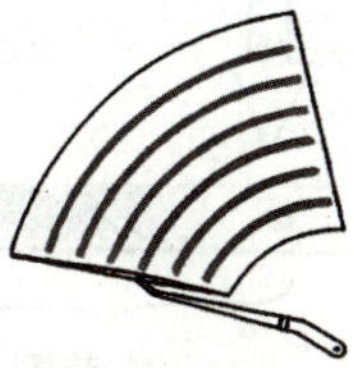	刮水器片胶条上有异物，或胶条刃口破损
刮水器片发出异响、抖动，胶条不能顺利地反转，出现竖条纹		玻璃上有油或蜡，胶条变形或刮臂不合格
刮片刮过后，留下斑状水痕		胶条变形
胶条没有贴合到玻璃表面，不能均匀刮刷，形成片状或带状区域	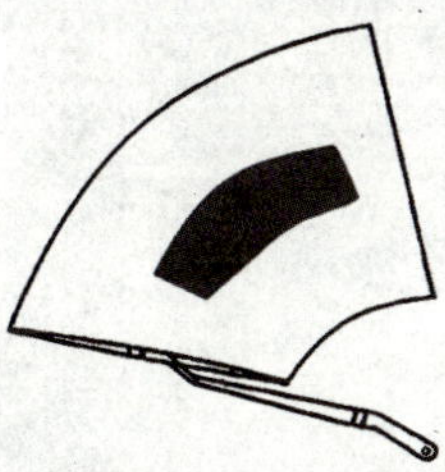	胶条变形，或刮片骨架变形，导致压力不足

3. 发动机舱检查

（1）打开发动机舱盖，检查发动机装饰罩总成外观质量是否完好，有无损坏。检查发动机装饰罩的安装是否牢固。

（2）检查发动机舱内发动机主体、冷却液储液罐、洗涤壶、储液罐、空气滤清器、蓄电池、熔丝盒、制动液储液罐等部件的装配是否牢靠，外观质量是否完好，有无损伤。

（3）检查发动机进气管路的接口部位是否安装牢靠，有无松脱、漏气等现象。检查蜗轮蜗杆卡箍是否安装到位，有无损坏。

（4）检查散热器进、出水管的接口部位是否安装牢靠，卡箍的装配是否到位，卡箍是否卡到接口上。

（5）检查用开口销、销钉等措施防松的螺纹紧固连接，紧固时是否用拧紧的方式保证孔、槽对正，然后穿销锁紧。

4. 油液检查

（1）机油液位检查

确认车辆处于冷车状态，拆下机油尺，检查油位是否在油标尺上的下限（最小值）和上限（最大值）标记之间，如图 7-6 所示。如果油位低于下限点，则需添加发动机机油。

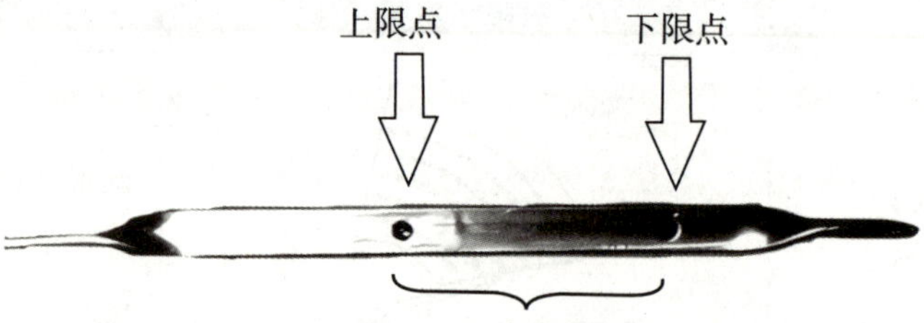

图 7-6 机油液位检查

（2）冷却液检查

① 冷却液液位检查。在发动机冷却时，检查储液罐冷却液液位。正常的冷却液液位应处于储液罐“MAX”和“MIN”标志之间，如图 7-7 所示。当冷却液液位低于“MIN”标志时打开储液罐并加入适量冷却液，使其水位上升到“MAX”标志。然后，重新装好储液罐盖。

② 冷却液泄漏检查。首先应检查发动机冷却液液位。然后查看进、出水管有无损伤，查看各管插头处有无冷却液外漏的迹象。冷却液往往带有颜色，外部渗漏部位较为明显，应重点检查各管插头、节温器、储液罐、冷却液泵结合面、散热器及散热器盖等部位是否有渗漏现象。

图 7-7 冷却液液位检查

若外部无液体泄漏迹象，但发动机点火后出现发动机加速无力、排气管冒白烟或滴水、散热器有气泡、机油液面升高、机油呈乳白色等现象，说明冷却液有内部渗漏。这时，应当对车辆进行返修，更换冷却液泵、散热器等相应部件。

③ 储液罐盖的检查。检查储液罐盖的密封橡胶是否存在破损或者翻卷现象。若不符合要求，则进行返修更换。

（3）刮水器清洗液检查

① 检查洗涤液的容量是否足够。

② 检查洗涤软管有无变形、弯折、损坏。

（4）制动液检查

① 观察制动液储液罐，制动液液位应在“MAX”与“MIN”刻度线之间。

② 外观检查制动液泄漏的痕迹。检查制动总泵周围有无渗液痕迹；检查车轮处制动分泵周围有无渗液痕迹。若有漏油，车辆需要返修。

若制动总泵漏油，一般是制动总泵活塞油封处泄漏，需更换制动总泵。若是制动分泵渗漏，则主要是分泵活塞与分泵内壁间隙出现问题，如不均匀、有异物影响、不正常磨损等，或者是密封皮碗出现问题，如被异物割损、皮碗质量问题等。这时需要更换新的制动分泵，同时还需要更换新的制动油。

更换新的制动油时，制动系统需要进行排气，操作如下。

① 一人位于驾驶室内踩压制动踏板，另一人位于车下分泵处排放旧制动液。

② 车下制动系统排气的顺序为右后轮—左后轮—右前轮—左前轮，如图 7-8 所示。

③ 车下人员将软管接到分泵排放塞上，如图 7-9 所示，再拧松放气塞 1/4 圈，如图 7-10 所示。

④ 车上人员连续踏压制动踏板数次，放出旧的制动液，然后再拧紧排放塞。

⑤ 重复上述动作，直到观察到吸出的制动液中不再有气泡。

⑥ 补充制动液至液位在“MAX”和“MIN”刻度线之间，如图 7-11 所示。

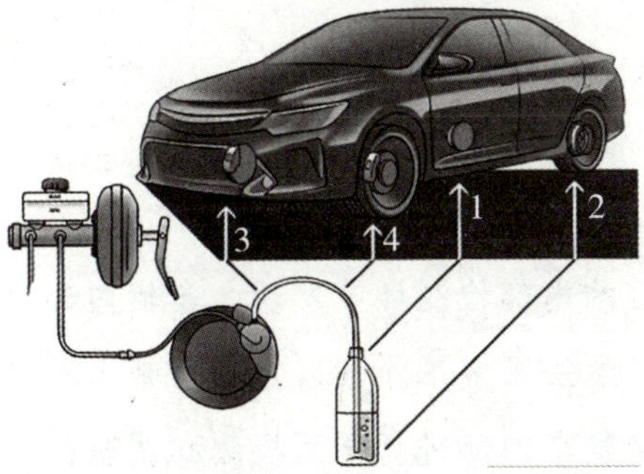

图 7-8　制动系统排气顺序

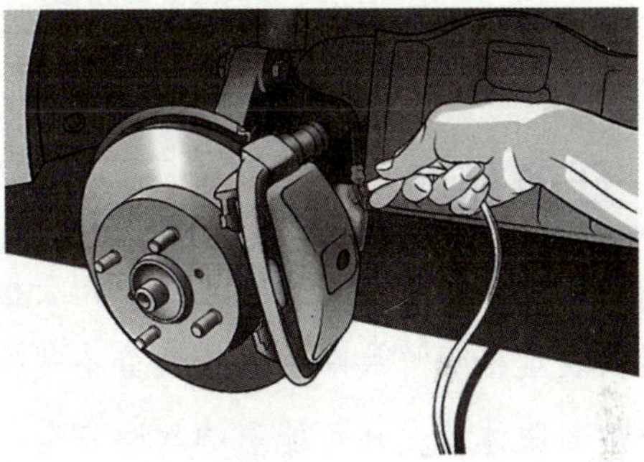

图 7-9　软管接到分泵排放塞上

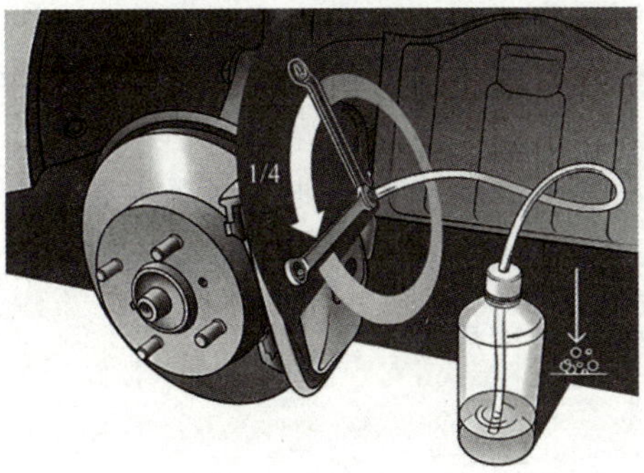

图 7-10　拧松放气塞 1/4 圈

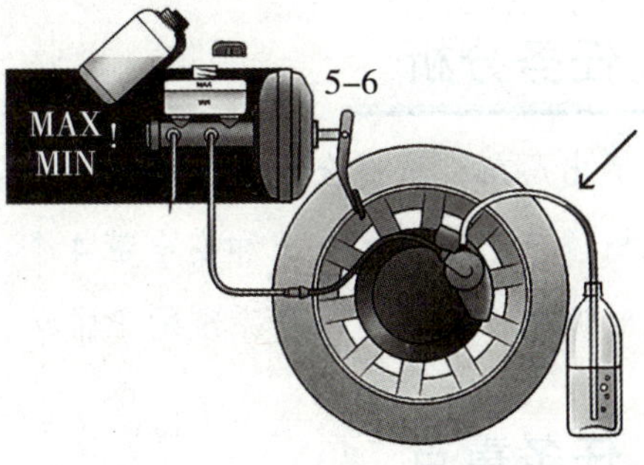

图 7-11　补充制动液至液位在最大和最小刻度线之间

5. 蓄电池检查

（1）蓄电池电压检查

电压检查是通过蓄电池测量仪或万用表来测量蓄电池的电压。正常情况下，蓄电池的空载电压在

13 V左右，满载电压一般不会低于12 V。若蓄电池电压偏低，有可能就会出现车辆启动困难或无法启动的情况。

（2）蓄电池外观检查

观察蓄电池的两侧是否出现比较明显的膨胀变形或出现鼓包的情况。一旦出现这种情况，则代表蓄电池的寿命已经过了一半，需要更换电池。

【提示】

蓄电池在使用一段时间后有轻微的膨胀变形是正常现象，但如果鼓包得比较明显则需要更换，以避免车辆出现无法启动的情况。

任务二　整车内部检测与调整

任务描述

在一辆新型中型轿车的生产流程中，质检人员在组装后的内部检测环节发现，车辆内部存在多项问题，包括仪表盘指示灯故障、座椅调节不顺畅、多媒体系统无法正常工作，以及安全带卡滞等。这些问题不仅影响驾驶体验，还可能影响驾驶安全。因此，必须对整车内部进行全面检测和调整，以确保在交付前具备良好的性能和用户体验。

任务分析

在车辆出厂前，进行全面的内部检测及必要的调整是必不可少的步骤。此次问题主要集中在仪表盘功能、座椅调节、多媒体系统和安全带4个方面，这些问题可能影响驾驶的安全性和舒适性。通过全面检查和及时调整，确保了每个系统的正常运作，提升了车辆的整体质量。

任务重点

整车内部检测与调整是确保车辆内部系统和设备的正常运行，提供舒适、安全的驾驶环境的重要环节。内部检测与调整涵盖了驾驶室、乘客舱、以及车辆的各种电子和机械系统。整车内部检测与调整是车辆维护的重要部分，这不仅关系到驾驶和乘坐的舒适性，还直接影响到行车安全。定期进行这些检查和调整，可以确保车辆内部各个系统的正常运行，提高整体驾驶体验。

一、内饰件检查

1. 车顶扶手安装检查

检查车顶扶手是否完整齐全、安装是否牢靠，检查车顶扶手的安装状况。

2. 车门内饰板装配检查

检查车门内饰板与车门钣金安装是否贴合，安装是否牢靠，车门内饰板装配检查。

3. 点烟器检查

（1）检查点烟器是否被堵塞，是否能够正常使用。

（2）检查点烟器插座内弹簧制动片是否变形，检查点烟器按进后能否固定。

4. 遮阳板及化妆镜检查

（1）检查遮阳板及化妆镜装配是否完整齐全、安装是否牢靠。

（2）检查遮阳板及化妆镜挡板能否正常开启和关闭。

5. 眼镜盒检查

（1）检查眼镜盒装配是否完整齐全。

（2）检查眼镜盒安装是否牢靠。

（3）检查眼镜盒是否能够正常开启和关闭。

6. 内后视镜调整、防眩目功能检查

（1）调节后视镜的上、下视角，观察后视镜是否能够正常工作。

（2）车辆点火，从后方进行灯光照射，检查内后视镜是否可以完成自动调节，是否仍然能够正常使用。

7. 杂物箱检查

（1）检查杂物箱的装配是否牢靠。

（2）检查杂物箱是否能够正常开启和关闭。

（3）检查杂物箱与周边部件的缝隙是否均匀对称。

8. 变速器变速杆检查

（1）检查变速杆装饰套是否破损、污损或有划痕。

（2）检查变速杆铝合金材质镀层是否有划痕、掉漆或刮伤。

（3）检查变速杆是否能够正确进入挡位，换挡是否有异响，若有通常为干涉产生，需检查装配。

（4）检查变速按钮是否能够正常使用。

二、汽车电气设备检查

1. 四门车窗操作检查

打开点火开关，调节汽车车窗升、降挡控制开关，观察车窗是否能够正常工作。

2. 后视镜调整检查

打开点火开关，调节后视镜的上、下和左、右视角，观察后视镜是否能够正常工作。

3. 危险警告灯检查

危险警告灯是共用车前与车后的转向灯、以及车内的转向指示灯、闪光器。危险警告灯不经过点火开关控制，只要压下开关，车内、外转向灯均同时闪烁。检查危险警告灯是否能正常开启和闪烁。

4. 空调操作面板及出风口检查

（1）左、中、右 3 个位置出风口逐一检查。

（2）检查出风口是否能正常出风。

（3）上、下、左、右拨动出风口扇叶方向，检查扇叶是否能够正常调节出风口的风向。

5. 前顶灯检查

车辆点火，检查前顶灯是否能够正常开启和关闭。

6. 驾驶人座椅调节检查

长安逸动驾驶人座椅采用的是电动调节装置。车辆点火，调节座椅前、后高度及靠背角度，检查电动控制旋钮是否能够正常控制座椅动作。

7. 驻车制动器及其指示灯检查

长安逸动配备的是电子驻车制动器。检查电子驻车制动器是否能够正常使用，在驻车时，屏幕上的驻车指示灯是否能够正常亮起。

8. 全景天窗调节检查

长安逸动采用全景天窗。按下天窗控制开关，检查天窗是否能够正常翘起、打开或关闭。

三、踏板装配参数检查

1. 制动踏板自由行程检查

制动踏板的自由行程是为了保证不发生制动拖滞、彻底解除制动而设置的。制动踏板自由行程过大，会减弱制动效果，给行车带来危险，但如果自由行程过小，会使汽车制动拖滞，造成功率损耗，因此，需对制动踏板的行程余量进行检查。

在待测量制动踏板与驾驶室底板之间立一根直尺，用手向下按制动踏板至有阻力时，记下直尺的读数。然后放松踏板，再看直尺读数，两次读数之差即为踏板的自由行程，如图 7-12 所示。液压制动的踏板自由行程一般在 15 ～ 20 mm，在调整时应按车型规定的数值进行调整。

如果制动踏板的自由行程不符合要求，应改变主缸推杆的长度来进行调整，如图 7-12 所示，拧松推杆的锁紧螺母 1，转动推杆至符合规定，最后将锁紧螺母拧紧。

2. 离合器踏板自由行程检查

离合器踏板的自由行程是指离合器膜片弹簧内端与分离轴承之间的间隙在离合器踏板上的反映。离合器踏板从开始踩踏，到开始作用在离合器上形成切开动力传递之前，踩踏离合器踏板过程中有一部分是空载，没有做功，这部分就是离合器踏板的自由行程，如图 7-13 所示。假如踏板没有自由行程，即在放松离合器踏板处于结合状态，分离轴承仍与膜片弹簧内端保持接触，这样，将会加速分离轴承损坏。

如果踏板自由行程过大，则使分离轴承推动膜片弹簧前移的行程缩短，压盘向后移动的距离也随之缩短，不能完全解除压盘对从动盘的压力，从而不能使离合器彻底分离，造成换挡困难。车辆的离合器踏板的自由行程一般为 12 ～ 36 mm，一般调整至 20 mm 为佳。

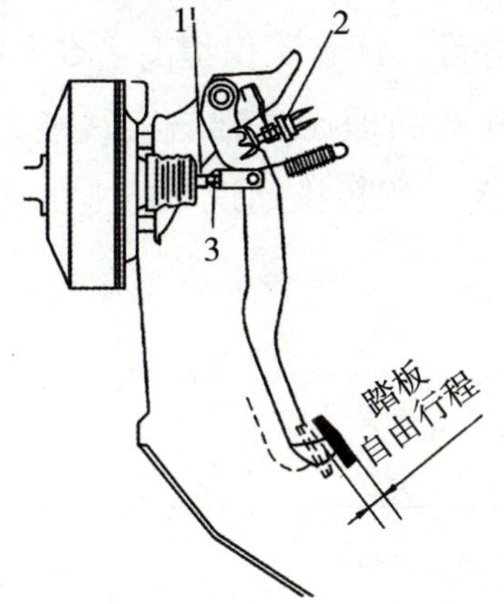

1—锁紧螺母；2—推杆；3—制动灯开关。

图 7-12　制动踏板的自由行程示意图

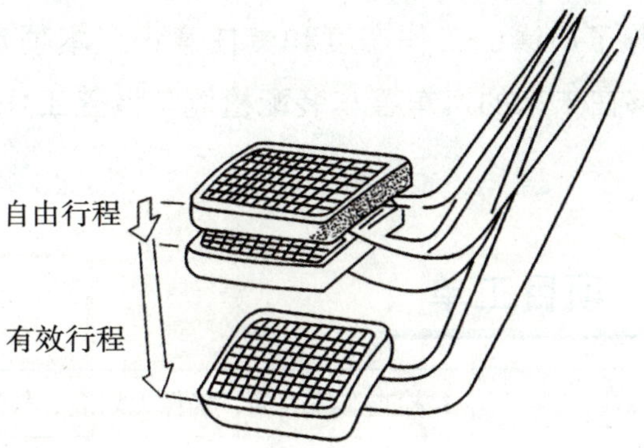

图 7-13　离合器踏板的自由行程示意图

检查时，用一个直尺抵在驾驶室底板上，先测量踏板完全放松时的高度，再用手轻按踏板，当感到阻力增大时再测量踏板高度，两次测量的高度差即为离合器踏板的自由行程。离合器踏板自由行程的调整可通过调整螺母来进行。

调整时，对机械操纵的离合器可以旋转拉杆上的调整螺母，改变分离杠杆与分离轴承的间隙，以增大或减小踏板自由行程。调整完成后要用锁紧螺母锁紧。对于液压操纵的离合器，调整自由行程的部位在离合器总泵推杆处（图 7-14（a）），使总泵推杆与活塞之间有一定的间隙；或者改变离合器分泵推杆长度来实现（图 7-14（b））。

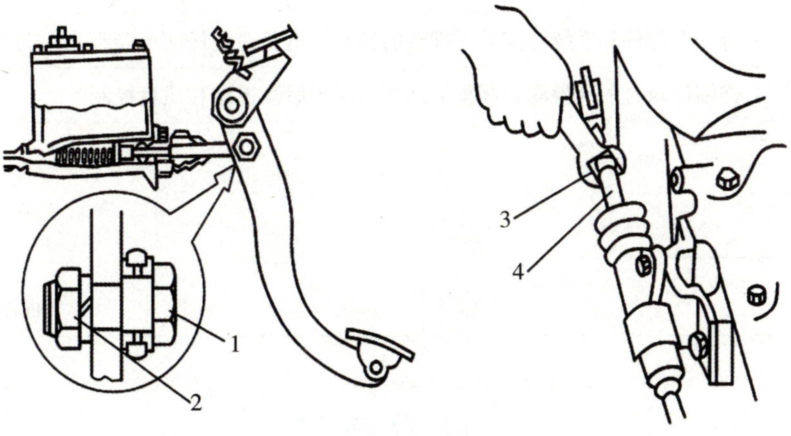

（a）　　　　（b）

1—调整螺母；2—锁紧螺母；3—调整螺母；4—推杆。

图 7-14　离合器踏板自由行程的调整

项目小结

本项目主要介绍了整车装配检测与调整的学习与实践，读者能够掌握整车外部及内部的检测标准和调整方法，提升了他们的检测与调整能力。通过这一过程，读者不仅提高了专业技能，也培养了严谨的工作态度和责任意识。本项目为读者奠定了扎实的理论基础与实践能力，确保能够在未来的汽车整车装配检测与调整工作中，胜任各种角色，积极推动汽车行业的可持续发展。

项目工单

实践任务	1. 检查车漆表面，确保无划痕、气泡或剥落
	2. 使用卷尺和水平仪检查车辆的整体对齐情况，确保车身平整
	3. 检查车灯、雨刷、后视镜等外部功能部件，确保其工作正常
	4. 调整车灯照射角度，确保符合标准
	5. 检查座椅的调节功能，确保座椅能正常前后移动、倾斜与升高
	6. 测试空调系统，检查制冷和加热功能是否正常
	7. 检查音响设备，确保各扬声器工作正常，音量调节无问题
	8. 调整座椅和方向盘位置，确保驾驶舒适性和安全性
注意事项	1. 在进行任何检测和调整工作时，必须确保安全措施到位，如佩戴保护手套、护目镜等
	2. 使用合适的工具，并确保它们处于良好状态，避免损坏部件或造成伤害
	3. 每一个部件和系统都应进行细致的检查，避免遗漏任何可能影响车辆性能的问题
	4. 详细记录每一次检测和调整的结果，便于后续追踪和质量控制

项目负责人：________________

参与成员：________________

日期：________________

课后练习

一、思考题

1．如何进行车身对称性检查？

2．如何进行车身漆面检查？

3．如何进行蓄电池电压检查？

4．如何进行空调操作面板及出风口检查？

二、看图填空题

1．请根据图中刮水器片的故障现象，在空白处填写可能产生的故障原因。

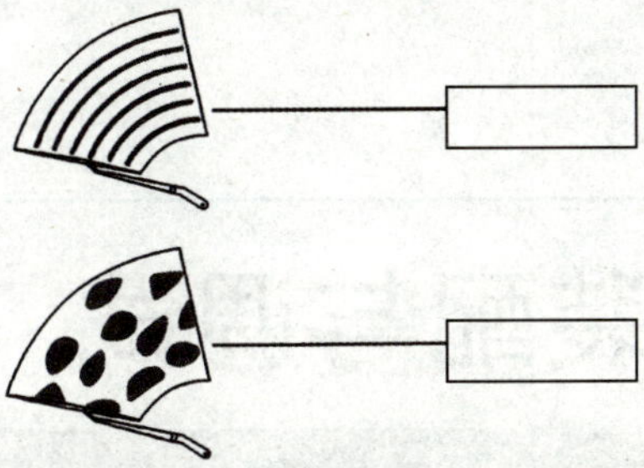

2．请根据制动踏板的自由行程示意图，将各零件名称填至空白处。

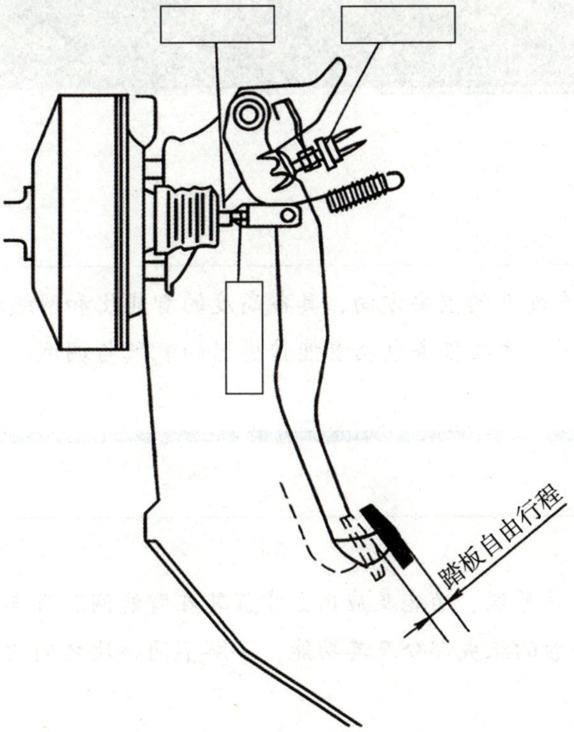

项目八
智能网联汽车的装配与调试

项目导读

智能网联汽车是未来汽车发展的重要方向，具备高度的智能化和网络连接能力。本项目围绕智能网联汽车的装配与调试展开，主要任务包括智能传感器的装配与调试以及自动驾驶计算平台的装配与调试。

学习目标

知识目标

1. 理解智能传感器的工作原理、功能及应用，掌握其在智能网联汽车中的重要性。

2. 熟悉自动驾驶计算平台的组成部分及其功能，了解不同模块之间的协作关系。

能力目标

1. 掌握智能网联汽车在装配后的调试技能，能够进行综合测试，确保整车的智能系统协同工作。

2. 在调试过程中，能够有效识别和分析故障，并提出合理的解决方案，保证系统的正常运作。

素质目标

1. 培养学生对智能网联汽车的兴趣及职业责任感，鼓励其在学习和实践中追求高标准的工作质量。

2. 激发学生的创新思维，鼓励他们在装配与调试过程中提出优化建议，推动技术进步。

思政目标

1. 引导学生认识到智能网联汽车对社会安全与交通责任的重要性，激发其社会责任感与担当意识。

2. 引导学生在智能汽车技术快速发展的背景下，树立终身学习的理念，不断更新专业知识。

任务一　智能传感器的装配与调试

任务描述

在一辆新型电动 SUV 的装配线上，质检人员发现车辆的几个智能传感器存在问题，这些问题不仅影响车辆的高级驾驶辅助系统（ADAS）的性能，还可能影响驾驶员的安全和舒适性。为确保车辆在交付前具备先进的智能功能，必须对智能传感器进行专业的装配与调试。

任务分析

随着人工智能技术的发展，传统燃油车正逐渐向无人驾驶汽车方向转变。在汽车行驶过程中驾驶人的手、脚和眼睛被逐渐解放出来，汽车在无人驾驶的情况下是如何感知周围的环境呢？因为汽车装备了一套智能化感知设备，这些设备包括激光雷达、毫米波雷达、超声波雷达、摄像头及组合导航等，每个部件负责的功能各不相同，有的负责了解和收集周边的地图信息，有的负责识别道路车辆、行人和红绿灯等，有的负责对汽车进行道路规划。这些功能就相当于人们的感觉器官。通过细致的装配和专业的调试，确保每项智能传感器的功能达到最佳状态，提升了车辆的智能驾驶性能和安全性。这强调了智能传感器装配与调试在现代汽车生产中的重要性。

任务重点

激光雷达系统

一、激光雷达

激光雷达是无人驾驶汽车必备的传感器，也是目前制约无人驾驶汽车发展的关键传感器，无人驾驶汽车行驶必备的条件之一是精准定位、高精度感知周围环境。激光雷达利用扫描出来的点云数据绘制高精度地图，达到实时路况及移动物体的高精度感知，并进行精准定位，确定可行驶空间，保障无人驾驶汽车安全行驶。

1. 激光雷达的分类

激光雷达具有分辨率高、隐蔽性好、抗干扰能力强等优势。随着科技的不断发展，激光雷达的应用越来越广泛，它已应用于机器人、无人驾驶和无人车等领域。激光雷达的种类繁多，按照功能、结构、线束、探测方式、发射波形等可分为不同的类型如图 8-1 所示。

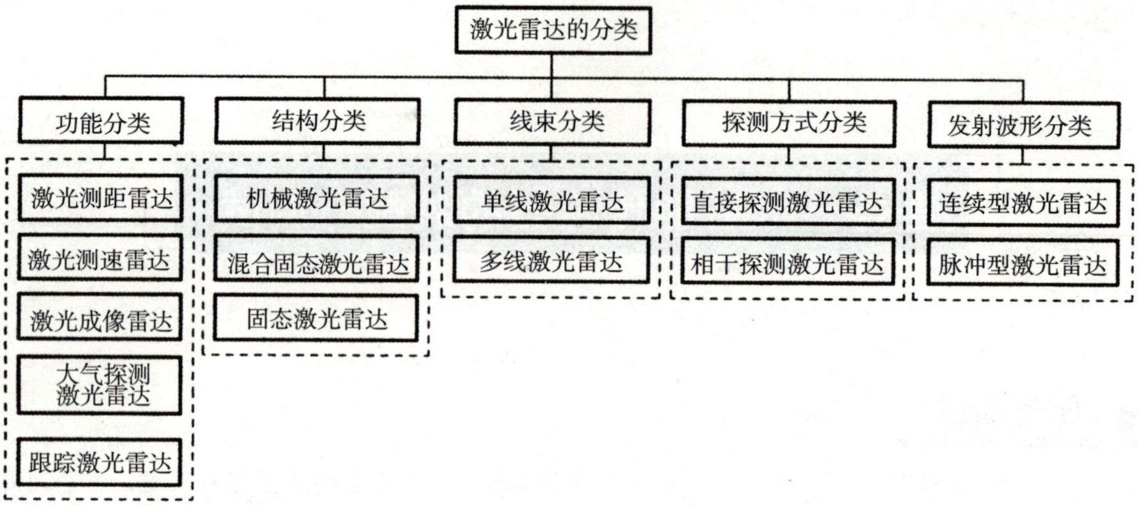

图 8-1　激光雷达的分类

（1）激光雷达按功能分类

① 激光测距雷达。激光测距雷达是通过对被测物体发射激光光束，并接收该激光光束的反射波，记录该时间差，来确定被测物体与测试点的距离。广泛应用于空间测绘领域。

② 激光测速雷达。激光测速雷达是对物体移动速度的测量。激光测速雷达测速的方法主要有两大类，即基于激光雷达测距原理实现测速和多普勒频移测速。

③ 激光成像雷达。激光成像雷达可用于探测和跟踪目标、获得目标方位及速度信息等，它能够完成普通雷达所不能完成的任务，如探测潜艇、水雷和隐藏的军事目标等，在军事、航空航天、工业和医学领域被广泛应用。

④ 大气探测激光雷达。大气探测激光雷达主要是用来探测大气中的分子、烟雾的密度、温度、风速、风向及大气中水蒸气的含量，以达到对大气环境进行监测及对暴风雨、沙尘暴等灾害性天气进行预报的目的。

⑤ 跟踪激光雷达。跟踪激光雷达可以连续地跟踪一个目标，并测量该目标的坐标，提供目标的运动轨迹。它不仅可用于火炮控制、导弹制导、外弹道测量、卫星跟踪、突防技术研究等，而且在气象、交通、科学研究等领域的应用也在日益扩大。

（2）激光雷达按结构分类

① 机械激光雷达。在高速旋转的电动机壳体带动下连续旋转发射头，将竖直排列的激光发射器成不同角度向外发射，实现垂直角度的覆盖，将速度更快、发射更准的激光从“线”变成“面”，实现水平角度 360° 的全覆盖，达到动态扫描并动态接收信息的目的，如图 8-2 所示。

② 混合固态激光雷达。混合固态激光雷达是用半导体“微动”器件来代替宏观机械式扫描器，在微观尺度上实现雷达发射端的激光扫描方式。微机电系统（micro-electro-mechanical system，MEMS）扫描镜是一种硅基半导体元器件，属于固态电子元件，但是 MEMS 扫描镜并不“安分”，内部集成了“可动”的微型镜面。由此可见，MEMS 扫描镜兼具“固态”和“运动”两种属性，故称为“混合固态”，如图 8-3 所示。

③ 固态激光雷达。相比于机械式激光雷达，固态激光雷达在结构上最大的特点就是没有了旋转部件，个体相对较小，分为光相控阵固态激光雷达和 flash 固态激光雷达两种。

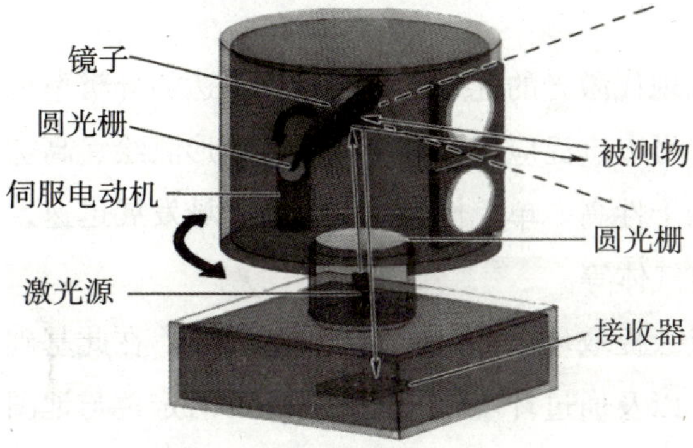

图 8-2　机械激光雷达的结构

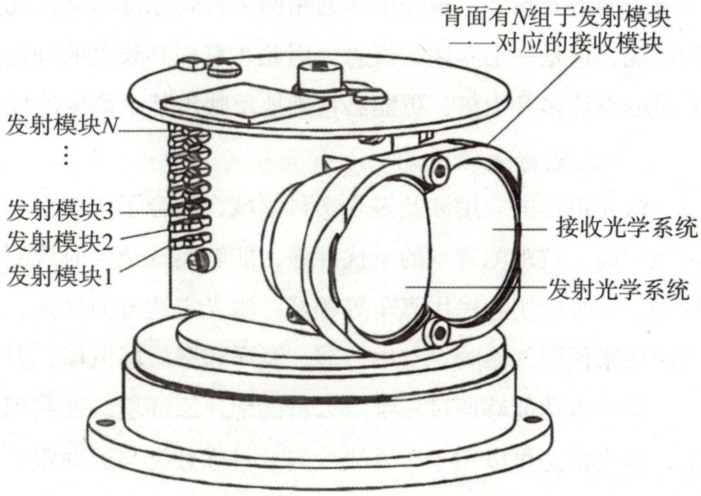

图 8-3　混合固态激光雷达的结构

（3）激光雷达按线束分类

① 单线激光雷达。单线激光雷达实际上是一个高频脉冲激光测距仪，加上一个一维旋转扫描，只有一路发射和一路接收，结构相对简单。单线激光雷达的特点是扫描速度快、分辨率强、可靠性高。但单线激光雷达只能平面式扫描，不能测量物体高度，有一定局限性。当前主要应用于服务机器人身上，如常见的扫地机器人等。

② 多线激光雷达。多线激光雷达就是通过多个激光发射器在垂直方向上的分布，加上电动机的旋转形成多条线束的扫描，理论上讲，线束越多、越密，对环境描述就越充分。目前，在国际市场上推出的主要有 4 线、8 线、16 线、32 线和 64 线等。

（4）激光雷达按探测方式分类

① 直接探测激光雷达。直接探测激光雷达的基本结构与激光测距机颇为相近。工作时，由发射系统发送一个信号，经目标反射后被接收系统收集，通过测量激光信号往返传播的时间而确定目标的距离。至于目标的径向速度，则可以由反射光的多普勒频移来确定，也可以测量两个或多个距离，并计算其变化率，从而求得速度。

② 相干探测激光雷达。相干探测激光雷达有单稳与双稳之分，在单稳系统中，发送与接收信号共用一个光学孔径，并由发送—接收开关隔离。而双稳系统包括两个光学孔径，分别供发送与接收信号使用，不再需要发送—接收开关，其余部分与单稳系统相同。

（5）激光雷达按激光发射波形分类

① 连续型激光雷达。从激光的原理来看，连续激光就是一直有光出来，就像打开手电筒的开关，它的光会一直亮着，是依靠持续亮光到待测高度，进行某个高度下数据采集。由于连续激光的工作特点，某时某刻只能采集到一个点的数据。因为风数据的不确定特性，用一点代表某个高度的风况，显然有些片面。因此有些厂家采取折中的办法是旋转 360° ，在这个圆边上面采集多点进行平均评估，显然这是

一个虚拟平面中的多点统计数据的概念。

② 脉冲型激光雷达。脉冲激光输出的激光是不连续的，而是一闪一闪的。脉冲激光的原理是发射几万个的激光粒子，根据国际通用的多普勒原理，从这几万个激光粒子的反射情况来综合评价某个高度的风况，这是一个立体的概念，因此才有探测长度的理论。从激光的特性来看，脉冲激光要比连续激光测量的点位多几十倍，更能够精确地反映出某个高度的风况。

2. 激光雷达的应用

激光雷达的应用涉及多个学科领域，融合了传统雷达和现代激光的优点。由于激光雷达的分辨率和灵敏度高、抗观测背景的干扰性强，能够实现全天时观测，可以广泛应用在环境监测、地形测绘、高空探测、军事应用和民用汽车等领域。激光雷达方向性强、相干性高、单色性强，在气象领域发展迅速，可以用来侦测气溶胶、空中云雾、海洋和平流层风场、温室气体等。

激光雷达能够通过三维点云精确地还原环境，使利用点云提取环境中目标特征成为可能。在此基础上，激光雷达可以用于车道线检测、目标分类与运动跟踪，以及通过环境特征匹配进行即时定位与地图构建（simultaneous localization and mapping，SLAM）等。基于上述感知手段，激光雷达可以提供的功能非常全面，是目前自动驾驶车辆研究阶段必不可少的关键传感器，能够提供高精度地图构建、高精度定位、环境中复杂物体的识别与跟踪等环境理解能力，为控制系统的正确决策提供指导。

3. 激光雷达的结构

激光雷达主要由激光发射器、激光接收器、信号处理单元和旋转机构 4 大核心组件构成，如图 8-4 所示。

（a）

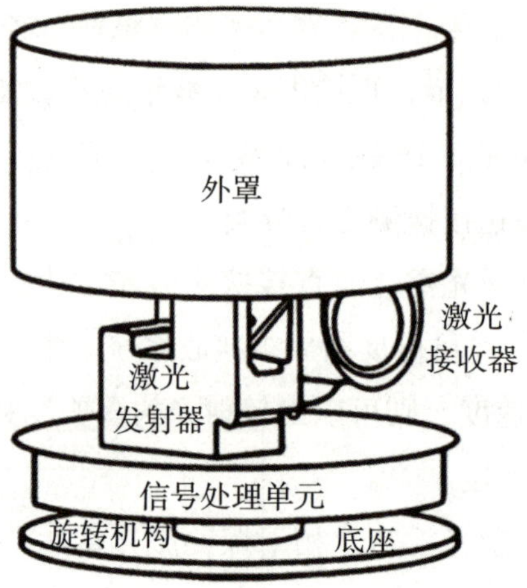

（b）

图 8-4 激光雷达的结构

（1）激光发射器。激光发射器是激光雷达中的激光发射机构。在工作过程中，它会以脉冲的方式点亮，如每秒钟点亮和熄灭 16 000 次。

（2）激光接收器。激光器发射的激光照射到障碍物以后，通过障碍物的反射，反射光线会经由镜头组汇聚到接收器上。

（3）信号处理单元。信号处理单元负责控制激光器的发射，以及接收器收到的信号的处理。根据这些信息计算出目标物体的距离等信息。

（4）旋转机构。由激光发射器、激光接收器和信号处理单元构成了测量的核心部件。旋转机构负责将上述核心部件以稳定的转速旋转起来，从而实现对所在平面的扫描，并产生实时的平面图信息。

4. 激光雷达的工作原理

激光雷达以激光作为信号源，由激光器发射出的脉冲激光打到地面的树木、道路、桥梁和建筑物上引起散射，一部分光波会反射到激光雷达的接收器上，然后测量反射或散射信号到达发射机的时间、信号强弱程度和频率变化等参数，从而确定被测目标的距离、运动速度以及方位。脉冲激光不断地扫描目标物，就可以得到目标物上全部目标点的数据，用此数据进行成像处理后，可以得到精确的三维立体图像，如图 8-5 和图 8-6 所示。

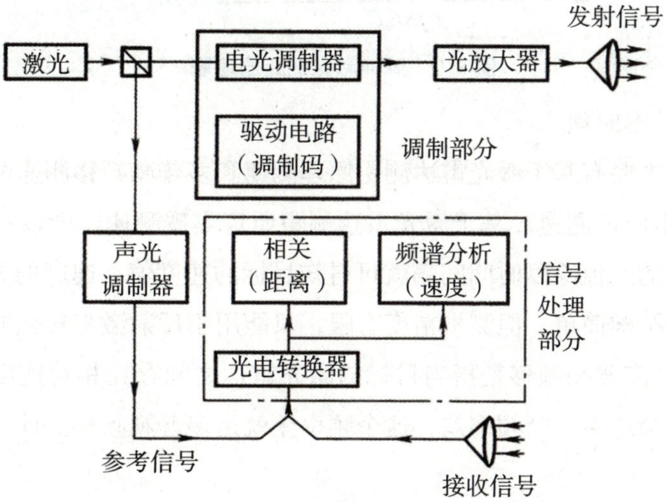

图 8-5　激光雷达原理框图

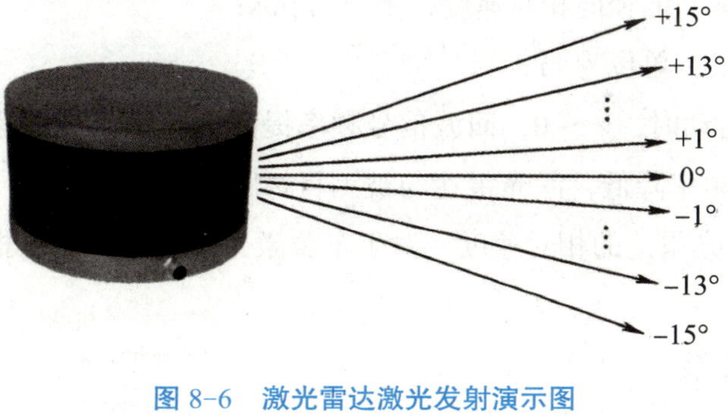

图 8-6　激光雷达激光发射演示图

（1）激光雷达测距基本原理

激光雷达测距方法一般有三角测距法、脉冲（time-of-flight，TOF）测距法以及调幅连续波测距法。不同公司采用的测距方法不一样，下面以脉冲（TOF）测距法为例进行介绍。

TOF 测距的基本原理是在测距点向被测目标发射一束短而强的激光脉冲，激光脉冲到达目标后会反射回一部分被接收器接收。假设目标距离为 L，激光脉冲往返的时间间隔是 t，光速为 c，测距公式为 $L = tc/2$。时间间隔 t 的确定是测距的关键，实际的脉冲激光雷达利用时钟晶体振荡器和脉冲计数器来确定时间 t，时钟晶体振荡器用于产生固定频率的电脉冲振荡，振荡周期 $\Delta T = 1/f$，脉冲计数器的作用就是对晶体振荡器产生的电脉冲计数 N，如图 8-7 所示。

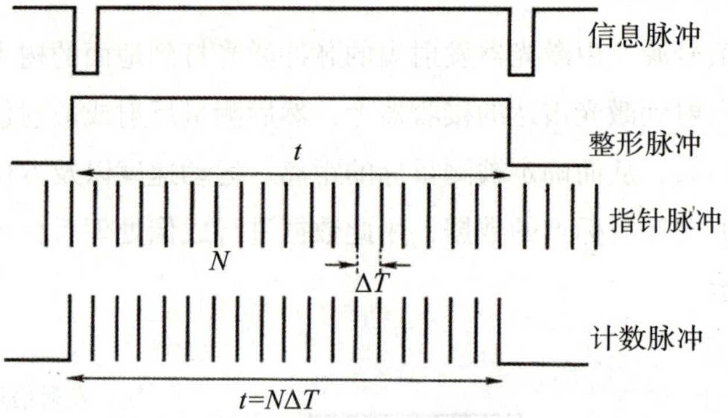

图 8-7　脉冲激光测距原理图

（2）激光雷达测速基本原理

激光雷达测速的方法主要有基于激光雷达测距原理测速和多普勒频移测速两大类。

① 基于激光雷达测距原理测速。基于激光雷达测距原理实现测速，即以一定时间间隔连续测量目标距离，用两次目标距离的差值除以时间间隔就可得知目标的速度值，速度的方向根据距离差值的正负可以确定。这种方法系统结构简单，但测量精度有限，只能用于反射激光较强的硬目标。

② 多普勒频移测速。多普勒频移是指当目标与激光雷达之间存在相对速度时，接收回波信号的频率与发射信号的频率之间会产生一个频率差，这个频率差就是多普勒频移。计算公式为

$$f_d = \frac{2v}{\lambda}$$

式中　f_d——多普勒频移，单位为 Hz；

v——激光雷达与目标间的径向相对速度，单位为 m/s；

λ——发射激光的波长，单位为 m。

当目标向着激光雷达运动时，$v > 0$，回波信号频率提高也就是激光雷达与被测目标的距离减小；反之，$v < 0$，回波信号的频率降低，激光雷达与被测目标距离增大。所以，只要能够测量出多普勒频移 f_d，就可以确定目标与激光雷达的相对速度。对于车载激光雷达，就可以根据自身车速推算出被测目标的速度。

5. 激光雷达设备的安装

（1）准备激光雷达探头

用扳手紧固 16 线激光雷达探头万向节固定螺钉。

（2）安装激光雷达探头底座

将 16 线激光雷达安装在车辆顶部万向节底座上，将激光雷达探头底座装入底座滑轨中，使底座能

够在滑轨中自由移动，不出现明显卡滞为正常。将底座推至滑轨中间，使底座中心对准滑轨上刻度尺零点位置并紧固。

（3）安装激光雷达探头组件

将激光雷达探头组件安装至底座滑轨中，移动至底座中心位置并紧固，通过螺栓紧固在地板上。

（4）调整激光雷达探头

调整激光雷达探头 X 轴、Y 轴水平，将水平仪放在雷达探头上方，调节雷达探头 X 轴（车身长度方向）、Y 轴（车身宽度方向）水平（水平仪气泡在刻度线中间时即为水平）。

（5）紧固激光雷达调节螺栓

用一字螺钉旋具紧固调节螺栓。

（6）将激光雷达电源盒安装到汽车底座上

安装激光雷达电源盒，使电源盒电源口朝向汽车前方；将 AGX 主机安装在汽车底座上，主机电源口朝向汽车前方；安装车载路由器，将车载路由器安装到汽车底座上，车载路由器指示灯朝向汽车前方。

6. 激光雷达的线束连接

（1）安装激光雷达电源线

激光雷达电源线一端接至激光雷达控制器上，另一端接至直流电源端。

（2）连接激光雷达网线

激光雷达网线一端连接至车载路由器，另一端连接至 AGX 主机。

（3）连接激光雷达数据线

激光雷达数据线一端从车辆顶部穿入，与激光雷达探头连接，另一端接至激光雷达探头上，注意航空插头连接凹槽位置。

二、毫米波雷达

毫米波雷达技术是智能网联汽车环境感知技术的核心，在先进驾驶辅助系统中应用广泛，可以提高汽车行驶的安全性，最大限度降低交通事故的发生率。

1. 毫米波雷达的分类

雷达是指用无线电电磁波的方法发现目标并测定空间位置的电子设备。雷达发射电磁波对目标进行照射并接收其回波，由此获得目标至电磁波发射点的距离、距离变化率（径向速度）、方位和高度等信息。毫米波雷达是工作在毫米波波段探测的雷达，通常毫米波是指 30 ～ 300 GHz 频域（波长为 1 ～ 10 mm）的电磁波，毫米波的波长介于微波和厘米波之间。

毫米波雷达具有全天候工作的能力，在智能网联汽车领域主要用于目标识别和跟踪。毫米波位于微波和远红外波重叠的波长范围内，根据波传播理论，频率越高，波长越短，分辨率越高，穿透能力越强，但传播过程中损耗越大，传输距离越短。因此，与微波相比，毫米波具有分辨率高、方向性好、抗干扰能力强、检测性能好等特点。与红外线相比，毫米波具有大气衰减小、对烟雾的穿透性好、受天气影响小等特点。

（1）按频段分布进行分类

从毫米波雷达的频段分布上来看，目前毫米波雷达主要分布在 24 GHz 和 77 GHz 两个频段。其中，24 GHz 主要用于中短距离雷达，探测距离大约在 50 ～ 70 m，实现盲点监测（blind spot detection，BSD）、换道辅助（lane change assist，LCA）、自动泊车辅助（auto parking assist，APA）等功能；77 GHz 主要用于长距离雷达，探测距离大约在 150 ～ 250 m，实现如自适应巡航（adaptive cruise control，ACC）、前碰撞预警（forward collision warning，FCW）、高级紧急制动（advanced emergency braking，AEB）等功能。从应用方向上来看，目前 24 GHz 毫米波雷达探测角度大，主要用于侧向；77 GHz 毫米波雷达因为探测距离远，主要用于前向。

（2）按有效探测范围进行分类

根据毫米波雷达的有效探测范围，车载毫米波雷达可分为长距离雷达（long range eadar，LRR）、中距离雷达（middle range radar，MRR）和短距离雷达（short range radar，SRR）。在实际应用中，LRR 和 MRR 通常布置在车辆前方，用于前方较远范围内目标的检测；而 SRR 通常布置在车辘四角位置，用于侧前方、侧后方等范围内目标的检测。

2. 毫米波雷达的应用

毫米波雷达可实现自适应巡航控制、前向防撞报警、盲点检测、辅助停车、辅助变道、自主巡航控制等先进的巡航控制功能。

（1）自适应巡航系统（ACC）

自适应巡航是一种驾驶辅助功能，它可以按照设定的车速或距离跟随前面的车辆，或者根据前车的车速主动控制自车的行驶速度，使车辆与前面的车辆保持安全、舒适的距离。自适应巡航系统可以有效地解放驾驶人的脚，提高驾驶安全性和舒适性。

（2）自动紧急制动系统（AEB）

自动紧急制动是汽车的主动安全辅助装置，该系统使用毫米波雷达测量前车或障碍物的距离，然后将测量的距离与报警距离和安全距离进行比较。当小于报警距离时，系统会报警提示。当小于安全距离时，即使驾驶人没有来得及踩下制动踏板，自动紧急制动系统也会开始自动制动车辆，从而确保安全驾驶。自动紧急制动系统往往也被认为包含了前方防撞预警功能。

【提示】

绝大多数交通事故是由于驾驶人注意力不集中造成的，自动紧急制动系统可以有效减少因注意力不集中导致的追尾事故以及追尾造成的损失。

（3）换道辅助系统（LCA）

车道变换辅助装置通过毫米波雷达、摄像头等传感器检测车辆相邻侧的车道侧后方，获取车辆侧面和后方物体的运动信息。根据当前车辆的状态，结合环境感知情况，通过声音和灯光等方式提醒驾驶人，让驾驶人掌握换道的最佳时机，防止换道引起的交通事故。

3. 毫米波雷达的组成

毫米波雷达主要由天线、射频组件、信号处理模块以及控制电路等构成，如图 8-8 所示，其中，天线和射频组件是最核心的硬件部分。

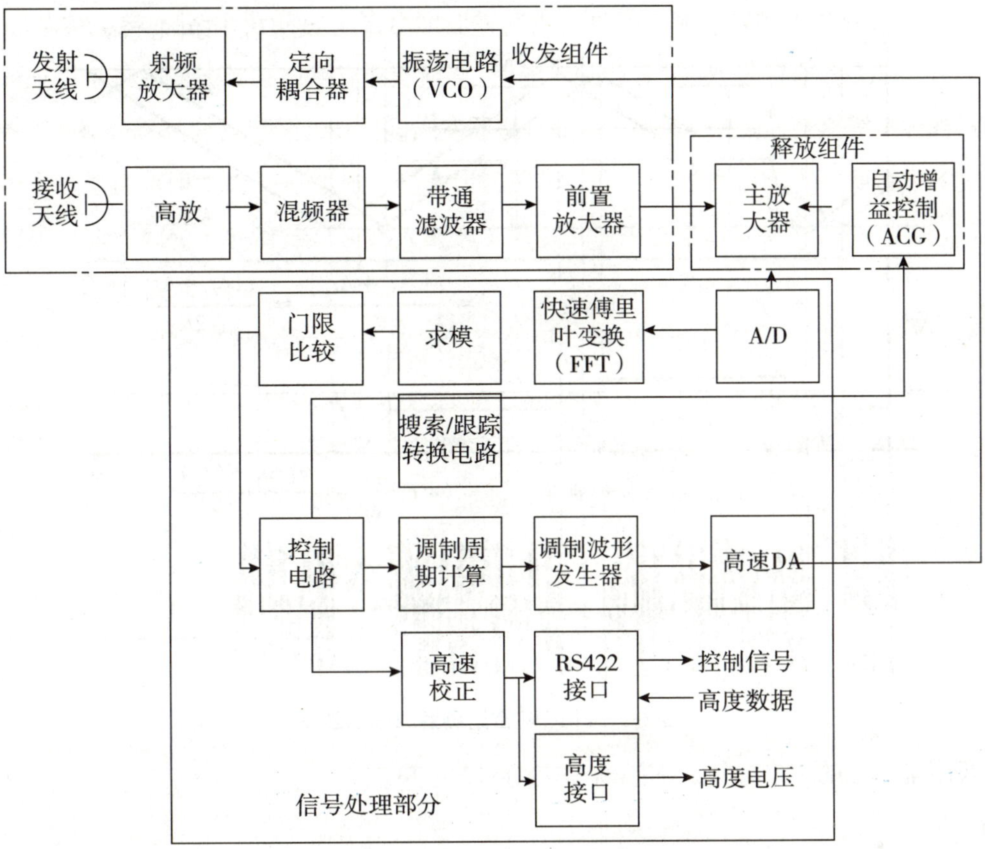

图 8-8　毫米波雷达的结构图

（1）天线

天线是实现毫米波发射和接收的部件，由于毫米波的波长只有毫米长度，天线可以实现小型化，通过设计多根天线可以形成列阵，因此集成在 PCB 板上成为一种很好的解决方案。这种天线 PCB 板具有体积小、重量轻、低成本、电性能多样化以及易集成等多种优点。

（2）射频组件

射频组件负责毫米波信号调制、发射、接收以及回波信号的解调等，为满足车载雷达小体积、低成本等要求，目前最主流的方案就是将射频组件集成化，即单片微波集成电路（monolithic microwave integrated circuit，MMIC）。MMIC 通过半导体工艺在砷化镓（CaAs）、锗硅（SiGe）或硅（Si）芯片上集成了包括低噪声放大器、功率放大器、混频器、上变频器、检波器等多个功能电路。通过 MMIC 芯片，射频组件具有集成度高和成本低等特点，大幅简化了毫米波雷达的结构。

4. 毫米波雷达的工作原理

在车载毫米波雷达领域，应用比较广泛的是调频连续波（frequency modulated continuous wave，FMCW）雷达。FMCW 雷达既可以测距又可以测速，且在近距离测量方面有很大优势。FMCW 雷达在扫频周期内通过调频发射频率变化的连续波（常见的调频方式有三角波、锯齿波、编码调制或者噪声调频等），遇到障碍物体后，发射的电磁波被反射，产生与发射信号有一定的频率差回波，发射的连续波与回波信号的区别中，包含了物体的方位和速度等信息。测量原理示意图如图 8-9 所示。

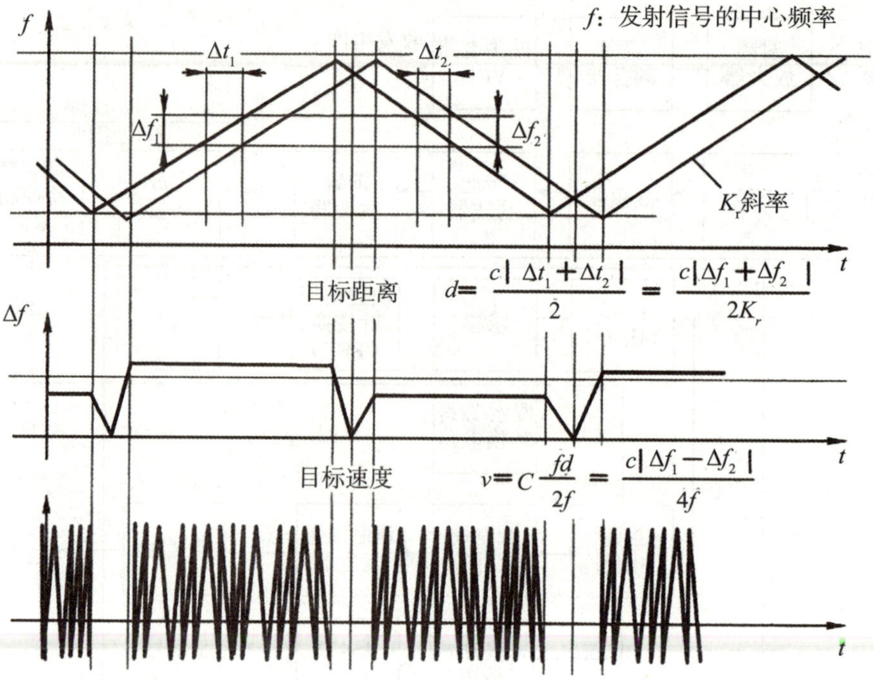

图 8-9　FMCW 雷达测量原理示意图

雷达主要测量目标的 3 个参数，即距离、速度和方位角。

（1）距离

测量频率差可以获得目标与雷达之间的距离信息，差频信号频率较低，一般为千赫级，因此硬件结构相对简单、易于数据采集并进行数字信号处理。

（2）速度

在三角的上升沿和下降沿分别可得到差频 Δf_1 与 Δf_2，根据所得可以求得雷达与目标的相对速度 v。

（3）方位角

雷达具有多个接收天线，目标反射到不同接收天线的信号幅度和相位都有差异，结合接收天线的位置关系，通过分析处理多个接收天线捕获的信号，就可以得到目标的方位角（假设两接收天线输出信号为 E_1、E_2，差信号 E_2-E_1 的振幅大小表明了目标角度的大小，E_2-E_1 的相位表明了目标偏离天线轴线的方向；由于和信号 E_1+E_2 的相位与目标方向无关，所以使用信号作为基准可以获取目标的方向）。

5. 毫米波雷达设备的安装

准备毫米波雷达探头，将毫米波雷达固定支架通过螺栓紧固在车辆正前方，注意毫米波雷达线束插孔朝右。

6. 毫米波雷达的线束连接

（1）安装毫米波雷达（CAN 线盒）附件。在汽车底盘上找到 CAN 线盒安装位置，将 CAN 线盒安装到汽车底盘上。注意：线束端朝向汽车后方。

（2）连接并紧固毫米波雷达插接件。

（3）连接毫米波雷达设备的线束

三、超声波雷达

超声波雷达利用超声波发生器产生超声波，然后接收探头接收障碍物反射的超声波，并根据超声波反射接收的时差计算出与障碍物的距离。常用探头的工作频率有 40 kHz、48 kHz 和 58 kHz 3 种。一般来说，频率越高灵敏度越高，但水平与垂直方向的探测角度就越小，目前应用比较广泛的是 40 kHz 的超声波雷达探头。

最常见的车载超声波雷达是“倒车雷达”，倒车雷达在使用过程中通过“滴滴”的警报声提醒驾驶人。雷达的主要用途是测量车辆与其他物体的距离，就像蝙蝠通过超声波捕捉昆虫一样，发出超声波、接收声波反射、信号处理获取昆虫与自身的相对位置。

1. 超声波雷达的分类

超声波雷达在智能网联汽车上的功能主要是探测距离和范围，根据探测区域的大小，常可分为短距超声波雷达（ultrasonic parking assistance，UPA）和长距超声波雷达（automated parking assistance，APA）两大类。

（1）短距超声波雷达

短距超声波雷达的检测范围约为 25 ～ 250 cm，其安装在车辆前后保险杠上，用于测量车辆前后障碍物的距离，一般前后保险杠各装配 4 个。

（2）长距超声波雷达

长距超声波雷达的检测范围为 35 ～ 500 cm，覆盖范围较广，方向性强，传播性能优于短距超声波雷达，不易受到其他超声波雷达的干扰，用于测量侧方障碍物的距离。长距超声波雷达一般安装于车辆左右侧面各两个。

2. 超声波雷达的应用

（1）倒车辅助系统

超声波雷达早期多用于倒车辅助系统中，由于汽车后方为各类后视镜的盲区，且即使驾驶人向后观望，也很难观察到车辆后方底部的环境，因此在倒车辅助系统中，超声波雷达得到了广泛应用。

视觉传感器在汽车中得到了普及应用，但其算法复杂、成本高。而超声波雷达的安装结构简单、成本低廉，适用短距离目标探测。超声波雷达与视觉传感器通过融合的方式用于倒车辅助系统中，为系统提供有效的目标检测和视觉辅助。

超声波雷达与视觉设备的融合一方面可以提供摄像头范围内外的物体识别与提示，另一方面也可以为视觉识别算法在整幅图像中提供预选的计算区域，有助于对算法进行优化，减少计算时间。

（2）自动泊车系统

以大众汽车第三代超声波半自动泊车系统为例，它通常使用 6 ～ 12 个超声波雷达，车后部的 4 个短距超声波雷达负责探测倒车时与障碍物之间的距离，侧方的长距超声波雷达负责探测停车位空间。

以侧向车位为例，在泊车过程中，超声波雷达探头返回的探测距离与时间的关系为：t_2 时刻为车位探测的开始时间，t_1 时刻为车位探测的停止时间。

将 t_1 时刻到 t_2 时刻的车速做积分，即可得到车位的近似长度，如果近似认为汽车为匀速行驶，直接用车速乘以（t_2-t_1）即可得到车位的近似长度。

当检测的长度超过车辆泊入所需的最短长度时，则认为当前空间有车位。汽车就会持续使用超声波雷达探头检测车辆与车位间的相对位置关系，同时检测行驶路径上的障碍物，自动操作转向盘和制动器，实现自动泊车如图 8-10 所示。

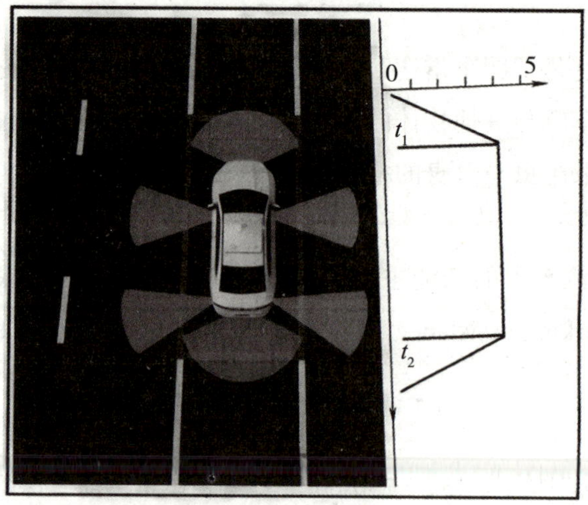

图 8-10　自动泊车

3. 超声波雷达的结构

超声波雷达传感器（或超声波雷达探头）的核心部件是压电超声发生器，它利用压电晶体的共振来工作，如图 8-11 所示。在实际应用中，超声波雷达探头内部有两个压电晶片和一个共振板，当对压电晶片两极施加电压脉冲，且脉冲信号的频率与压电晶片的振荡频率相等时，压电晶片将产生共振并驱动谐振器板振动，压电超声发生器产生超声波；如果两个电极之间没有施加电压，当共振板接收到超声波时，压电晶片振动，机械能被转换成电信号，此时压电超声发生器就成为超声波接收器。

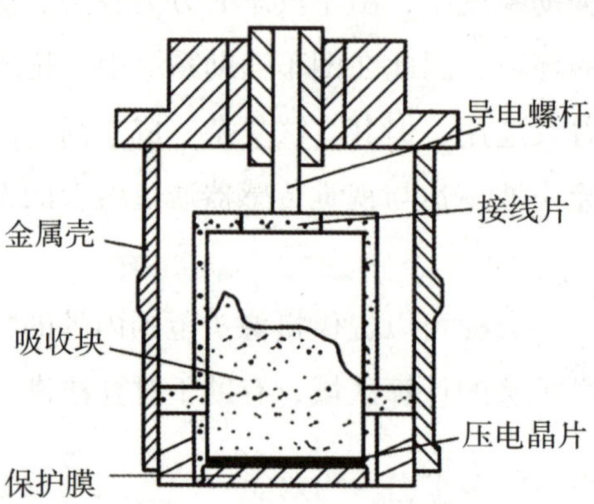

图 8-11　超声波雷达探头的结构

4. 超声波雷达的工作原理

超声波雷达由控制器控制脉冲调制电路产生一定频率的脉冲，脉冲调制电路驱动超声波雷达探头向一个方向发射超声波，在发射的同时计数器开始计数，超声波在空中传播撞击到障碍物表面时将反射回来。超声波接收器接收到反射后，超声波立即停止发射超声波，接收电路接收到超声波信号后将转换成电信号送至控制器进行数据处理，这就是超声波雷达的工作原理。根据超声波在空气中的传播速度为 340 m/s，发射点与障碍物表面之间的距离 L 根据计时器记录的时间 t 计算，即检测距离 $L = 340\ t/2$，如图 8-12 所示。

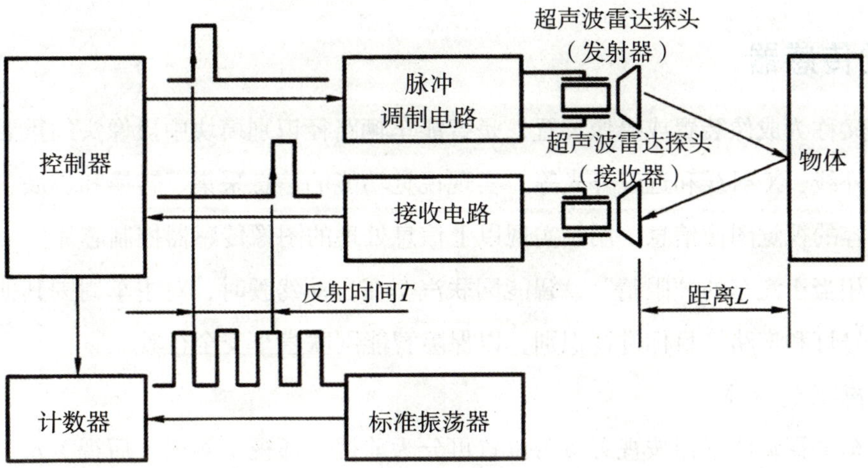

图 8-12　超声波雷达的工作原理图

5. 超声波雷达探头的安装

超声波雷达探头支架和超声波雷达的安装位置如图 8-13 所示。

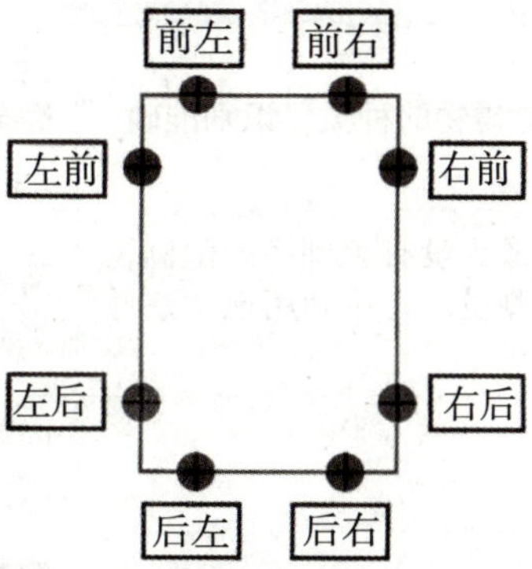

图 8-13　超声波雷达的安装位置

（1）安装超声波雷达组件 1

确定超声波雷达探头雷达组件 1（线组 302 和线组 304）。

（2）安装超声波雷达组件 2

确定超声波雷达探头雷达组件 2（线组 301 和线组 303）。

6. 超声波雷达线束的连接

（1）连接超声波雷达探头组件 1 线束

将超声波雷达探头组件 1 线束连接到控制器插接器接口 1 中。

（2）连接超声波雷达探头组件 2 线束

将超声波雷达探头组件 2 线束连接到控制器插接器接口 2 中。

（3）连接超声波雷达控制器总线束

将控制器总线束连接到插接器接口 3 中。

四、视觉传感器

视觉传感器又称为成像装置或摄像装置，是智能车辆路径识别模块中摄像头的重要组成部分，可以检测可见光、紫外线、X 射线和近红外光等，实现视觉功能的信息采集、转换和扩展，提供可视化、真实、多级、多内容的视觉图像信息，用于实现以上信息处理的图像传感器控制芯片。

视觉传感器相当于汽车的“眼睛”，智能网联汽车在自动驾驶时，对主车周围其他车辆、行人、交通标志、交通信号灯和道路灯目标进行识别，以保障智能网联汽车安全行驶。

1. 视觉传感器的分类

智能网联汽车上视觉传感器按视野覆盖位置可分为前视、环视（侧视 + 后视）及内视视觉传感器，其中，前视视觉传感器最为关键；根据汽车视觉摄像头模块的不同，又有单目摄像头、双目摄像头、三目摄像头和环视摄像头。不同类型视觉传感器对比如表 8-1 所示。

表 8-1 不同类型视觉传感器对比

类型	优点	缺点
单目摄像头	成本低廉，能够识别具体障碍物的种类，识别准确	由于其识别原理导致无法识别没有明显轮廓的障碍物，工作准确率与外部光线条件有关，并且受限于数据库，没有自学习功能
双目摄像头	相比单目摄像头，双目摄像头没有识别率的限制，无须先识别，可直接进行测量；直接利用视觉差计算距离精度更高	需要 2 个摄像头有较高的同步率和采用率，技术难点在于双目标定及双目定位
三目摄像头	感知范围更广	同时标定 3 个摄像头，工作量较大。软件部分需要关联 3 个摄像头数据，对算法要求高
环视摄像头	360° 全景显示	感知范围并不大。主要用于车辆 5 ～ 10 m 内的障碍物检测、自主泊车时的库位线识别等

2. 视觉传感器的应用

智能驾驶汽车的视觉传感器可实现车道偏离警告、前方碰撞预警、行人碰撞预警、交通标志识别、盲点监控、驾驶人注意力监控、全景停车、停车辅助和车道保持辅助等功能。

（1）车道偏离警告系统

车道偏离警告系统是一种通过及时的警告来辅助驾驶人，以减少因为车道偏离引起的交通事故的系统，主要通过摄像头作为环境感知传感器。

（2）车道保持辅助系统

车道保持辅助系统基于车道偏离警告系统，在驾驶人未能及时响应预警或者驾驶人将转向任务完全交给自动驾驶系统控制时，控制转向等底盘执行机构，使车辆保持在车道内安全行驶。

（3）汽车防碰撞系统

汽车防碰撞系统主要用于协助驾驶人避免追尾、与行人、非机动车等交通参与者碰撞、与道路上其他障碍物碰撞等交通事故。汽车防碰撞系统基于摄像头、雷达或多种传感器组合方式，检测前方障碍物并评估碰撞风险，根据风险等级进行各级预警直至主动制动等方式提醒驾驶人或者主动控制车辆，避免碰撞事故的发生。

防碰撞系统使用雷达和摄像头探测汽车前方的行人。如果汽车接近行人，前风窗玻璃上首先会亮起红色警告灯，同时鸣响警报声提醒驾驶人如图 8-14 所示。

图 8-14　防碰撞系统的预警过程

（4）交通标志识别系统

车辆安全系统的交通标志识别系统利用前置摄像头组合模式、通过特征识别算法，识别道路上的交通标志，发出预警信号或自动调整车辆运行状态，从而提高车辆的安全性和合规性，此功能可以辅助驾驶人及时发现交通标志。

（5）换道辅助系统

换道辅助系统的主要功能是清除后视镜盲区，主要通过侧方摄像头、后视摄像头或雷达检测盲区内影响车辆换道的交通参与者，并通过仪表、后视镜指示灯等方式提示驾驶人，避免因为驾驶人视觉盲区导致的换道或转向过程中发生事故的风险。

（6）驾驶人监控系统

驾驶人监控系统包括疲劳监控、驾驶行为监控和注意力监控等。它不断检测驾驶人的驾驶状态，使驾驶人保持安全驾驶所需的注意力，以及在自动驾驶和人工驾驶切换过程中，保证驾驶人有足够时间接管车辆。驾驶人监控可以分为两种类型，一种是间接式监控，即通过驾驶人对车辆的操纵，判断驾驶人是否处于正常驾驶状态；另一种是直接式监控，即通过摄像头对驾驶人的视线、面部状态等进行跟踪，判断驾驶人状态是否满足安全驾驶需求。

（7）自动泊车辅助系统

自动泊车辅助系统是用于泊车或倒车的安全辅助装置。自动泊车辅助系统能够实现车位检测、泊车路径规划和自动泊车控制等。其中，车位检测可以通过超声波雷达或者视觉检测车位线 / 泊车空间实现，泊车路径规划由自动泊车辅助系统完成，在自动泊车控制过程中，系统根据车辆与车位的相对位置，对驱动、制动、转向甚至换挡和驻车制动系统进行控制。

（8）红外夜视系统

汽车夜视系统采用红外夜视技术实现对夜间行车过程中环境的感知。夜间行车对驾驶人来说是最危险的，因为驾驶人在夜间的能见度很差，而且灯光的范围和亮度有限。在红外夜视的辅助下，驾驶人可以不受光照影响和了解道路的行驶条件，尤其在检测行人等有明显红外辐射的物体中，红外夜视仪具有明显的优势。

（9）全景环视系统

如图 8-15 所示汽车全景环视系统包括多个安装在汽车周围的摄像头、图像采集组件、视频合成、处理组件、数字图像处理组件和车辆显示器。这些装置可以同时采集车辆周围的图像，对图像处理单元进行变形恢复—视图转换—图像拼接—图像增强，最终形成车辆 360° 全景视图。通过更复杂的空间图像拼接算法，可以消除传统俯视图拼接带来的近距离畸变，提供一种立体环视的效果，能够更好地辅助驾驶人了解车辆周围环境。

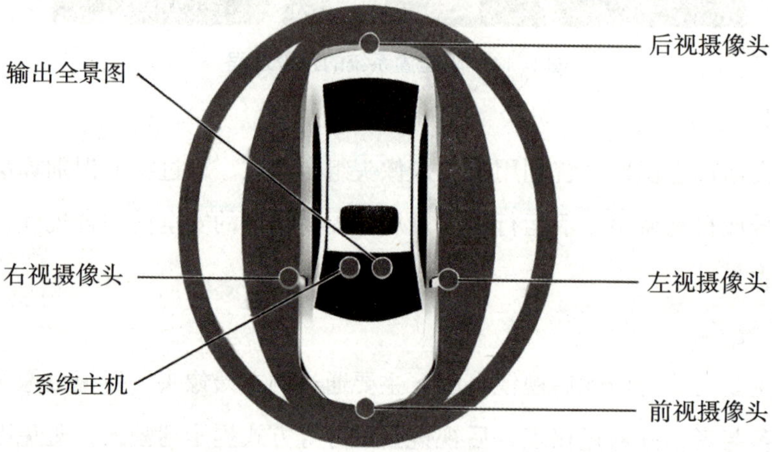

图 8-15　全景环视系统

3. 视觉传感器的结构

广义的视觉传感器主要由光源、镜头、图像传感器、模—数转换器、图像处理器和图像存储器等组成；狭义的视觉传感器是指图像传感器，它的作用是将镜头所成的图像转变为数字和模拟信号输出，是视觉检测的核心部件，分为 CCD 图像传感器和 CMOS 图像传感器两种，如图 8-16 所示。

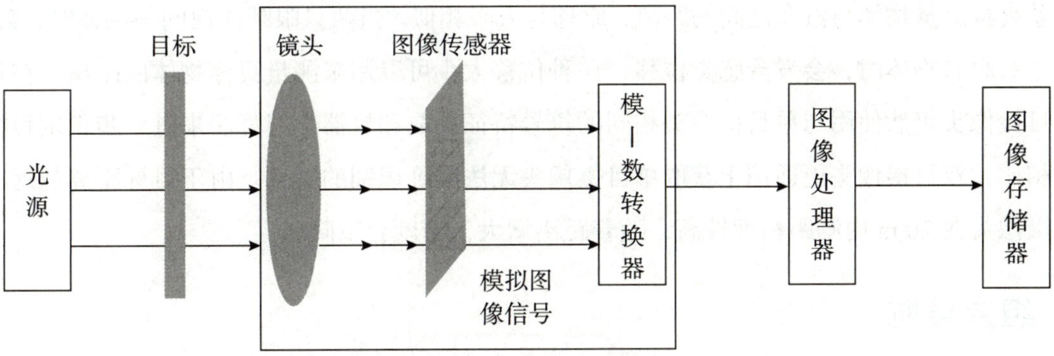

图 8-16　狭义的视觉传感器

智能网联汽车上的视觉传感器指的主要是车载视觉传感器，是高级驾驶辅助系统的主要视觉传感器，借由镜头采集图像后，由视觉传感器内的感光组件电路及控制组件对图像进行处理并转化为计算机能处理的数字信号，从而实现感知车辆周边的路况。

4. 视觉传感器的工作原理

（1）单目摄像头的工作原理

单目摄像头的工作原理是先识别后测距，首先通过图像匹配对图像进行识别，然后根据图像的大小和高度进一步估计障碍物和车辆移动时间。单目摄像头是自动驾驶车辆系统中最重要的传感器之一，通过车道线检测和车辆检测，可以实现车道保持和自适应巡航功能。它具有成本低、帧速率高、信息丰富、检测距离远等优点，但易受光照、气候等环境影响，缺乏目标距离等深度信息，对目标速度的测量也有一定影响。

（2）红外摄像头的工作原理

由于夜间可见光成像的信噪比较低，从而导致基于可见光的视觉摄像头夜间成像难度增大，而远红外系统在这个时候就能发挥自身独特的优势。自然界中一切温度高于绝对 0 ℃的物体，每时每刻都会向外辐射红外线。红外线的物理本质是热辐射，也是一种电磁波。红外线是从物质内部发射出来的，产生红外线根源是物质内部分子热运动。因此在光照不足条件下红外摄像头是一种有效补充。

5. 双目摄像头的安装

（1）安装双目摄像头及其支架

① 安装双目摄像头支架。准备双目摄像头支架，将螺栓（6 个）放入支架中，并紧固固定螺栓。

② 安装双目摄像头。准备双目摄像头，将螺栓（4 个）放入支架中，并紧固固定螺栓。

（2）连接双目摄像头的线束

① 连接插接件。与双目摄像头相机接口连接。

② 连接电源线束。一端连接双目摄像头电源接口，另一端连接电源盒航空插头接口。

③ 连接网线。一端连接双目摄像头网线接口，另一端连接车载路由器网线接口。

（3）双目摄像头的工作原理

双目摄像头的工作原理是先对物体与本车距离进行测量，然后再对物体进行识别，在距离测量阶段，先利用视差直接测量物体与汽车之间的距离，原理与人眼相似。当两只眼睛注视同一物体时，会有视差，分别闭上左右眼看物体时，会发现感觉位移，这种位移大小可以用来测量目标物体的距离。在目标识别阶段，双目摄像头仍然使用与单目摄像头相同的符号特征提取和机器学习算法来进一步识别目标。与单目摄像头相比，双目摄像头更适用于获取单目摄像头无法准确识别的信息。由于目标距离越远、视差越小，双目摄像头在 20 m 内测距精度较高，随着距离增大，精度会下降。

五、组合导航

组合导航是指将两种或两种以上的导航技术组合后的系统。组合导航克服了单一导航的局限性，充分发挥了各自导航的独特性，能够利用多种信息源，构成一种有多余度和导航准确度更高的多功能系统。

要实现智能网联汽车的自动驾驶功能，离不开车辆的导航定位技术。

1. 组合导航的分类

以惯性导航系统为主系统，根据组合的导航技术不同，组合导航可分为惯导 / 卫星组合导航系统、惯导 / 多普勒组合导航系统、惯导 / 天文组合导航系统、惯导 / 卫星 / 天文组合导航系统等。

2. 组合导航的应用

卫星导航系统已经在手机和行人领域获得了广泛的应用，其具有全天候、高精度导航等优点，但是由于卫星导航的技术缺陷，容易受到周围环境的影响，在树荫遮挡、高楼林立、高架桥下以及穿山隧道和地下停车场等生活场景中容易造成多路径效应，使定位结果精度降低甚至丢失。

在常见的生活场景中，单一地使用卫星导航无法很好地解决问题，而将卫星导航和惯性导航的优点结合在一起，形成组合导航使用，可以轻松应对这几种场景下无法精准定位的问题。

3. 组合导航的结构

（1）汽车定位系统

① 汽车定位。汽车定位就是确定汽车所在的位置，汽车定位包括一种基于地图匹配的宏观定位和基于环境感知的微观定位。

② 汽车定位方式。

◆信号定位：卫星定位、WiFi、基站、蓝牙等。

◆航迹推算：采用测距、IMU 惯性导航模块等。

◆环境匹配：通过激光雷达、视觉传感器及高精地图进行匹配定位。

（2）卫星定位系统

① 卫星定位系统的定义。全球导航卫星系统（global navigation satellite system，GNSS）是能在地球表面或近地空间的任何地点为用户提供全天候的三维坐标和速度以及时间信息的空基无线电导航定位系统，它包括全球性的美国的 GPS、我国的北斗、俄罗斯的 GLONASS 以及欧盟的 Galileo，如图 8-17 所示。

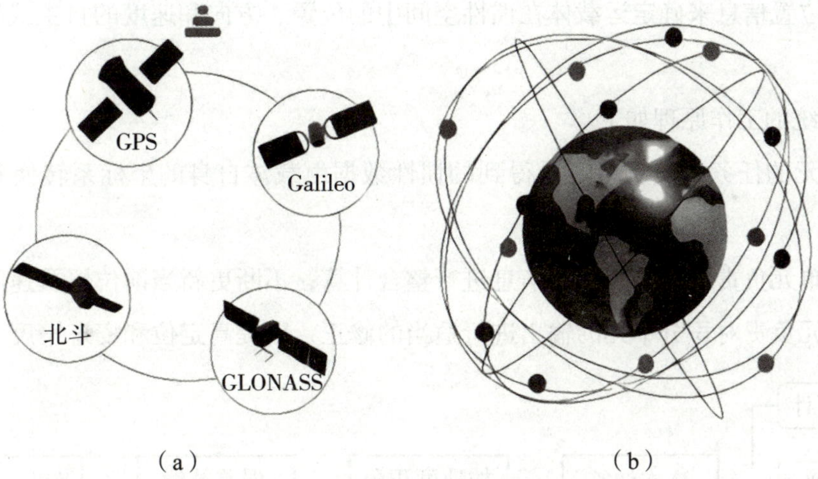

图 8-17 卫星定位系统

② 卫星定位系统的组成。以 GPS 为例，卫星定位系统一般由地面控制部分（由主控站、地面天线、监测站和通信辅助系统组成）、空间部分（由 24 颗卫星组成，分布在 6 个道平面上）和用户装置部分（主要由 GPS 接收机和卫星天线组成）三部分构成。

③ 卫星定位系统的工作原理。卫星定位系统利用基本三角定位原理，GNSS 接收装置通过测量无线电信号的传输时间来测量距离。为了计算用户的三维位置和接收机时钟偏差，距离测量要求至少接收来自四颗卫星的信号。

卫星定位系统的轨道误差、时钟误差、电离层延迟、对流层延迟等原因会导致定位精度不够精确，目前民用卫星定位的精度一般在 10 m 以内。为了使卫星定位系统能够在军事、汽车和测绘等领域达到更高的精度，就需要对卫星定位系统进行增强，增强后定位误差可以达到厘米级。实时动态测量（real time kinematic，RTK）工作原理图如图 8-18 所示。

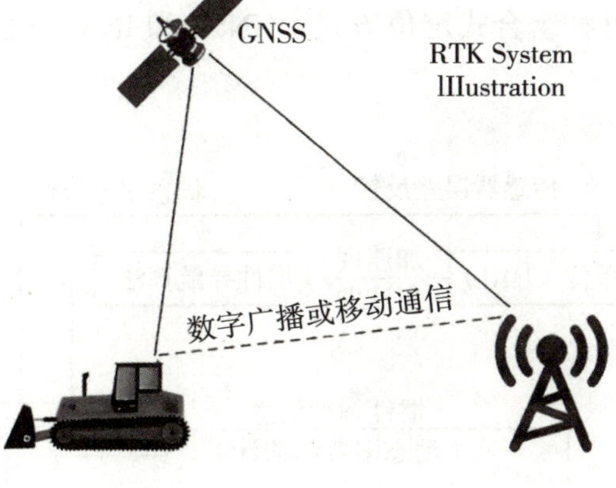

图 8-18 RTK 工作原理图

（3）惯性导航系统

① 惯性导航系统的定义。惯性导航系统（inertial navigation system，INS）是一种利用惯性敏感器件、

基准方向及最初的位置信息来确定运载体在惯性空间中的位置、方向和速度的自主式导航系统，有时也简称为惯导。

② 惯性导航系统的工作原理如下。

◆姿态解算单元的任务是负责将测量得到的惯性数据由载体自身的坐标系转换到地球坐标系，如图 8-19 所示。

◆加速度积分单元负责对运动传感器信息进行整合计算，不断更新当前位置及速度。

◆误差补偿单元负责对积分单元的输出进行适当的修正，以提高定位和姿态精度。

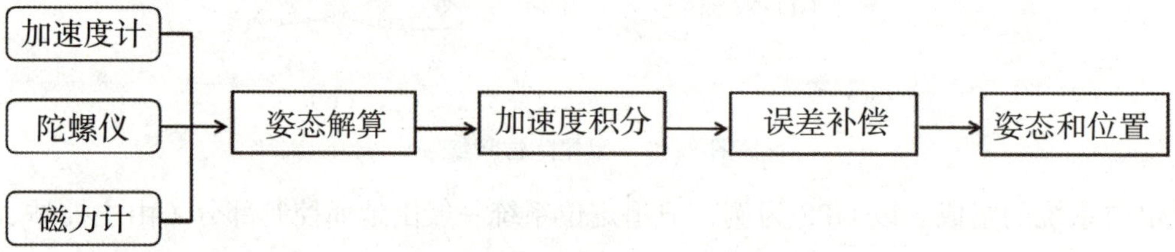

图 8-19　惯性导航系统的工作原理图

（4）组合导航定位系统

组合导航定位系统是指把两种或两种以上不同的导航系统组合在一起，形成一个有机的整体。利用其性能上的互补特性，以获得比单独使用任意系统时更高的系统性能。根据不同的应用要求与目的可以构成不同的组合导航系统，在汽车上主要可分为 GNSS 和 INS 的组合导航定位系统和 GNSS+INS+ 高精地图的组合导航定位系统。

① GNSS 和 INS 的组合导航定位系统。由于 GNSS 信号刷新频率低，并且在有些道路上还会出现信号丢失或多路径的现象，因此在短时间内可以使用 INS 来进行替代。但 INS 长时间使用时，定位精度会发生漂移，又必须通过 GNSS 离散测量值进行修正。由此可见，GNSS 和 INS 有很强的互补性，现在大部分汽车都采用了这种组合式定位方式，GNSS 和 INS 组合导航定位系统原理图如图 8-20 所示。

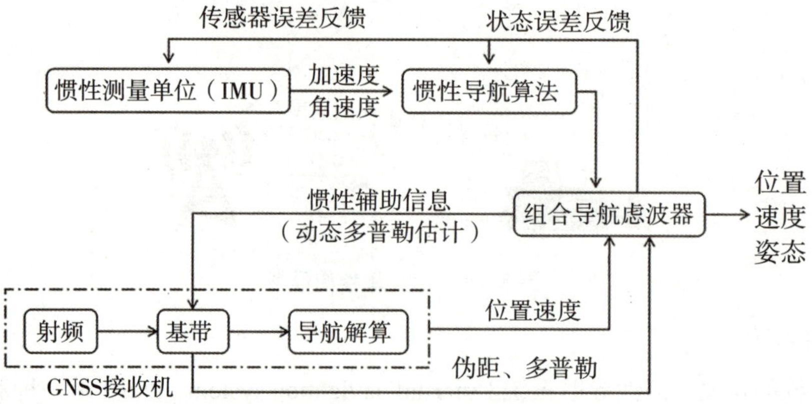

图 8-20　GNSS 和 INS 组合导航定位系统原理图

② GNSS+INS+高精地图的组合导航定位系统。在未来L3、L4级别的辅助驾驶中，不仅会采用GNSS和INS定位技术，还会用激光雷达和视觉传感器的信息和高精地图进行比对，通过环境特征匹配来进行高精度定位，如图8-21所示。

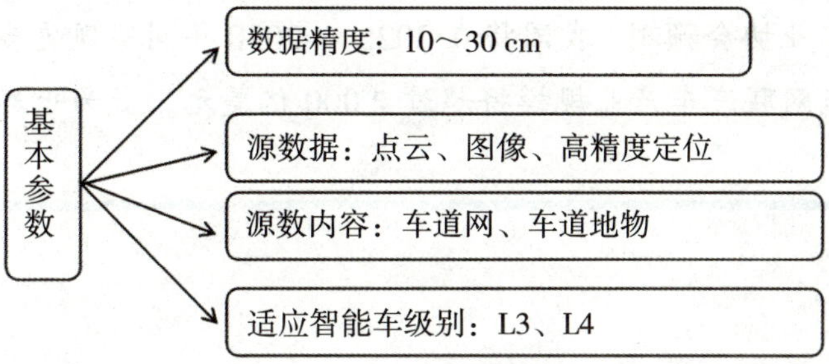

图8-21　GNSS+INS+高精地图的组合导航定位系统

4. 组合导航的工作原理

由于不同的惯性组合导航选用的导航技术不同，工作原理也不同，但思想基本一致，主要包括以下3点。

（1）惯性导航系统的输出信号与由其他导航系统导出的独立测量的相同量进行比较。

（2）通过卡尔曼滤波器或者其他滤波方法给出对导航系统误差的实时估计。

（3）通过适当的校正方式，对惯性导航系统进行修正，就有可能获得比单独惯性导航系统更高的导航精度。

5. 组合导航定位模块的安装

（1）安装组合导航天线在支架上。

（2）组合导航天线底座装入底座滑轨中。

（3）安装组合导航模块主机组合导航模块主机安装到汽车底座上。

（4）HUB集线器安装到汽车底座上。

6. 组合导航定位模块线束的连接

（1）连接组合导航定位天线线束。

（2）连接组合导航定向天线线束。

（3）连接组合导航主机数据线。

（4）连接USB转485线束。

（5）连接USB转232线束。

（6）连接USB转type-c线束。

（7）连接组合导航定位模块电源直流电源线束。

德育之窗

随着智能网联汽车数量的不断增加，智能网联汽车行业也将迎来发展的黄金期。据国家发展和改革委员会预计，2025 年我国的智能网联汽车数量将达到 2 800 万辆，2030 年将达 3 800 万辆。中国汽车工业协会预测，我国将在 2025～2030 年间实现更多复杂场景下的智能驾驶；2035 年，我国智能网联汽车产业规模将超过 2 000 亿美元，成为世界第一大智能网联汽车市场。

任务二　自动驾驶计算平台的装配与调试

任务描述

在一辆新型全自动驾驶轿车的生产线上，质检工程师在装配阶段的最后检测中发现，车辆的自动驾驶计算平台存在几个潜在问题，包括计算平台安装不稳固、系统初始化失败以及核心算法模块运行不稳定。这些问题严重影响了车辆的自动驾驶功能和安全性。为确保车辆在交付前具备卓越的自动驾驶能力，必须对自动驾驶计算平台进行专业的装配与调试。

任务分析

在车辆出厂前，对自动驾驶计算平台进行全面的装配与调试，是确保自动驾驶功能达到预期性能的关键步骤。本次问题主要集中在计算平台安装、系统初始化和核心算法模块 3 个方面，这些问题直接影响车辆的自动驾驶功能和安全性。通过严格的装配和专业的调试流程，确保计算平台的高效稳定运行，提升了车辆的自动驾驶性能和安全性。这强调了自动驾驶计算平台装配与调试在现代智能汽车生产中的重要性。

任务重点

计算平台以环境感知数据、导航定位信息、车辆实时数据、云端智能计算平台数据和其他 V2 X 交互数据等作为输入，基于环境感知定位、智能规划决策和车辆运动控制等核心控制算法，输出驱动、转向和制动等执行控制指令，实现车辆智能驾驶路径的决策规划控制。

一、自动驾驶计算平台的装配

随着智能网联汽车的发展，车载传感器的数量日益增加，日趋完善的性能对车载计算平台算力的需求更高。相较于低级别的自动驾驶，高等自动驾驶系统从传感器获取的数据量大大增加，而自动驾驶系统的良好运行需要车载计算平台对这些数据进行准确、高效的处理，高级别自动驾驶中车载计算平台的芯片算力需求还将持续提升。

1. 自动驾驶计算平台的认知

自动驾驶汽车是在传统线控汽车的基础上通过加装激光测距仪、毫米波雷达、视觉传感器、V2 X设备、Mobileye 等环境感知传感器，同时使用带 RTK 的卫星导航和惯导定位，再搭配高性能的计算平台，最后将决策的运动控制指令下发到车辆的 CAN 总线上，实现在复杂路况场景下对车辆的自动驾驶控制，尽可能减少人工干预。自动驾驶系统框架结构图如图 8-22 所示。

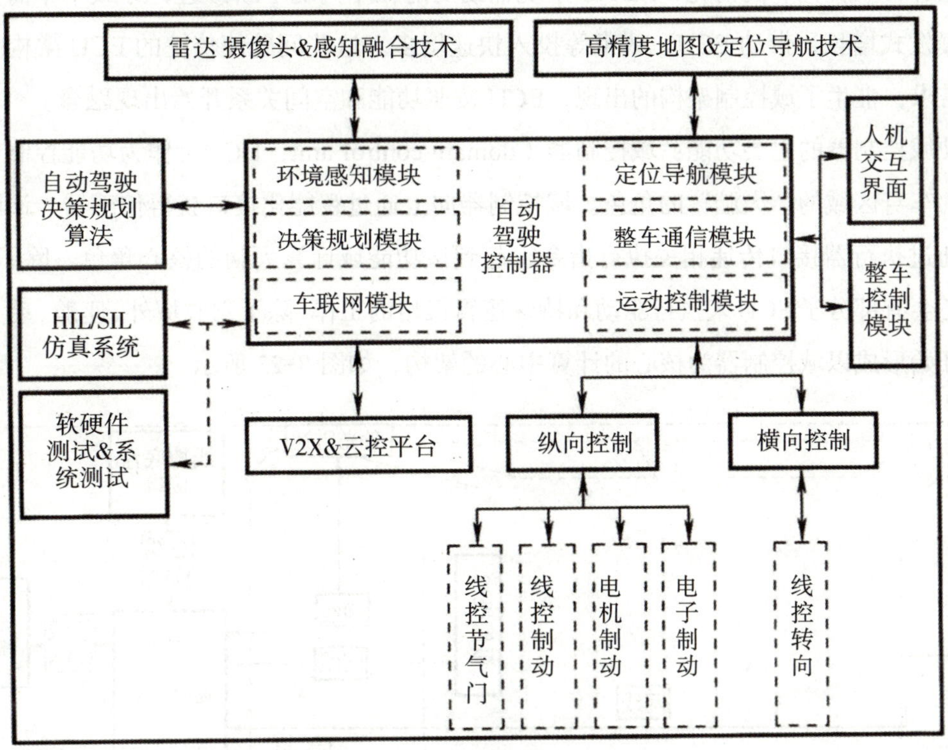

图 8-22　自动驾驶系统框架结构图

计算平台是自动驾驶汽车的运算大脑，例如，SLAM 的 ESKF、EKF、UKF 等滤波算法，多传感器融合算法，状态机、马尔可夫等决策算法，A*、D*、RRT 等路径规划算法，MDP、POMDP 等轨迹预测算法，降维、分类、回归等机器学习算法以及图像视觉处理中图像分类、图像检测、图像分割、目标跟踪等都需要很高的处理器计算能力，普通 ECU 级别的处理器根本难于应对如此大的运算量，必须靠加装的计算平台来实现海量的数据处理。

随着智能网联汽车的发展，车载传感器的数量日益增加，日趋完善的性能对车载计算平台算力的需求更高。相较于低级别的自动驾驶，高等自动驾驶系统从传感器获取的数据量大大增加，而自动驾驶系统的良好运行需要车载计算平台对这些数据进行准确、高效的处理，高级别自动驾驶中车载计算平台的芯片算力需求还将持续提升。

2. 自动驾驶域控制器的发展

在传统的分布式架构下，主要靠ECU和传感器数量的增加来实现功能增加与算力提升。ECU是分布于汽车车身各处的小型计算单元，用于处理该部分汽车结构的计算信息。ECU的核心是中央处理器CPU，此外也包括MPU、MCU，周边包括存储器、输入输出接口等结构。

车内ECU复杂程度提高，集中化成为必要趋势：伴随汽车电子化的发展，车内ECU数量不断增多，构成汽车的分布式电子电气架构。传统豪车（如奔驰、宝马、奥迪等品牌）的E/E架构中，ECU的数量达到100个左右，最高达到150个。大量的ECU通过CAN总线来进行信息交互。随着车内智能化水平提升，车载屏幕大屏化、高清化，ADAS系统辅助功能在车内的不断渗透，导致单车需要承载、传输的信息量呈爆发式增长，带动ECU、线束等投入快速增多。这些问题使传统的ECU架构无法满足新的汽车智能化需求，催生了域控制架构的出现，ECU按照功能和空间关系开始出现融合。

自动驾驶域控制器的主要功能：域控制器（domain control unit，DCU）作为功能控制中枢，承担着与驾驶相关的车身区域的“大脑”的角色。域控制器向上通过智能化接口获得传感器、诊断数据与状态数据，向下通过执行器接口传递相关执行指令，起到该功能域计算大脑的核心角色。除了上DCU外，该功能域中还会有部分子ECU来执行驱动和特殊逻辑策略的工作。除了驾驶域外，座舱、动力安全、底盘、车身也逐步开始形成以域控制器为核心的计算中心的架构，如图8-23所示。

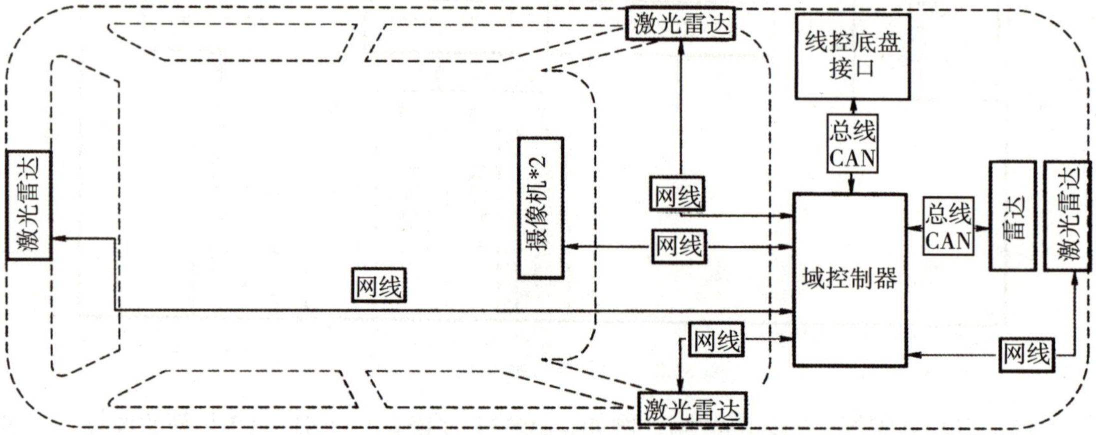

图8-23　基于域控制器的智能车辆硬件系统部署框架

3. 主流的自动驾驶计算平台

随着自动驾驶技术的快速发展，汽车对软件特别是操作系统的变革需求越来越高，主机厂、Tier1供应商和自动驾驶软硬件技术方案提供商纷纷投入大量的人力、物力和财力进行操作系统的研发。目前，国内主流自动驾驶计算平台的开发和应用情况如下。

（1）华为 MDC 智能驾驶计算平台

华为移动数据中心（mobile data center，MDC）定位为智能驾驶的计算平台。此平台集成华为在 ICT 领域 30 多年的研发与生产制造经验，基于 CPU 与 AI 处理器芯片，搭载智能驾驶 OS，兼容汽车开放系统架构，支持 L2～L5 平滑演进，结合配套的完善工具链，客户或生态合作伙伴可灵活快速地开发出针对不同应用场景的智能驾驶应用。华为 MDC 智能驾驶计算平台（简称华为 MDC 平台）性能强劲、安全可靠，是实现智能驾驶全景感知、地图和传感器融合定位、决策、规划、控制等功能的汽车“大脑”。其适用于乘用车（如拥堵跟车、高速巡航、自动代客泊车、自动驾驶出租车）、商用车（如港口货运、干线物流）与作业车（如矿卡、清洁车、无人配送）等多种应用场景。

（2）英伟达自动驾驶平台

英伟达（NVIDIA）是全球领先的人工智能计算公司，利用其先进的硬件芯片开发优势，以行业较领先的高性能安全芯片为核心，提供完整的硬件平台和基础软件平台，其架构如图 8-24 所示。Xavier 是英伟达首次生产的车规级系统级芯片，该芯片采用了 6 种不同类型的处理器，包括 CPU、GPU、深度学习加速器、可编程视觉加速器、图像信号处理器和立体 / 光流加速器。基于 Xavier 芯片，英伟达提供面向自动驾驶开发的 DRIVEAGX XavierTM，算力达到 30 TOPS，面向 L2+ 和 L3 级自动驾驶；提供 DRIVE AGX PegasusTM 使用两块 Xavier 系统级芯片和两块 Turing GPU，算力达到 320 TOPS，面向 L4 级和 L5 级自动驾驶。

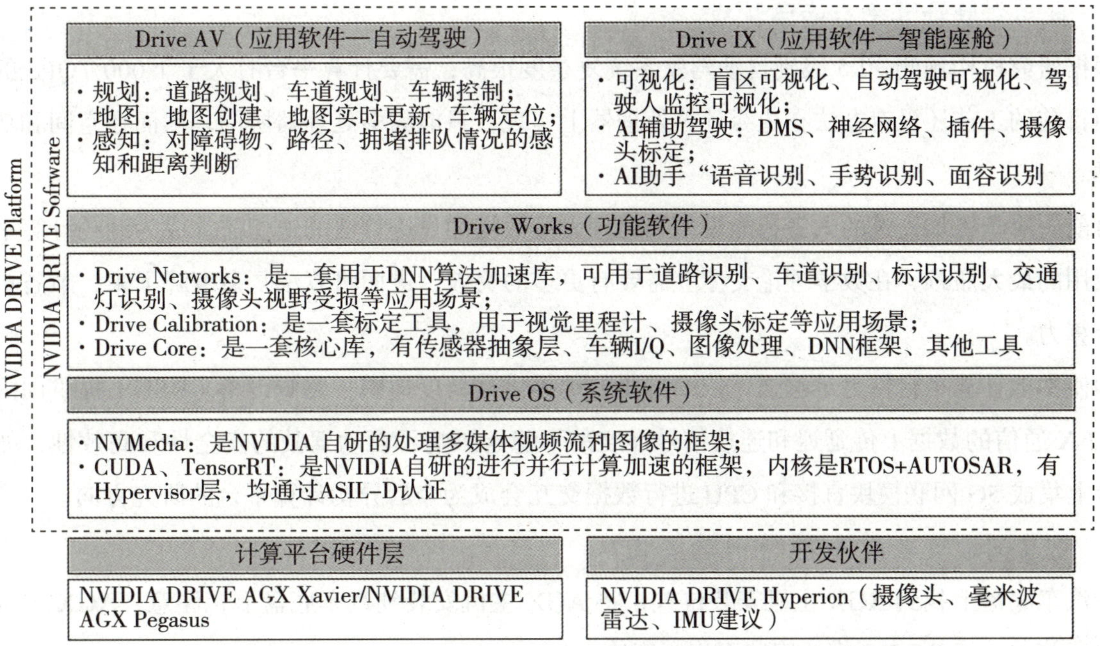

图 8-24 英伟达自动驾驶平台架构

（3）百度 Apollo 开放平台

百度 Apollo 是一套软件平台，其依赖的计算平台硬件需要采用第三方的 IPC，Apollo 开放平台架构如图 8-25 所示。百度自行研发了两款辅助性硬件 ASU（Apollo 传感器单元）和 AXU（Apollo 扩展单元），其中，ASU 用于收集各传感器的数据，通过 PCIe 传输至 IPC。此外，IPC 对车辆的控制指令也需通过 ASU 向 CAN 发送；AXU 用于满足额外算力、存储的需求，以 GPU、FPGA 形式接入已有硬件平台。

云端服务平台

· 驾驶相关：高精度地图、V2X、安全、OTA；
· 辅助模块：仿真、小度助手、数据流水线、量产服务组件

开源软件平台（系统软件、功能软件）

· 操作系统：采用开源的Ubuntu14（Trusty）；
· 系统中间件：百度自研Apollo Cyber RT运行时框架，是一个集中计算模型，具有高性能、高并发、低延迟和高吞吐量的优点；
· 系统模块：感知、定位、预测、规划、控制；
· 其他：地图引擎、HMI、V2X适配器

云端服务平台

· 认证过的计算平台：车载计算单元（IPC）、ASU\AXU；
· 认证过的感知设备：GNSS/IMU、摄像头、激光雷达、毫米波雷达、超声波雷达；
· 认证过的其他硬件设备：HMI设备、T-Box、V2X、OBU

车辆认证平台

· 线控车辆：允许线控车辆的接入，Apollo平台现已接入8款量产车；
· 开放车辆接口准备标准：提供标准化的无人驾驶系统与车辆接口，车企可以更方便地将车辆平台接入Apollo开放平台

图 8-25　百度 Apollo 开放平台架构

4. 自动驾驶计算平台面临挑战

根据研究机构预测，L5 级别自动驾驶系统复杂度很高，需要计算平台有大于 1 000 TOPS 的算力支持，而目前的工艺还没有办法在边缘计算处理器上实现，只能靠多处理器协同，然而在空间和功耗上无法兼顾。

目前，对于更加先进的人工智能模型和处理大量数据的先进算法的迫切需求成为制约计算平台发挥更大效用的最大瓶颈，在数学理论支撑上需要有更多的突破，进而将算法复杂度降下来，节省更多的计算平台算力。

即使本地计算平台算力足够强，依旧需要云端提供高精度地图，路侧设备（RSU）提供周围交通状况，V2 X 通信的数据上传延迟和连接信号强度的不稳定影响了自动驾驶的安全性和高效性，如何在计算平台上集成 5G 网联模块直接和 CPU 进行数据交互会成为今后异构计算平台的研究方向。

5. 自动驾驶处理器 AGX 主机的安装

在汽车底盘上找到 AGX 主机安装位置，将 AGX 主机安装到汽车底盘上，注意，AGX 主机电源口朝向汽车前方，将 DC/DC 模块安装至汽车底座上。

6. 自动驾驶处理器 AGX 主机的线束连接

（1）连接 AGX 主机电源线直流电源端。将 DC/DC 模块直流电源线连接至 AGX 主机电源口。

（2）连接 AGX 主机电源线航空插头端。将 DC/DC 模块电源线航空插头连接至电源盒电源口。

二、自动驾驶计算平台的调试

自动驾驶计算平台系统以 CAN 总线为基础的传统汽车分布式电子电器架构已不能满足未来智能网联化需求，集成化的主干网加多域控制的新型电子电器架构成为未来智能网联汽车发展的最佳选择，对于智能网联汽车复杂功能和大量互联信息的高效传输及管理，以及系统安全十分必要。

车载计算平台是基于高性能芯片和嵌入式实时操作系统的汽车计算控制的核心，可以实现汽车的状态判断、行为决策和车辆控制，促进车载计算平台与通信、信息、交通等领域协同创新、集成发展，是智能网联汽车发展的重要支撑。

智能网联汽车计算平台架构核心构成包括硬件平台、系统软件、功能软件、应用软件，如图 8-26 所示。

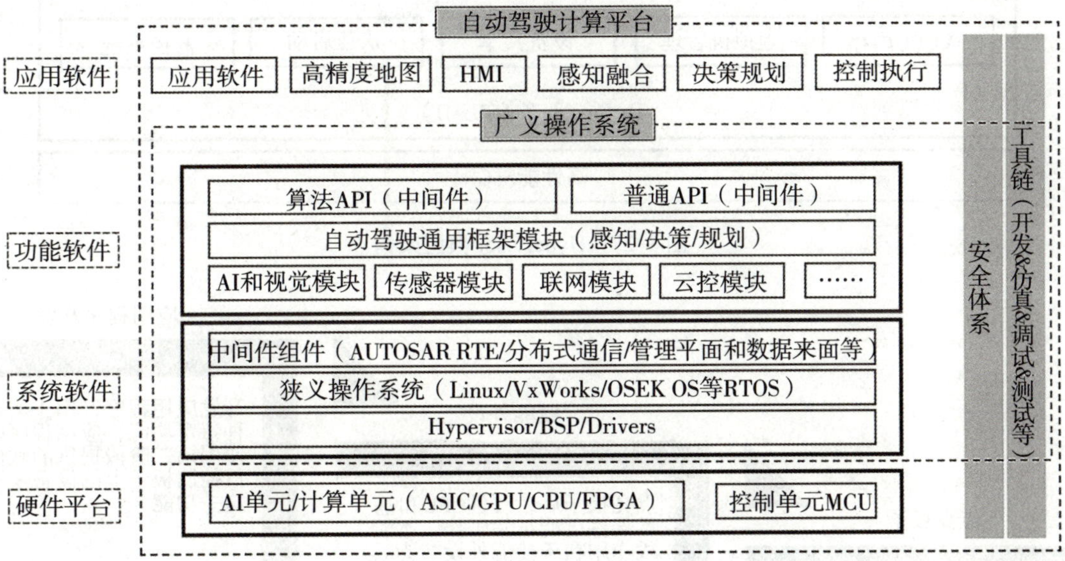

图 8-26　驾驶域软件层分类：系统软件 - 功能软件 - 应用软件

1. 系统软件

（1）Hypervisor

Hypervisor 虚拟技术有效地实现资源整合和隔离，自动驾驶操作系统是基于异构分布硬件平台上，用程序分别依赖不同的内核环境和驱动，但在物理层面共享 CPU 等。Hypervisor 是实现跨平台应用、提高硬件利用率的重要途径，通过加强时间隔离，使具有不同临界级别的实时系统能够在单一硬件平台上得到整合，如图 8-27 所示。

（2）板级支持包（BSP）

对于一般的嵌入式系统，硬件部分需要嵌入式硬件工程师设计硬件电路，新出厂的电路板，需要 BSP 来保证其能稳定工作，在此基础上，才能进行下一步的软件开发。

BSP 是介于主板硬件和操作系统之间的系统软件之一，主要目的是为了支持操作系统，使之能够更好地运行于硬件主板。BSP 是相对于操作系统而言的，不同的操作系统对应于不同定义形式的 BSP，例如 VxWorks 的 BSP 和 Linux 的 BSP 相对于某一 CPU 来说尽管实现的功能一样，可是写法和接口定义是完全不同的，所以写 BSP 一定要按照该系统的定义形式，这样才能与上层 OS 保持正确的接口，良好地支持上层 OS。

BSP 同时具有硬件相关性和操作系统相关性。因此，BSP 的开发不仅需要具备一定的硬件知识，例如 CPU 的控制、中断控制器的设置、内存控制器的设置及有关的总线规范等，同时还要求掌握操作系统所定义的 BSP 接口，如图 8-28 所示。

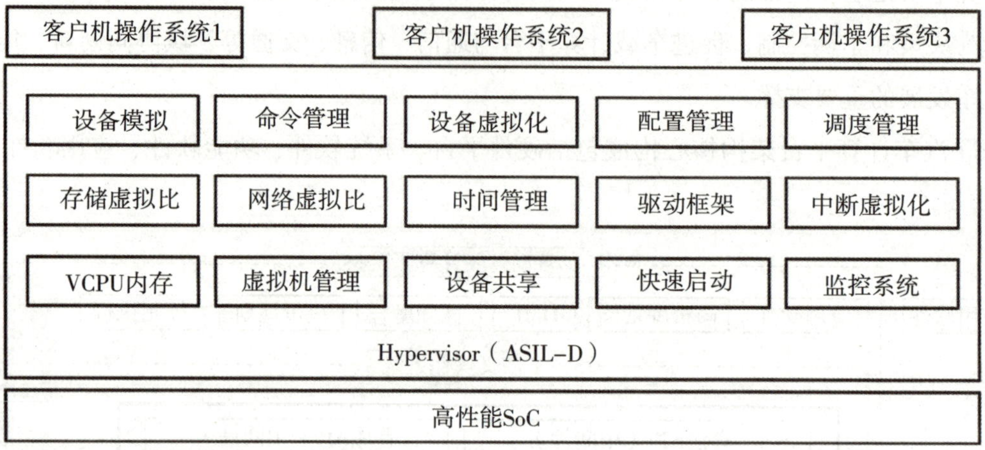

图 8-27　Hypervisor 典型架构

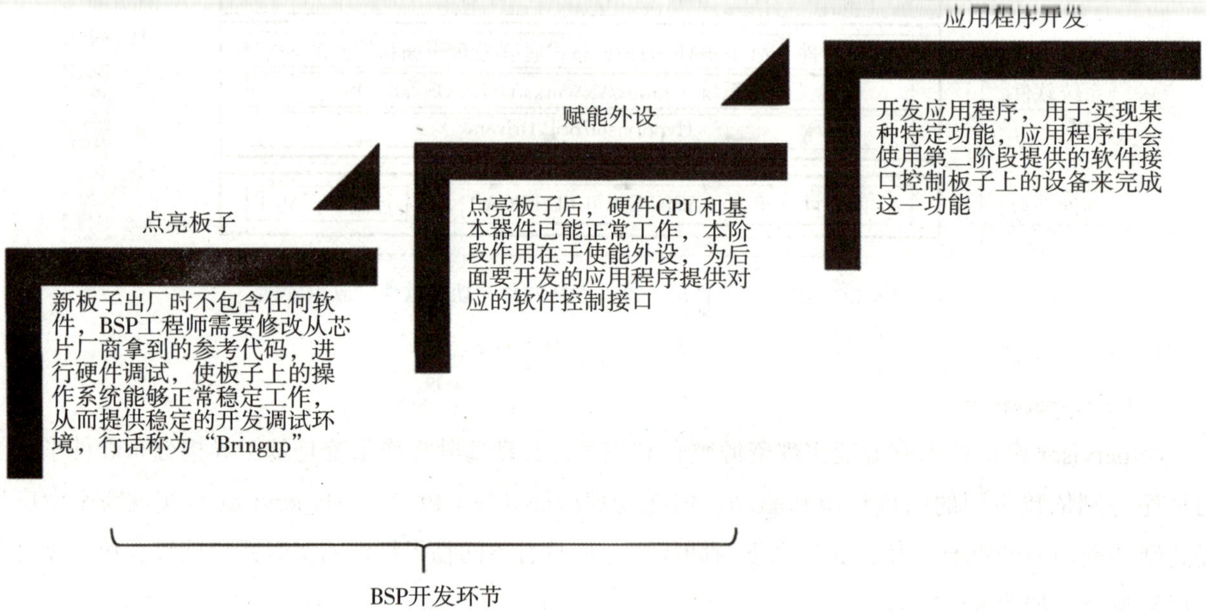

图 8-28　嵌入式系统对应的 BSP 开发内容

2. 功能软件

（1）中间件

中间件是介于应用系统和系统软件之间的一类软件，位于客户机服务器的操作系统之上，管理计算资源和网络通信。根据互联网数据中心（IDC）的定义，中间件是一种独立的软件服务程序，分布式应用软件借助这种软件在不同的技术之间共享资源。

中间件的主要任务是负责各类应用软件模块之间的通信以及对底层系统资源的调度。它的优点是可以大大降低应用层软件的开发难度，使研发工程师可以完全把注意力集中到功能算法的开发上，如图 8-29 所示。

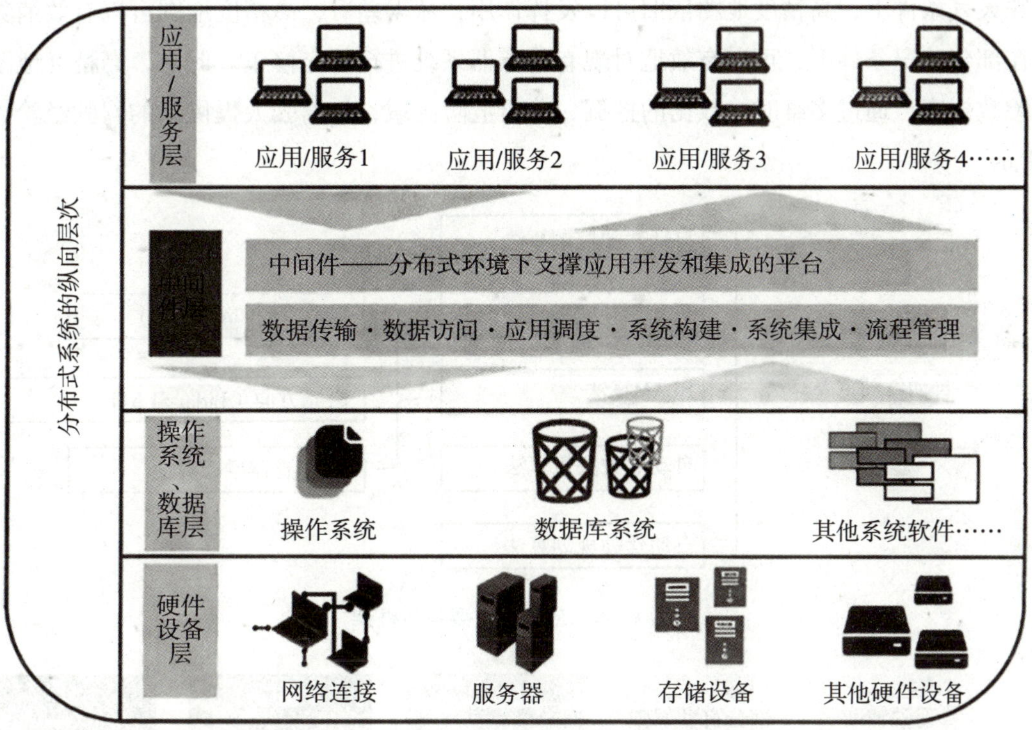

图 8-29 中间件在分布式系统中的用途示意图

（2）核心共性功能模块

自动驾驶的核心共性功能模块构成了功能软件的主要部分，核心共性功能模块包括自动驾驶通用框架、网联和云控等，结合系统软件，共同构成完整的自动驾驶操作系统，支撑自动驾驶技术实现。

3. 应用层软件

应用层软件运行在广义操作系统之上，具体负责自动驾驶功能实现。典型的计算平台，在装载运行系统软件和功能软件构成的操作系统后，向上支撑应用软件开发，最终实现整体功能。应用层软件内容繁杂，包括场景算法（涵盖数据感知、决策规划、控制执行等）、高精度地图、人机交互等。

（1）场景算法

典型的场景算法设计数据感知、决策规划和控制执行等。其中，感知类算法包括 SLAM 算法（涵盖视觉处理、激光雷达、多传感器融合等）和自动驾驶感知算法。决策类算法包括自动驾驶规划算法、自动驾驶决策算法，执行类算法主要为自动驾驶控制算法，如图 8-30 所示。

（2）高精度地图

高精度地图（数据地图）也是应用层又一典型软件。传统车载导航地图使用者是人，传统电子导航地图能描绘出道路，部分道路会区分车道，而高精度地图不仅会描绘道路，会真实地反映出道路的实际样式，高精度地图为了让自动驾驶系统更好地识别交通情况，会把道路形状的细节进行详细和精确展示。

高精度地图对于智能驾驶不可或缺，从视野范围看，高精度地图不受遮挡，不存在距离和视觉的缺陷，在特殊天气条件下，高精度地图依旧可以发挥作用；从误差看，高精度地图可以有效消除部分传感器误差，在部分路况条件下，可以有效地对现有传感器系统进行补充修正。此外，高精度地图还可以构建驾驶经验数据库，通过多维时空数据的挖掘，分析危险区域，为驾驶人提供新的驾驶经验数据集，如图 8-31 所示。

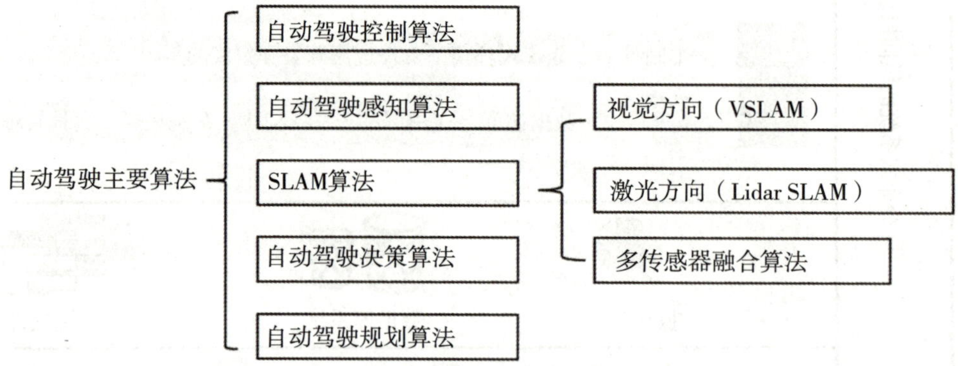

图 8-30　应用层主要算法框架

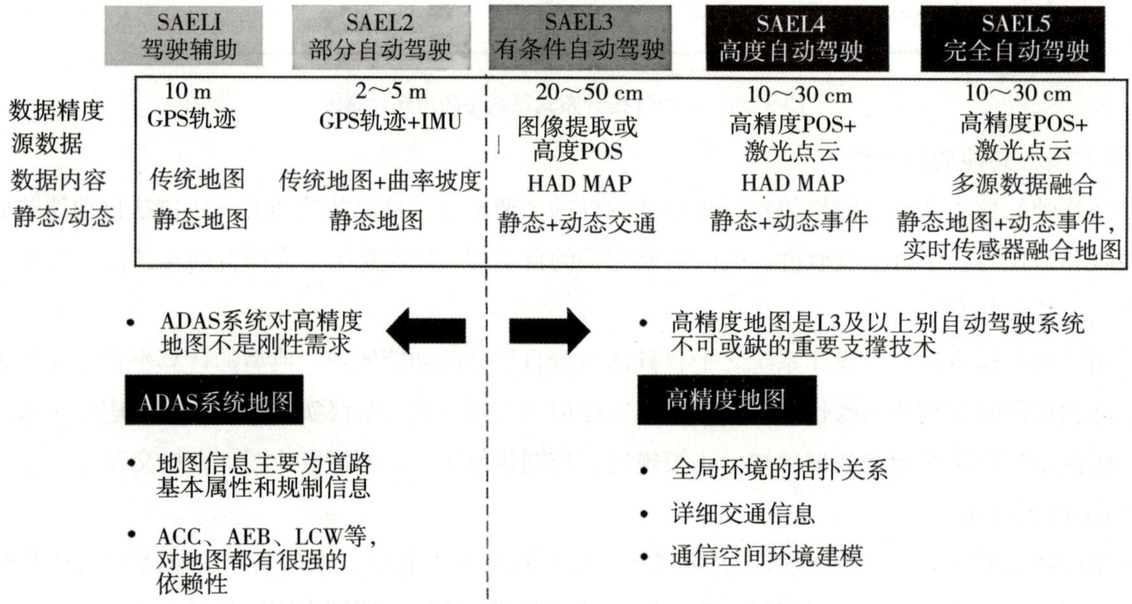

图 8-31　高精度地图对自动驾驶等级划分的要求

4. 底层硬件

车载计算平台需采用异构多核芯片硬件架构。自动驾驶的域控制器，要具备多传感器融合、定位、路径规划、决策控制、无线通信、高速通信的能力。通常需要外接多个摄像头、毫米波雷达、激光雷达以及 IMU 等设备，完成的功能包含图像识别和数据处理等。面向 L3 及以上高阶自动驾驶，单一芯片无法满足诸多接口和算力需求，计算基础平台需采用异构芯片的硬件方案，具有芯片选型灵活、可配置拓展、算力可堆砌等优点。计算平台的异构分布硬件架构主要包括CPU计算单元、AI单元和控制单元，如图8-32所示。

（1）AI单元

AI单元为异构芯片硬件架构中算力最大的一部分，通过系统内核进行加速引擎和软硬件资源的分配和调度。AI单元主要完成多传感器融合数据的分析和处理，输出用于规划、决策和控制的周围环境信息。目前，主流的AI芯片可选架构有GPU、FPGA、ASIC等。

（2）CPU计算单元

基于多核CPU的计算单元具有主频高、计算能力强等特点，通过系统内核管理软件和硬件资源、完成任务调度。计算单元主要用于执行大部分自动驾驶相关的核心算法，整合多传感器融合数据完成路径规划和决策控制等功能。

（3）控制单元

控制单元主要基于传统车辆控制器完成车辆动力学横纵向控制任务，搭载基础软件平台的控制单元将各个车辆控制的功能软件连接起来实现车辆控制，同时，软件系统需要预留与智能车辆操作系统集成的通信接口。

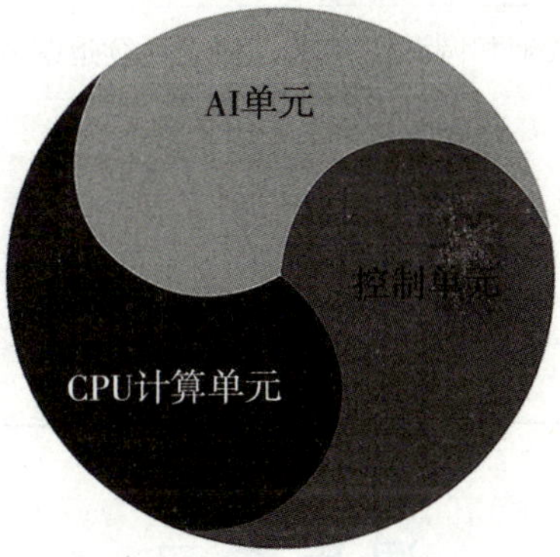

图8-32　异构芯片硬件架构

5. 自动驾驶计算平台的故障检测步骤

（1）需要准备的操作设备有计算平台装配调试台架。需要准备的工具/仪器包括数字万用表和示波器。

（2）维修人员需戴防护手套。整车防护，车内部需铺上转向盘套、座椅套和脚垫，车外部需铺上格栅和翼子板防护。

项目小结

本项目主要介绍了智能网联汽车的装配与调试，读者能够掌握智能传感器和自动驾驶计算平台的核心技术及操作流程，不仅提升了读者的专业技能，也促进了读者在职业素养、创新意识和团队协作方面的成长。随着人工智能和物联网等技术的不断进步，读者应时刻保持对新技术的关注与学习，以迎接未来汽车行业的发展挑战。通过这一项目的学习，读者将不仅具备必要的专业技能，还将树立正确的价值观与责任意识，为未来的智慧出行做出积极贡献。

项目工单

实践任务	1. 在车辆指定位置安装激光雷达，确保其安装角度和位置符合设计要求
	2. 完成超声波雷达探头的安装，确保其位置和安装角度能够准确检测周围障碍物
	3. 安装摄像头，调整其视角和焦距，确保能够清晰捕捉到所需视野范围内的图像
	4. 在车辆指定位置安装 AI 处理器和相关硬件，确保其布局合理、散热良好
	5. 连接各传感器与计算平台的数据接口，确保数据传输顺畅
注意事项	1. 在进行装配和调试工作时，必须遵守安全操作规范，如佩戴防静电手套、避免高压电等
	2. 使用合适的工具，并确保它们处于良好状态，避免损坏部件或造成伤害
	3. 每一个部件和系统都应进行细致的检查和调试，避免遗漏任何可能影响车辆性能的问题
	4. 详细记录每一次装配和调试的结果，便于后续追踪和质量控制

项目负责人：________________

参与成员：________________

日期：________________

课后练习

一、思考题

1. 简述激光雷达按功能如何分类。
2. 如何操作激光雷达的线束连接？
3. 简述毫米波雷达设备的安装。
4. 如何操作双目摄像头的安装？
5. 简述组合导航定位模块的安装。
6. 自动驾驶处理器 AGX 主机的安装。
7. 智能网联汽车计算平台架构核心构成有哪些？
8. 简述自动驾驶计算平台的故障检测步骤。

二、看图填定题

1．请根据超声波雷达探头的结构示意图，将核心组件的名称填至空白处。

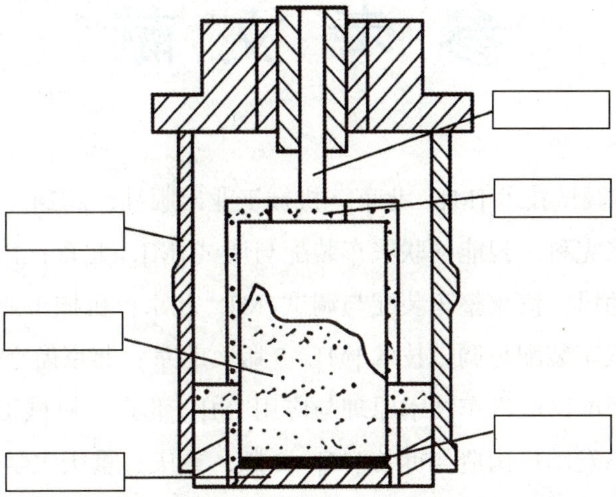

2．请根据激光雷达的结构示意图，将核心组件的名称填至空白处。

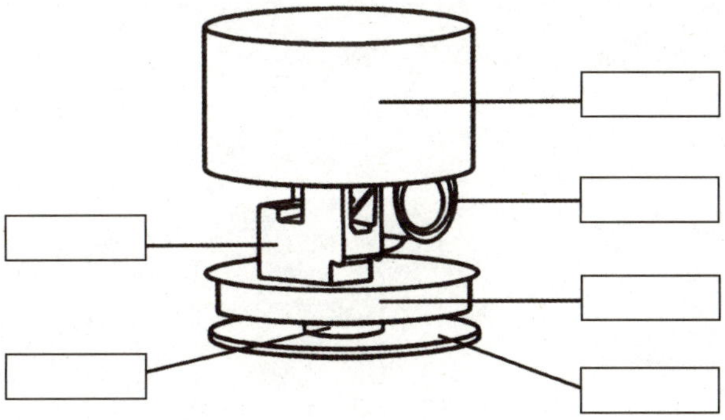

参 考 文 献

[1] 杨正荣 . 汽车装配与调试技术 [M]．北京：机械工业出版社，2024.

[2] 陈晓明，古风艺，张宪科．智能网联汽车装配与调试 [M]．北京：机械工业出版社，2024.

[3] 刘竞一，邓璘，汪随风．汽车整车装配与调试 [M]．北京：机械工业出版社，2023.

[4] 姚明傲，罗修超．汽车装配与调试技术 [M]．3 版．北京：北京航空航天大学出版社，2023.

[5] 程增木，杨胜兵．智能网联汽车技术原理与应用 [M]．北京：机械工业出版社，2022.

[6] 王孝洪，罗彪．汽车发动机构造与拆装 [M]．2 版．重庆：重庆大学出版社，2022.

[7] 骆莉莉，胡波勇．汽车构造与拆装 [M]．北京：电子工业出版社，2022.

[8] 李东兵，杨连福．智能网联汽车底盘线控系统装调与检修 [M]．北京：机械工业出版社，2021.